働き方改革関連法完全対応

就業規則等整備のポイント
―改正法と実務解説・規程例―

共著　白石 紘一（弁護士）
　　　山本 喜一（特定社会保険労務士・精神保健福祉士）
　　　織田 純代（特定社会保険労務士）

新日本法規

は　し　が　き

　2018年、いわゆる働き方改革関連法が公布され、時間外労働の上限規制等がいよいよ2019年4月1日から施行されました。

　70年ぶりの大改革とも言われる、労働法の大改正です。

　これは、長時間労働・職務の無限定性といった、いわゆる日本型雇用の在り方を転換しようという、一大プロジェクトでもあります。

　もっとも、改正の内容があまりの広範囲に及んでいるがゆえに、

「いったい、どこが、どう変わったのだろう？」

そして、

「いったい、具体的にどう対応すればいいのだろう？」

というところが、分かりにくくなっているとも言えます。

　こういった大きな法改正等に対応するために必要となるのは、①まずは法改正等の内容を正確に把握し、必要な対応を整理した上で、②就業規則や労使協定等、社内規程の改定を行うことです。

　本書は、この①と②の双方を実現するための手助けをするものとして執筆しました。

　①については、本書は、働き方改革関連法そのものについてはもちろんのこと、その後立て続けに出ている省令、ガイドライン、通達等を網羅し、その内容を全般にわたって解説しています。時間外労働の上限規制や、同一労働同一賃金、高度プロフェッショナル制度等については、既存の規律を大きく変えたり、新しい制度を設けたりするものであり、部分的な改正とは異なりますので、関連する新たな法令を体系的に把握しておくことが、極めて重要です。

　さらに、本書では、働き方改革関連法の内容ではないものの、「働き方改革」の重要テーマであった、兼業・副業やテレワークについても盛り込んでいます。

また、②については、上記①で解説した内容を踏まえつつ、就業規則や労使協定の改定例に加え、協定届の記載例や従業員向け書面の作成例等々を広く載せました。もちろん、企業ごとに内容を変えることが適当な部分等もありますが、そういった点は「アドバイス」等の形で記載し、企業ごとにアレンジをする際にも役立つよう、工夫をしています。

　「法改正の内容は分かったけど、就業規則等を変える必要はあるのか、ないのか？あるとして、どう変えればいいのか？」という、実務担当者の疑問にお答えできるものになっています。

　さらに、これが大事なのですが、働き方改革関連法に関しては、2018年12月28日や2019年1月30日に極めて重要な通達が出されたほか、2019年3月25日にも、労働基準法施行規則や労働安全衛生規則の改正条文が公布され、新たな指針も出される等、施行の直前に至るまで、新たな解釈やルールが打ち出され、なかなか内容が固まっていませんでした。実務的に必要な対応を検討するに当たっては、これら全てを踏まえる必要があります。

　そこで、本書は、働き方改革関連法自体に加え、2019年7月までに出された、関連法にひもづく省令、ガイドライン、通達等を、全て体系的に網羅したものにしました。書式例も、これらを踏まえたものになっています。

　したがって、企業の労務担当者はもちろん、弁護士や社会保険労務士の先生方、労働法初学者などにとっても、まさに「これ一冊あれば大丈夫」といえるでしょう。

　もちろん、法の内容を知り、就業規則等を改定すること自体が、働き方改革だというわけではありません。それはあくまで形式的な一歩目であって、働き方改革として目指すべきゴールは、さらにその向こうにあります。もっとも、まず一歩目として、それらが必要であるこ

とも確かです。

　皆様が「働き方改革関連法」への実務対応を行うに当たって、本書が少しでも参考になれば幸いです。

　最後に、本書の出版にご尽力いただいた、新日本法規出版株式会社の皆様、特に、最後まで粘り強くお付き合いいただいた、長田俊哉氏に、この場を借りて、著者一同を代表して感謝申し上げます。

　令和元年8月

弁護士　白石　紘一

執 筆 者 紹 介

白石　紘一

弁護士（東京八丁堀法律事務所）、元経済産業省　大臣官房臨時政策アドバイザー

2012年弁護士登録。企業法務、労働法務等に従事した後、2016年に経済産業省に任期付公務員として着任。「働き方改革」に関する政策立案等を担う。2018年10月より東京八丁堀法律事務所に復帰し、経済産業省にて非常勤のアドバイザーとして、引き続き政策立案にも関与した後、企業法務、労働法務、ベンチャー支援などを手掛けている。

山本　喜一

特定社会保険労務士（社会保険労務士法人日本人事）、精神保健福祉士

2006年社会保険労務士登録。大学院修了後、経済産業省所管の財団法人で技術職として勤務、その後、法務部門へ異動し企業法務を行い、労働組合役員も経験。退職後、社会保険労務士法人を設立。社外取締役として上場も経験。上場支援、メンタルヘルス不調者対応、問題社員対応などを得意としている。

織田　純代

特定社会保険労務士（織田労務コンサルティング事務所）、
ハラスメント防止コンサルタント

2006年社会保険労務士登録。税理士事務所、企業人事部アウトソーシング会社勤務を経て、社会保険労務士事務所を設立。会社の状況に合わせた人事労務管理体制・人事評価制度の策定などを行っており、上場支援・労務監査なども多く手掛けている。

略　語　表

＜法令等の表記＞

　根拠となる法令等の略記例及び略語は次のとおりです（〔　〕は本文中の略語を示します。）。

　　労働基準法第39条第4項第2号＝労基39④二
　　平成30年12月28日基発1228第15号＝平30・12・28基発1228第15

改正労基〔改正労働基準法〕	働き方改革を推進するための関係法律の整備に関する法律（平成30年法律第71号）による改正後の労働基準法
労基	平成30年法律第71号による改正において変更のなかった労働基準法
改正労基則〔改正労働基準法施行規則〕	働き方改革を推進するための関係法律の整備に関する法律の施行に伴う厚生労働省関係省令の整備等に関する省令（平成30年厚生労働省令第112号）又は労働基準法施行規則及び労働安全衛生規則の一部を改正する省令（平成31年厚生労働省令第29号）による改正後の労働基準法施行規則
労基則	平成30年厚生労働省令第112号又は平成31年厚生労働省令第29号による改正において変更のなかった労働基準法施行規則
ガイドライン〔ガイドライン〕	短時間・有期雇用労働者及び派遣労働者に対する不合理な待遇の禁止等に関する指針
高プロ指針	労働基準法第41条の2第1項の規定により同項第1号の業務に従事する労働者の適正な労働条件の確保を図るための指針
36指針	労働基準法第36条第1項の協定で定める労働時間の延長及び休日の労働について留意すべき事項等に関する指針
パート有期〔パート有期法〕	短時間労働者及び有期雇用労働者の雇用管理の改善等に関する法律（平成30年法律第71号による改正後のパートタイム労働法）
パート〔パートタイム労働法〕	短時間労働者の雇用管理の改善等に関する法律
パート有期則	短時間労働者及び有期雇用労働者の雇用管理の改善等に関する法律施行規則
パート有期指針	事業主が講ずべき短時間労働者及び有期雇用労働者の雇用管理の改善等に関する措置等についての指針
改正労安衛〔改正労働安全衛生法〕	平成30年法律第71号による改正後の労働安全衛生法

改正労安衛則〔改正労働安全衛生規則〕	平成30年厚生労働省令第112号又は平成31年厚生労働省令第29号による改正後の労働安全衛生規則
労安衛則	平成30年厚生労働省令第112号又は平成31年厚生労働省令第29号による改正において変更のなかった労働安全衛生規則
労契	労働契約法
改正労働時間等改善	平成30年法律第71号による改正後の労働時間等の設定の改善に関する特別措置法
労働時間等改善〔労働時間等設定改善法〕	平成30年法律第71号による改正において変更のなかった労働時間等の設定の改善に関する特別措置法
改正労派遣〔改正労働者派遣法〕	平成30年法律第71号による改正後の労働者派遣事業の適正な運営の確保及び派遣労働者の保護等に関する法律
労派遣〔労働者派遣法〕	平成30年法律第71号による改正において変更のなかった労働者派遣事業の適正な運営の確保及び派遣労働者の保護等に関する法律
改正労派遣則	働き方改革を推進するための関係法律の整備に関する法律の一部の施行に伴う厚生労働省関係省令の整備及び経過措置に関する省令（平成30年厚生労働省令第153号）による改正後の労働者派遣事業の適正な運営の確保及び派遣労働者の保護等に関する法律施行規則
労派遣則	平成30年厚生労働省令第153号による改正において変更のなかった労働者派遣事業の適正な運営の確保及び派遣労働者の保護等に関する法律施行規則
改正派遣元指針	平成30年厚生労働省告示第427号による改正後の派遣元事業主が講ずべき措置に関する指針
〔個人情報保護法〕	個人情報の保護に関する法律
0130通達〔0130通達〕	短時間労働者及び有期雇用労働者の雇用管理の改善等に関する法律の施行について（平31・1・30基発0130第1・職発0130第6・雇均発0130第1・開発0130第1）

＜判例の表記＞

根拠となる判例の略記例及び出典の略語は次のとおりです。

最高裁判所平成30年6月1日判決、判例時報2389号107頁
＝最判平30・6・1判時2389・107

判時	判例時報
判タ	判例タイムズ
労判	労働判例

目　　次

第1章　はじめに

ページ

1　「働き方改革」に至る経緯……………………………………………2

2　「働き方改革」の目的…………………………………………………2

3　働き方改革関連法の内容………………………………………………3

第2章　労働時間の管理

第1　時間外労働の上限規制

＜改正の内容＞

1　改正の目的………………………………………………………………12

2　時間外労働の上限の法定……………………………………………13

3　健康福祉確保措置………………………………………………………15

4　36協定の協定事項………………………………………………………16

5　運用上の留意点…………………………………………………………19

6　1か月に満たない期間において労働する労働者…………………21

7　罰　　則…………………………………………………………………21

8　施行日及び中小事業主の適用猶予…………………………………22

9　経過措置…………………………………………………………………22

＜実務ステップ＞…………………………………………………………23

＜規程の整備＞

1　就業規則への時間外労働の上限の記載……………………………24

　　○時間外労働の上限の規定例（就業規則）……………………24

2　　　　　　　　　目　　次

2　就業規則への法定休日の記載‥‥‥‥‥‥‥‥‥‥‥‥ 26

　○法定休日の規定例（就業規則）‥‥‥‥‥‥‥‥‥‥ 26

3　就業規則への健康福祉確保措置の記載‥‥‥‥‥‥‥ 27

　○健康福祉確保措置の規定例（就業規則）‥‥‥‥‥‥ 28

4　就業規則への限度時間を超えた労働に対する割増賃金
　率の記載‥‥‥‥‥‥‥‥‥‥‥‥‥‥‥‥‥‥‥‥‥‥ 29

　○限度時間を超えた労働に対する割増賃金率の規定例
　　（就業規則）‥‥‥‥‥‥‥‥‥‥‥‥‥‥‥‥‥‥‥ 29

5　時間外労働・休日労働に関する協定書例‥‥‥‥‥‥ 30

　○時間外労働・休日労働に関する36協定届の記載例（特
　　別条項なし）‥‥‥‥‥‥‥‥‥‥‥‥‥‥‥‥‥‥‥ 31

　○時間外労働・休日労働に関する36協定届の記載例（特
　　別条項あり）〔1枚目省略〕‥‥‥‥‥‥‥‥‥‥‥‥ 35

　コラム　臨時の必要がある場合の時間外労働等について
　　　　　～労働基準法33条‥‥‥‥‥‥‥‥‥‥‥‥‥‥ 39

第2　時間外労働の上限規制の適用除外、猶予規定

＜改正の内容＞

1　適用除外（新たな技術、商品又は役務の研究開発に係
　る業務）‥‥‥‥‥‥‥‥‥‥‥‥‥‥‥‥‥‥‥‥‥‥ 47

2　適用猶予‥‥‥‥‥‥‥‥‥‥‥‥‥‥‥‥‥‥‥‥‥ 48

＜実務ステップ＞‥‥‥‥‥‥‥‥‥‥‥‥‥‥‥‥‥‥ 55

＜規程の整備＞

　○新技術・新商品の研究開発業務に従事する労働者に時
　　間外・休日労働を行わせる場合の36協定届の記載例‥‥ 56

　○適用猶予事業・業務に従事する労働者に時間外・休日
　　労働を行わせる場合の36協定届の記載例‥‥‥‥‥‥‥ 58

第3 フレックスタイム制における清算期間の上限 の延長等

＜改正の内容＞

1 改正の目的……………………………………………………… 60

2 法改正の概要…………………………………………………… 62

3 清算期間の上限を1か月から3か月へ延長………………… 63

4 時間外労働時間の算定方法…………………………………… 64

5 完全週休2日制の場合の労働時間の特例…………………… 69

6 清算期間の途中に入社、退職、異動等をした労働者……… 70

7 時間外労働の上限規制との関係……………………………… 71

8 労使協定の届出………………………………………………… 73

9 過重労働防止措置……………………………………………… 73

10 罰　則…………………………………………………………… 73

＜実務ステップ＞……………………………………………… 74

＜規程の整備＞

○清算期間が1か月を超えるフレックスタイム制（3か月 単位）の規定例（就業規則）………………………………… 74

○清算期間が1か月を超えるフレックスタイム制（3か月 単位）の労使協定例…………………………………………… 76

○管轄の労働基準監督署長への労使協定届の記載例………… 79

○フレックスタイム制を設ける場合の36協定届の記載例 （特別条項あり）……………………………………………… 81

第4 中小事業主における月60時間超の時間外労働 に対する割増賃金率の適用猶予の見直し

＜改正の内容＞

1 改正の目的……………………………………………………… 84

2 月60時間を超える法定時間外労働の割増賃金率…………… 84

3 罰 則‥‥‥‥‥‥‥‥‥‥‥‥‥‥‥‥‥‥‥‥‥‥ 86

4 代替休暇‥‥‥‥‥‥‥‥‥‥‥‥‥‥‥‥‥‥‥‥‥ 86

5 施行時期‥‥‥‥‥‥‥‥‥‥‥‥‥‥‥‥‥‥‥‥‥ 88

＜実務ステップ＞‥‥‥‥‥‥‥‥‥‥‥‥‥‥‥‥‥‥ 88

＜規程の整備＞

1 法定時間外労働の割増賃金率‥‥‥‥‥‥‥‥‥‥‥ 88

　○割増賃金の規定例（就業規則）‥‥‥‥‥‥‥‥‥ 90

2 法定休日と法定外休日の明確化‥‥‥‥‥‥‥‥‥‥ 91

　○法定休日の規定例（就業規則）‥‥‥‥‥‥‥‥‥ 91

3 代替休暇‥‥‥‥‥‥‥‥‥‥‥‥‥‥‥‥‥‥‥‥‥ 92

　○代替休暇の規定例（就業規則）‥‥‥‥‥‥‥‥‥ 93

　○代替休暇に関する協定書例‥‥‥‥‥‥‥‥‥‥‥ 94

第5 勤務間インターバル制度

＜改正の内容＞

1 改正の目的‥‥‥‥‥‥‥‥‥‥‥‥‥‥‥‥‥‥‥ 98

2 事業主の努力義務‥‥‥‥‥‥‥‥‥‥‥‥‥‥‥‥ 98

3 勤務間インターバル制度の設計内容‥‥‥‥‥‥‥‥ 99

＜実務ステップ＞‥‥‥‥‥‥‥‥‥‥‥‥‥‥‥‥‥ 105

＜規程の整備＞

　○勤務間インターバル制度の規定例（就業規則）‥‥‥ 105

第3章 特定高度専門業務・成果型労働制（高度プロフェッショナル制度）

＜改正の内容＞

1 改正の目的‥‥‥‥‥‥‥‥‥‥‥‥‥‥‥‥‥‥‥ 109

目　次

2	高プロ制度の導入・実施フロー	110
3	労使委員会の設置	111
4	労使委員会における決議	112
5	決議の届出	127
6	対象労働者の同意	128
7	対象業務への就業	129
8	健康確保措置の実施状況の報告	129
9	労働安全衛生法に基づく医師の面接指導	129
10	高プロ制度適用の効果	130

＜実務ステップ＞ 132

＜規程の整備＞

1	整備が必要な規程等	133
2	労使委員会の運営規程	133
	○労使委員会運営規程例	133
3	労使委員会における決議	137
	○高度プロフェッショナル制度の実施に関する労使委員会決議例	137
	○高度プロフェッショナル制度に関する決議届の記載例	144
4	職務内容に関する合意書面	146
	○職務内容に関する合意書面例	147
5	対象労働者の同意書面	148
	○同意を得るに当たって事前に明示する書面例	148
	○高プロ制度の適用に関する同意書面例	150
	○高プロ制度の適用に関する同意の撤回書面例	151
	○事前の明示書面と同意書面を一体化する場合の書面例	151
6	就業規則	153
	○高度プロフェッショナル制度の規定例（就業規則）	153

7　高プロ制度の対象者の労働条件に関する規程…………………154

　　○高度プロフェッショナル社員規程例……………………………154

　8　健康確保措置の実施状況の報告……………………………………156

　　○高度プロフェッショナル制度に関する報告書の記載例………157

第4章　年次有給休暇の付与義務

＜改正の内容＞

　1　改正の目的………………………………………………………………158

　2　対象労働者………………………………………………………………159

　3　年5日の時季指定義務…………………………………………………160

　4　時季指定の方法等………………………………………………………162

　5　半日単位・時間単位の年次有給休暇取得について…………………163

　6　年次有給休暇管理簿の作成……………………………………………164

　7　罰　　則…………………………………………………………………164

　8　経過措置…………………………………………………………………165

　9　年次有給休暇を全部又は一部前倒しで付与している場
　　合における取扱いについて……………………………………………165

＜実務ステップ＞……………………………………………………………170

＜規程の整備＞

　1　年次有給休暇……………………………………………………………171

　　○年次有給休暇の規定例（就業規則）…………………………………171

　2　年次有給休暇の計画的付与……………………………………………173

　　○年次有給休暇の計画的付与の規定例（就業規則）…………………174

目　次　　7

　　○年次有給休暇の計画的付与に関する協定書例（個人別
　　　付与方式）……………………………………………………… 175
　3　年次有給休暇の時間単位付与………………………………… 179
　　○年次有給休暇の時間単位付与の規定例（就業規則）……… 180
　　○年次有給休暇の時間単位付与に関する協定書例…………… 181
　4　年次有給休暇管理簿…………………………………………… 182
　　○年次有給休暇管理簿例………………………………………… 183

第5章　兼業・副業

＜改正の内容＞
　1　はじめに・政府の動き………………………………………… 184
　2　兼業・副業の意義・メリット………………………………… 186
　3　兼業・副業に関する現行の法制度等………………………… 186
＜実務ステップ＞………………………………………………… 190
＜規程の整備＞
　1　就業規則の整備………………………………………………… 191
　　○許可制の規定例（就業規則）………………………………… 192
　　○届出制の規定例（就業規則）………………………………… 193
　2　兼業・副業の許可申請書等の準備…………………………… 194
　　○許可申請書例…………………………………………………… 195
　　○許可書例………………………………………………………… 196
　　○誓約書例………………………………………………………… 197

第6章　テレワーク

<改正の内容>
1　はじめに・政府の動き……………………………………… 199
2　ガイドラインの改定内容……………………………………… 200
<実務ステップ>……………………………………………… 204
<規程の整備>
　○在宅勤務規程例……………………………………………… 205

第7章　労働者の健康確保

第1　産業医・産業保健機能の強化
<改正の内容>
1　改正の目的……………………………………………………… 208
2　改正項目………………………………………………………… 209
<実務ステップ>……………………………………………… 215
<規程の整備>
1　就業規則への記載による、産業医等の業務の内容等の
　周知……………………………………………………………… 216
　○産業医等の業務の内容等の規定例（就業規則）…………… 216
2　事業場における心身の状態の情報の適正な取扱いのた
　めの規程………………………………………………………… 218
　○健康情報等の取扱規程例…………………………………… 219

第2　長時間労働者に対する医師の面接指導等
<改正の内容>
1　改正の目的……………………………………………………… 234

2	医師による面接指導	……………………………	235
3	労働時間の状況把握義務	…………………………	236
4	労働者に対する労働時間の通知義務	………………	236
5	罰　　則	……………………………………………	237
6	経過措置	……………………………………………	237

＜実務ステップ＞………………………………………… 238

＜規程の整備＞

　○医師による面接指導の規定例（就業規則）………………… 239

第3　事業主による労働時間の状況の把握

＜改正の内容＞

1	改正の目的	…………………………………………	241
2	改正項目	……………………………………………	242
3	罰　　則	……………………………………………	245

＜実務ステップ＞………………………………………… 245

＜規程の整備＞

　○労働時間の管理に関する規定例（就業規則）………………… 246

　○労働時間の管理に関する規定例（高度プロフェッショ
　　ナル制度の適用者がいる場合）（就業規則）………………… 247

第8章　同一労働同一賃金と実務対応

＜改正の内容＞

1	改正の目的	…………………………………………	248
2	不合理な待遇差を解消するための規定の整備	………………	249
3	非正規雇用労働者に対する待遇に関する説明義務の強化	…………………………………………………	277

4 行政による履行確保措置及び裁判外紛争解決手続（行
政ADR）の整備……………………………………………… 290

5 ガイドラインの内容…………………………………………… 291

6 施行時期………………………………………………………… 298

＜実務ステップ＞……………………………………………… 299

＜実務上の対応＞

1 取組みの手順…………………………………………………… 300

2 規程の整備……………………………………………………… 301

○社員の定義及び適用範囲に関する規定例（就業規則）……… 301

○待遇差の内容・理由の説明書面例………………………… 303

第1章　はじめに

　「働き方改革実行計画の決定は、日本の働き方を変える改革にとっ
て、歴史的な一歩であると思います。戦後日本の労働法制史上の大改
革であるとの評価もありました。……文化やライフスタイルとして長
年染みついた労働慣行が本当に改革できるのかと半信半疑の方もおら
れると思います。……しかし後世において振り返れば、2017年が日本
の働き方が変わった出発点として、間違いなく記憶されるだろうと私
は確信をしております。」（平29・3・28　第10回働き方改革実現会議における
安倍晋三内閣総理大臣発言）

　「70年に及ぶ労働基準法の歴史において、正に歴史的な大改革に挑
戦する。今月召集する通常国会は、働き方改革国会であります。」（平
30・1・4　年頭記者会見における安倍総理発言）

　「70年ぶりの大改革であります。長時間労働を是正していく。そし
て、非正規という言葉を一掃していく。子育て、あるいは介護をしな
がら働くことができるように、多様な働き方を可能にする法制度が制
定されたと、こう思っています。」（平30・6・29　「働き方改革を推進するた
めの関係法律の整備に関する法律」の成立を受けての安倍総理発言）

　平成30年6月29日、第196回通常国会において、「働き方改革を推進す
るための関係法律の整備に関する法律」（以下「働き方改革関連法」と
いいます。）が成立しました。

　労働基準法、じん肺法、雇用対策法、労働安全衛生法、労働者派遣
法、労働時間等設定改善法、パートタイム労働法、労働契約法、以上
8法を含む36の法律を一括改正するものであり、安倍総理も繰り返し
述べていたとおり、正に労働法の歴史的な大改正となりました。

1 「働き方改革」に至る経緯

　そもそも政府において、「働き方改革」が最初に大きく取り上げられたのは、平成27年10月から平成28年6月にかけて開催されていた、「一億総活躍国民会議」です。「一億総活躍社会」の実現を目指して開催されたこの会議においては、第1回事務局提出資料に「働き方改革」の語があるほか、とりまとめである「ニッポン一億総活躍プラン」（平成28年6月2日閣議決定）では、「一億総活躍社会の実現に向けた横断的課題である働き方改革の方向」として、「同一労働同一賃金」や「長時間労働の是正」等が取り上げられていました。

　これを受けて、平成28年9月から「働き方改革実現会議」が開催され、平成29年3月に労働法の大改正もロードマップに盛り込んだ「働き方改革実行計画」が決定されました。

2 「働き方改革」の目的

　このように、「働き方改革」は、もともとは、「一人ひとりの日本人、誰もが、家庭で、職場で、地域で、生きがいを持って、充実した生活を送ることができること」等を内容とする「一億総活躍社会」の実現に向けられたものでした。

　そして、「働き方改革実行計画」においては、「働き方改革」の目的として、以下のことが述べられています。

　「我が国の経済成長の隘路の根本には、少子高齢化、生産年齢人口減少すなわち人口問題という構造的な問題に加え、イノベーションの欠如による生産性向上の低迷、革新的技術への投資不足がある。日本経済の再生を実現するためには、投資やイノベーションの促進を通じた付加価値生産性の向上と、労働参加率の向上を図る必要がある。そのためには、誰もが生きがいを持って、その能力を最大限発揮できる

社会を創ることが必要である。一億総活躍の明るい未来を切り拓くことができれば、少子高齢化に伴う様々な課題も克服可能となる。家庭環境や事情は、人それぞれ異なる。何かをやりたいと願っても、画一的な労働制度、保育や介護との両立困難など様々な壁が立ちはだかる。こうした壁を一つひとつ取り除く。これが、一億総活躍の国創りである。……改革の目指すところは、働く方一人ひとりが、より良い将来の展望を持ち得るようにすることである。多様な働き方が可能な中において、自分の未来を自ら創っていくことができる社会を創る。意欲ある方々に多様なチャンスを生み出す。」

　ともすると一律硬直的であった日本の働き方の形を、一人ひとりが、その時々に応じた、望ましい働き方を選択できるような形に変えていくことが、「働き方改革」、そして「働き方改革関連法」の目的であったといえるでしょう。

3　働き方改革関連法の内容

　働き方改革関連法の内容は、非常に多岐にわたりますが、概要としては、以下のとおりです。

---

① 　働き方改革の総合的かつ継続的な推進
　　国が総合的かつ継続的に推進するための「基本方針」（閣議決定）を策定【雇用対策法】
② 　長時間労働の是正、多様で柔軟な働き方の実現等
　　㋐　労働時間に関する制度の見直し【労働基準法、労働安全衛生法】
　　　ⓐ　時間外労働の上限規制　※一部適用猶予・除外事業等有り
　　　ⓑ　中小事業主の割増賃金率の見直し、年休の5日付与の義務化
　　　ⓒ　フレックスタイム制の見直し、「高度プロフェッショナル制度」の創設
　　　ⓓ　労働時間の状況把握義務の創設

ⓘ　勤務間インターバル制度の普及促進等（努力義務）【労働時間等設定改善法】

　　ⓤ　産業医・産業保健機能の強化【労働安全衛生法等】

　③　雇用形態に関わらない公正な待遇の確保（同一労働同一賃金）

　　ⓐ　不合理な待遇差を解消するための規定の整備【パートタイム労働法、労働契約法、労働者派遣法】

　　ⓘ　労働者に対する待遇に関する説明義務の強化【パートタイム労働法、労働契約法、労働者派遣法】

　　ⓤ　行政による履行確保措置及び裁判外紛争解決手続（行政ADR）の整備

※施行期日

①　公布日（平成30年7月6日）

②　平成31年4月1日（中小事業主における時間外労働の上限規制は令和2年4月1日、中小事業主の割増賃金率の見直しは令和5年4月1日）

③　令和2年4月1日（中小事業主におけるパートタイム労働法・労働契約法改正は令和3年4月1日）

（厚生労働省資料に基づき作成）

(1)　「働き方改革の総合的かつ継続的な推進」について

　雇用対策法を「労働施策の総合的な推進並びに労働者の雇用の安定及び職業生活の充実等に関する法律」と改題し、働き方改革に係る基本的考え方を明らかにするとともに、国が、労働者がその有する能力を有効に発揮することができるようにするために必要な労働施策の総合的な推進に関する基本方針（閣議決定）を定める旨などの改正がなされました。

　なお、同改正に基づき、平成30年12月28日付けで、「労働施策基本方針」が閣議決定されています。

第1章 労働者が能力を有効に発揮できるようにすることの意義	○ 働き方改革の必要性 ○ 働き方改革推進に向けた基本的な考え方 ○ 本方針に基づく働き方改革の推進
第2章 労働施策に関する基本的な事項	1 労働時間の短縮等の労働環境の整備 2 均衡のとれた待遇の確保、多様な働き方の整備 3 多様な人材の活躍促進 4 育児・介護・治療と仕事との両立支援 5 人的資本の質の向上、職業能力評価の充実 6 転職・再就職支援、職業紹介等の充実 7 働き方改革の円滑な実施に向けた連携体制整備
第3章 その他の重要事項	○ 下請取引に関する対策強化 ○ 生産性向上のための支援 ○ 職業意識の啓発・労働関係法令等に関する教育

働き方改革の効果

- ●労働参加率の向上
- ●イノベーション等を通じた生産性の向上
- ●企業文化・風土の変革
- ●働く人のモチベーションの向上
- ●賃金の上昇と需要の拡大
- ●職務の内容や職務に必要な能力等の明確化、公正な評価・処遇等

など

目指す社会

誰もが生きがいを持って、その能力を有効に発揮することができる社会

多様な働き方を可能とし、自分の未来を自ら創ることができる社会

意欲ある人々に多様なチャンスを生み出し、企業の生産性・収益力の向上が図られる社会

（出典：厚生労働省「労働施策基本方針（概要)」）

(2) 「長時間労働の是正、多様で柔軟な働き方の実現等」について

ア 労働時間に関する制度の見直し

労働時間に関する様々な制度が見直されることになっています。

その内容を分類して整理すると、①時間外労働の上限規制の導入、②中小事業主における月60時間超の時間外労働に対する割増賃金率の見直し、③一定日数の年次有給休暇の確実な取得、④労働時間の状況の把握の実効性確保、⑤フレックスタイム制の見直し、⑥特定高度専門業務・成果型労働制（高度プロフェッショナル制度）の創設、となります。

① 時間外労働の上限規制の導入

時間外労働の上限について、月45時間、年360時間を原則とし、臨時的な特別な事情がある場合でこれらを超えるとしても（年6か月まで）、年720時間、単月100時間未満（休日労働を含みます。）、複数月（2〜6か月のいずれにおいても）平均80時間（休日労働を含みます。）が上限とされることになりました。

なお、一部の事業・業種については、適用の猶予又は除外があります。

② 中小事業主における月60時間超の時間外労働に対する割増賃金率の見直し

　月60時間を超える時間外労働に係る割増賃金率を50％以上としなければならないことについては、中小事業主には適用が猶予されていました。このたび、当該猶予措置が廃止され、中小事業主においても、月60時間を超える時間外労働に係る割増賃金率は50％以上としなければならないことになりました。

③ 一定日数の年次有給休暇の確実な取得

　使用者は、10日以上の年次有給休暇が付与される労働者に対して、毎年必ず、5日分の年次有給休暇を、時季を指定して与えなければならないことになりました。

　労働者からの時季指定や計画的付与により、年次有給休暇が取得されている場合には、その日数分は、使用者からの付与が必要になります（例えば、労働者が自ら4日の年次有給休暇を取得しているのであれば、使用者は、あと1日を時季を指定して付与すればよいということになります。）。

④ 労働時間の状況の把握の実効性確保

　使用者は、高度プロフェッショナル制度の対象となる労働者以外の全ての労働者について、その労働時間の状況を、省令で定める方法により把握しなければならないことになりました。

　なお、省令（労働安全衛生規則）においては、「タイムカードによる記録、パーソナルコンピュータ等の電子計算機の使用時間の記録等の客観的な方法その他の適切な方法」と定められています。

⑤ フレックスタイム制の見直し

　フレックスタイム制の「清算期間」の上限が、「1か月」から「3か月」へ延ばされることになりました。

⑥　特定高度専門業務・成果型労働制（高度プロフェッショナル制度）の創設

　特定高度専門業務・成果型労働制（高度プロフェッショナル制度）が創設されました。これは、職務の範囲が明確で、一定の年収を有する労働者が、高度の専門的知識を必要とする等の業務に従事する場合に、年間104日の休日を確実に取得させること等の健康確保措置を講じることや、本人の同意や委員会の決議等を要件として、労働時間、休日、深夜の割増賃金等の規定を適用除外とする制度です。

　イ　勤務間インターバル制度の普及促進等

　使用者に対して、前日の終業時刻と翌日の始業時刻の間に一定時間の休息を確保する（勤務間インターバル）という努力義務が創設されました。

　また、企業単位での労働時間等の設定改善に係る労使の取組を促進するため、企業全体を通じて一の労働時間等設定改善企業委員会の決議をもって、年次有給休暇の計画的付与等に係る労使協定に代えることができることとなりました。

　ウ　産業医・産業保健機能の強化

　使用者は、衛生委員会に対し、産業医が行った労働者の健康管理等に関する勧告の内容等を報告しなければならず、また、使用者は、産業医に対し産業保健業務を適切に行うために必要な情報を提供しなければならない（いずれも産業医の選任義務のある労働者数50人以上の事業場）等の改正がなされました。

　(3)　「雇用形態に関わらない公正な待遇の確保（同一労働同一賃金）」について

　正規雇用労働者と非正規雇用労働者の間での待遇改善（同一労働同一賃金）の実現に向けて、主に3点の改正がなされました。

ア　不合理な待遇差を解消するための規定の整備

パートタイム労働者・有期雇用労働者に関する同一企業内における正規雇用労働者との不合理な待遇の禁止に関し、個々の待遇ごとに、当該待遇の性質・目的に照らして適切と認められる事情を考慮して判断されるべき旨が明確化されました（なお、パートタイム労働法については、有期雇用労働者を法の対象に含めることに伴い、その題名が「短時間労働者及び有期雇用労働者の雇用管理の改善等に関する法律」に改正されました。）。

また、有期雇用労働者について、正規雇用労働者と①職務内容、②職務内容・配置の変更範囲が同一である場合の均等待遇の確保が義務化されました（パートタイム労働者については、法改正前から義務化されていますので、パートタイム労働者と有期雇用労働者に同じ規律が課せられることになりました。）。

さらに、派遣労働者については、①派遣先の労働者との均等・均衡待遇、②一定の要件（同種業務の一般の労働者の平均的な賃金と同等以上の賃金であること等）を満たす労使協定による待遇のいずれかを確保することが義務化されました。

あわせて、同一労働同一賃金の考え方に関する「ガイドライン」を策定することの根拠規定が設けられ、これを踏まえて、「短時間・有期雇用労働者及び派遣労働者に対する不合理な待遇の禁止等に関する指針」（同一労働同一賃金ガイドライン）が策定されました。

イ　労働者に対する待遇に関する説明義務の強化

パートタイム労働者、有期雇用労働者、派遣労働者について、正規雇用労働者との待遇差の内容、理由等に関する説明が義務化されました。

ウ　行政による履行確保措置及び裁判外紛争解決手続（行政ADR）の整備

上記アの義務やイの説明義務の履行を実行化するため、行政による

履行確保措置（助言、指導、勧告等）及び行政ADRが整備されました。

（4）　施行期日について

　雇用対策法の改正（「労働施策の総合的な推進並びに労働者の雇用の安定及び職業生活の充実等に関する法律」の改正）については、平成30年7月6日に、既に施行されています。

　「長時間労働の是正、多様で柔軟な働き方の実現等」に関する法改正は、平成31年4月1日施行です。ただし、中小事業主における時間外労働の上限規制の適用は、経過措置により、令和2年4月1日となっています。また、中小事業主において、月60時間を超える時間外労働に係る割増賃金率を50％以上とする旨の改正については、令和5年4月1日施行です。

　「雇用形態に関わらない公正な待遇の確保（同一労働同一賃金）」に関する法改正は、令和2年4月1日施行です。ただし、中小事業主におけるパートタイム労働法、労働契約法の改正（中小事業主における「短時間労働者及び有期雇用労働者の雇用管理の改善等に関する法律」の改正）については、経過措置により、令和3年4月1日施行となっています。なお、労働者派遣法の改正については、事業主の規模による施行期日の違いはなく、令和2年4月1日施行です。

（5）　働き方改革関連法に盛り込まれていないものについて

　ア　兼業・副業、テレワーク

　働き方改革関連法には盛り込まれておらず、法改正の対象とはなっていないものの、「働き方改革実行計画」においては重要なテーマとされていたものとして、兼業・副業と、テレワークがあります。

　この点、「働き方改革実行計画」には、以下の記載があります。

　「テレワークは、時間や空間の制約にとらわれることなく働くことができるため、子育て、介護と仕事の両立の手段となり、多様な人材の能力発揮が可能となる。副業や兼業は、新たな技術の開発、オープ

ンイノベーションや起業の手段、そして第2の人生の準備として有効
である。我が国の場合、テレワークの利用者、副業・兼業を認めてい
る企業は、いまだ極めて少なく、その普及を図っていくことは重要で
ある。他方、これらの普及が長時間労働を招いては本末転倒である。
労働時間管理をどうしていくかも整理する必要がある。ガイドライン
の制定など実効性のある政策手段を講じて、普及を加速させていく。」

　これを踏まえ、兼業・副業についてはガイドラインの策定、テレワ
ークについてはガイドラインの改定等がなされているところです（な
お、兼業・副業については、その促進へ向けて、労働時間管理等の制
度的課題について検討が進められています。）。

　政府の後押しもあり、使用者側のみならず、労働者側においても、
兼業・副業やテレワークに対する意識が高まっている中、企業として、
どのような形でこれらの働き方を制度として取り入れていくべきか、
検討の必要性がますます高まっているといえるでしょう。

　本書では、それぞれのガイドラインの内容等を踏まえつつ、企業に
おいて実際に導入する際のステップや、運用に当たって必要となる書
式例などをご紹介しています。

　　イ　パワーハラスメント対策

　同じく働き方改革関連法には盛り込まれてはいなかったものの、「働
き方改革実行計画」においてテーマの1つとして取り上げられていた
ものとして、パワーハラスメント対策があります。

　その後、パワーハラスメント対策について検討がなされており、平
成30年12月14日付けで、厚生労働省労働政策審議会において、「女性の
職業生活における活躍の推進及び職場のハラスメント防止対策等の在
り方について」が建議されました。その中では、職場のパワーハラス
メントの防止対策として、パワーハラスメント防止措置を講じること
を事業者に義務付けることや、指針（ガイドライン）を策定すること

が提言されました。

　これを受けて、「女性の職業生活における活躍の推進に関する法律等の一部を改正する法律案」が、第198回通常国会において成立し、「労働施策の総合的な推進並びに労働者の雇用の安定及び職業生活の充実等に関する法律」にパワーハラスメント防止対策が盛り込まれることになりました。具体的には以下のとおりです。

① 　事業主に対して、パワーハラスメント防止のための雇用管理上の措置義務（相談体制の整備等）を新設。あわせて、措置の適切・有効な実施を図るための指針の根拠規定を整備。

② 　パワーハラスメントに関する労使紛争について、都道府県労働局長による紛争解決援助、紛争調整委員会による調停の対象とするとともに、措置義務等について履行確保のための規定を整備。

　本書では、これら働き方改革に関する法改正の内容や国の動向を解説し、加えて、必要な就業規則等の整備についてご説明します。

第2章　労働時間の管理

第1　時間外労働の上限規制

> ### ポイント
>
> ＜改正の内容＞
>
> ① 時間外労働について、原則として、月45時間、年360時間が上限に（限度時間）。
>
> ② 臨時的な特別な事情がある場合でも、年720時間以内、1か月100時間未満（休日労働を含む。）、複数月平均80時間以内（休日労働を含む。）が上限に。
>
> ③ 限度時間を超えて労働させる場合、当該労働者に対する健康福祉確保措置の実施が義務化。
>
> ＜規程の整備＞
>
> ① 従業員への意識付け等のために、就業規則に、時間外労働の上限及び健康福祉確保措置を規定。
>
> ② 上限の管理との兼ね合いで、就業規則で法定休日を特定。
>
> ③ 限度時間を超える場合の割増賃金率も規定が必要。
>
> ④ 新しい様式で、36協定の締結・届出を行う。

改正の内容

1　改正の目的

働く人の健康を確保するとともに、仕事と生活のバランスがとれる社会を目指し、長時間労働を確実に抑制することを目的として、時間外労働の上限規制が規定されました。

第2章　労働時間の管理　　　13

2　時間外労働の上限の法定

(1)　概　要

これまで、36協定で定める時間外労働の上限（限度時間）について
は、厚生労働大臣の告示（限度基準告示）(注1)によって、その基準が
定められていました。もっとも、特別条項付きの36協定を締結すれば、
限度時間を超えて時間外労働を行わせることができ、また、その場合
の上限については特に規律が設けられておらず、相当な長時間を定め
ることも可能でした。

法改正により、時間外労働の上限が労働基準法に定められることに
なり、また、臨時的な特別の事情によって限度時間を超えて労働させ
る場合（特別条項）についても、その上限等が労働基準法に定められ
ることになりました。なお、これに伴い、改正労働基準法36条7項に基
づき、新たに、「労働基準法第36条第1項の協定で定める労働時間の延
長及び休日の労働について留意すべき事項等に関する指針」（平成30
年厚生労働省告示323号。以下「36指針」といいます。）が定められ、
従前の限度基準告示は廃止となりました（36指針附則②）。

　(注1)　労働基準法第36条第1項の協定で定める労働時間の延長の限度等に関す
　　　る基準（平成10年労働省告示154号）

(2)　原則となる限度時間

36協定で定める時間外労働の上限（限度時間）について、原則とし
て、月45時間、年360時間とすることが、労働基準法に定められました
（限度時間（改正労基36③④））。36協定は、この範囲内で締結しなけれ
ばなりません。

なお、対象期間が3か月を超える1年単位の変形労働時間制を適用し
ている場合には、月42時間、年320時間となります(注2)。

1か月に満たない期間において労働する労働者に関しては、別途、努

力義務として目安時間が設けられていますが、これについては後掲「6
1か月に満たない期間において労働する労働者」を参照してくださ
い。

> （注2） 36協定の対象期間である1年間の中に、対象期間が3か月を超える1年単
> 位の変形労働時間制の対象期間の一部が含まれている場合には、限度時
> 間は月42時間、年320時間になります（平30・12・28基発1228第15）。

（3） 臨時的な特別の事情がある場合

いわゆる特別条項付き36協定を締結することによって、事業場にお
ける通常予見することのできない業務量の大幅な増加等に伴い臨時的
に限度時間を超えて労働させる必要がある場合（臨時的な特別の事情
がある場合）には、限度時間を超えて労働させることができます。

もっとも、法改正により、この場合でも、以下を守らなければなら
ないことになりました（改正労基36⑤⑥）。

---

① 時間外労働は、年720時間以内
② 時間外労働と休日労働の合計が月100時間未満
③ 時間外労働と休日労働の合計が、連続する「2か月の平均」、「3か
　月の平均」、「4か月の平均」、「5か月の平均」、「6か月の平均」のいず
　れにおいても、1月当たり80時間以内
④ 時間外労働が月45時間を超えられるのは、年6か月まで
※②及び③は、特別条項を使わない場合であっても守る必要がありま
　す(注3)。
※坑内労働等の健康上特に有害な業務(改正労基則18参照)については、
　1日の時間外労働を2時間以内にしなければなりません。

なお、限度時間（月45時間、年360時間）や、特別条項における上記
上限を超える36協定を締結した場合、当該36協定は、超える部分のみ
ならず、全体として無効となります（平30・12・28基発1228第15）。

> （注3） 例えば、2か月連続で時間外労働45時間、休日労働40時間となると、特別
> 条項は使われていませんが、上記③に反して違法ということになります。

第 2 章 労働時間の管理　　　15

<上限規制のイメージ>

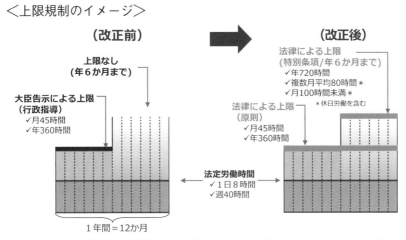

（出典：厚生労働省「時間外労働の上限規制　わかりやすい解説」）

3　健康福祉確保措置

(1)　健康福祉確保措置の内容

特別条項によって限度時間を超えて労働させる労働者に対しては、36協定で定める、健康及び福祉を確保するための措置（健康福祉確保措置）を実施することが必要になりました（改正労基則17①五）。

健康福祉確保措置については、具体的には、以下のものの中から協定することが望ましいとされています（36指針8）。

> ①　労働時間が一定時間を超えた労働者に医師による面接指導を実施すること。
> ②　深夜労働の回数を1か月について一定回数以内とすること。
> ③　終業から始業までに一定時間以上の継続した休息時間（インターバル）を確保すること。
> ④　労働者の勤務状況及びその健康状態に応じて、代償休日又は特別な休暇を付与すること。
> ⑤　労働者の勤務状況及びその健康状態に応じて、健康診断を実施すること。

⑥　年次有給休暇についてまとまった日数連続して取得することを含めてその取得を促進すること。

⑦　心とからだの健康問題についての相談窓口を設置すること。

⑧　労働者の勤務状況及びその健康状態に配慮し、必要な場合には適切な部署に配置転換をすること。

⑨　必要に応じて、産業医等による助言・指導を受け、又は労働者に産業医等による保健指導を受けさせること。

(2)　健康福祉確保措置の実施

健康福祉確保措置は、その内容によっては、限度時間を超える度に講じる必要があります。具体的な実施時期については、措置の内容によっても異なりますが、例えば、医師による面接指導については、1か月の時間外労働時間を算定した日（賃金締切日等）からおおむね1か月以内に講じることが望ましいとされています（厚生労働省「改正労働基準法に関するQ＆A」平成31年4月）。

なお、心とからだの健康問題についての相談窓口の設置（上記⑦）については、設置をすることにより、法令上の義務を果たしたことになりますが、その設置の旨を労働者に十分周知し、窓口が効果的に機能するように留意すべきとされています（厚生労働省「改正労働基準法に関するQ＆A」平成31年4月）。

(3)　健康福祉確保措置の記録

健康福祉確保措置の実施状況に関する記録は、36協定の有効期間中及び有効期間満了後3年間保存しなければなりません（改正労基則17②）。

4　36協定の協定事項

(1)　協定事項の全体像

36協定の協定事項は、以下のようになります（改正労基36、改正労基則17）。

第2章 労働時間の管理 17

---

① 対象となる労働者の範囲
② 対象期間（1年間に限ります。）
③ 労働時間を延長し、又は休日に労働させることができる場合
④ 1日、1か月及び1年のそれぞれの期間における時間外労働時間の上限及び休日労働日数の上限
⑤ 有効期間
⑥ 上記④の「1年」についての起算日
⑦ 時間外労働及び休日労働を合算した時間数が、1か月について100時間未満でなければならず、かつ2か月から6か月までを平均して80時間を超過しないこと

＜特別条項付きの場合は、以下も追加＞

⑧ 限度時間を超えて労働させる場合における、1か月についての時間外労働時間と休日労働時間を合算した上限（100時間未満の範囲内に限ります。）及び1年についての時間外労働時間の上限（720時間以内の範囲に限ります。）
⑨ 限度時間を超えて労働させる場合における、時間外労働時間が45時間（対象期間が3か月超の1年単位の変形労働時間制では42時間）を超えることができる月数（1年について6か月以内に限ります。）
⑩ 限度時間を超えて労働させることができる場合
⑪ 限度時間を超えて労働させる労働者に対する健康福祉確保措置
⑫ 限度時間を超えた労働に係る割増賃金の率
⑬ 限度時間を超えて労働させる場合における手続

　上記のとおり、特別条項付きの36協定を締結する場合には、協定事項が増えることになりますので、36協定の様式も、特別条項がある場合とない場合とで異なるものになります（改正労基則16）。それぞれの記載例は後掲 規程例等 を参照してください。

（2）協定事項に関する留意点

協定事項のうち、以下の点には留意が必要です。

　ア　対象期間（上記(1)②）

改正労働基準法36条の規定により労働時間を延長し、又は休日に労

働させることができる期間を指し、1年間に限られます（改正労基36②二）。対象となる事業の完了や業務の終了までの期間が1年未満である場合であっても変わりありません（平30・9・7基発0907第1）。

　イ　有効期間（上記(1)⑤）

締結した36協定が効力を有する期間を指します。対象期間が1年間に限られることから、有効期間は最も短い場合でも原則として1年間です。また、定期的に見直しを行う必要があると考えられることから、有効期間は1年間とすることが望ましいとされています（平30・12・28基発1228第15）。

　ウ　1か月100時間未満、複数月平均80時間以内の要件（上記(1)⑦）

法改正に伴う新たな36協定の様式には、「上記で定める時間数にかかわらず、時間外労働及び休日労働を合算した時間数は、1箇月について100時間未満でなければならず、かつ2箇月から6箇月までを平均して80時間を超過しないこと。」との項目にチェックを入れるチェックボックスが設けられています。これにチェックがない場合には、当該36協定は無効となります（平30・9・7基発0907第1）。

　エ　限度時間を超えて労働させる場合における、1か月についての時間外労働時間と休日労働時間を合算した上限（上記(1)⑧）

100時間未満の範囲内に限られますが、「100時間未満」と協定することはできません（厚生労働省「改正労働基準法に関するQ＆A」平成31年4月）。具体的な延長時間数を協定する必要があります。

　オ　その他

上記のほか、特別条項に関しては、例えば以下のような点が36指針や通達等で定められていますので、念のため留意するとよいでしょう。ただし、これらは、法改正前の通達等でも定められていたものですので、新たな規律が設けられたものではありません。

限度時間を超えて労働させることができる場合	できる限り具体的に定めなければならず、「業務の都合上必要な場合」、「業務上やむを得ない場合」など恒常的な長時間労働を招くおそれがあるものを定めることは認められないことに留意しなければなりません（36指針5①）。
限度時間を超えた労働に係る割増賃金の率	法定割増率を超える率とするように努めなければなりません（36指針5③）。
限度時間を超えて労働させる場合における手続	「手続」は、1か月ごとに限度時間を超えて労働させることができる具体的事由が生じたときに必ず行わなければならず、所定の手続を経ることなく、限度時間を超えて労働時間を延長した場合は、法違反となります。 なお、所定の手続がとられ、限度時間を超えて労働時間を延長する際には、その旨を届け出る必要はありませんが、労使当事者間においてとられた所定の手続の時期、内容、相手方等を書面等で明らかにしておく必要があるとされています（平30・9・7基発0907第1）。

5　運用上の留意点

(1)　転勤があった場合

　同一使用者内のＡ事業場からＢ事業場へ転勤した労働者に関する、時間外労働の上限規制の適用については、規制の内容に応じて判断することになります。

　まず、①限度時間（原則として月45時間、年360時間（改正労基36④））及び②特別条項を設ける場合の1年についての延長時間の上限（年720時間（改正労基36⑤））は、事業場における36協定の内容を規制するものであるため、特定の労働者が異なる事業場へ転勤した場合は通算されません。すなわち、それぞれの事業場で時間外労働時間を別々にカウ

ントした上で、限度時間又は延長時間の上限に達しているかどうかを判断することになります。

これに対して、③時間外労働と休日労働の合計で、1か月100時間未満、複数月平均80時間以内の要件（改正労基36⑥二・三）は、労働者個人の実労働時間を規制するものであるため、特定の労働者が異なる事業場へ転勤した場合であっても、労働基準法38条1項の規定により通算して適用されます。すなわち、それぞれの事業場での時間外・休日労働時間を合計した時間が、1か月100時間未満、複数月平均80時間以内となっていなければなりません（平30・12・28基発1228第15）。

(2) 改正法施行前の期間等を含む複数月80時間以内の要件の適用

時間外労働と休日労働の合計で、複数月平均80時間以内の要件（改正労基36⑥三）については、改正法施行前の期間(注4)や経過措置の期間（後掲「9　経過措置」参照）のような改正法の適用前の期間の労働時間は、算定対象となりません（平30・12・28基発1228第15）。

(注4)　中小事業主は令和2年3月31日まで。

(3) 改正法適用前における新様式の利用

改正法施行前の期間(注5)や経過措置の期間（後掲「9　経過措置」参照）のような改正法の適用前の期間を対象とする36協定を届け出るに当たっては、法改正前の様式（旧様式）のみならず、法改正後の様式（新様式）を用いることも可能です。

なお、新様式を用いる場合であっても、法改正後の規律に沿ったものにする必要はなく、「時間外労働及び休日労働を合算した時間数は、1箇月について100時間未満でなければならず、かつ2箇月から6箇月までを平均して80時間を超過しないこと。」とのチェックボックスについても、必ずしもチェックを入れる必要はありません（平30・12・28基発1228第15）。

(注5)　(注4)と同じ。

6　1か月に満たない期間において労働する労働者

　1か月に満たない期間において労働する労働者について、36協定において延長できる労働時間を定めるに当たっては、以下の目安時間を超えないよう努めなければなりません（36指針6）。

期　　間	目安時間
1週間	15時間
2週間	27時間
4週間	43時間

<備　考>

　期間が次のいずれかに該当する場合は、目安時間は、当該期間の区分に応じ、それぞれに定める時間（その時間に1時間未満の端数があるときは、これを1時間に切り上げます。）となります。

① 　1日を超え1週間未満の日数を単位とする期間

　　15時間に当該日数を7で除して得た数を乗じて得た時間

② 　1週間を超え2週間未満の日数を単位とする期間

　　27時間に当該日数を14で除して得た数を乗じて得た時間

③ 　2週間を超え4週間未満の日数を単位とする期間

　　43時間に当該日数を28で除して得た数を乗じて得た時間（その時間が27時間を下回るときは、27時間）

7　罰　　則

　改正労働基準法36条6項を超えて労働者を働かせた場合、すなわち、①時間外労働と休日労働の合計が月100時間以上である場合、②時間外労働と休日労働の合計が、連続する2か月～6か月の平均のいずれかにおいて、1月当たり80時間を超えている場合、又は③坑内労働等の健康上特に有害な業務（改正労基則18参照）について、1日の時間外労働が2時間を超えている場合には、改正労働基準法36条6項の違反であり、行為者（違法な時間外労働等を行わせた者）は、6か月以下の懲役又は

30万円以下の罰金を科される可能性があり、また、使用者は、30万円以下の罰金を科される可能性があります（改正労基119一・121）。

　なお、36協定で定めた範囲を超えて労働させる場合には、従前どおり、労働基準法32条違反として、罰則が適用されます。

8　施行日及び中小事業主の適用猶予

　時間外労働の上限規制に係る改正は平成31年4月1日施行です。

　ただし、中小事業主に対しては、1年間猶予され、令和2年4月1日施行となります。業種ごとに、以下の資本金・出資金基準か労働者数基準のいずれかを満たしていれば、中小事業主に該当します。

業　　種	資本金の額又は出資の総額（※）		常時使用する労働者
小売業	5,000万円以下	又は	50人以下
サービス業	5,000万円以下	又は	100人以下
卸売業	1億円以下	又は	100人以下
その他	3億円以下	又は	300人以下

（※）　個人事業主等、資本金や出資金の概念がない場合には、労働者数のみで判断することになります（厚生労働省「改正労働基準法に関するQ＆A」平成31年4月）。

　なお、一部の事業又は業務については、適用の除外又は猶予があります。詳細は後掲本章「第2　時間外労働の上限規制の適用除外、猶予規定」をご参照ください。

9　経過措置

　時間外労働の上限規制に係る改正は、施行について経過措置が設けられており、平成31年4月1日（中小事業主は令和2年4月1日）以後の期間のみを定めた36協定に対して、上限規制が適用されることとなりま

す。平成31年3月31日（中小事業主は令和2年3月31日）を含む期間について定めた36協定については、その協定の初日から1年間は引き続き有効となり、上限規制は適用されません。36協定に関する規律も法改正前のものが適用されますし、1か月100時間未満・複数月平均80時間以内の要件も適用されず、これを超えて労働させる場合にも罰則の適用はありません（ただし、そのような過重労働が望ましくないものであることは言うまでもありません。）。

実務ステップ

①	業務区分の細分化をする。
②	業務区分ごとに時間外労働をさせることができる事由と時間数を決める。
③	業務区分と具体的事由ごとに、特別条項の有無と時間数を決める。
④	限度時間を超えて労働させる場合の手続を決める。
⑤	実施する健康福祉確保措置を決める（特別条項を設ける場合）。
⑥	限度時間を超えた労働に対する割増賃金率を決める。
⑦	36協定を締結する。
⑧	就業規則を改定する。
⑨	就業規則と36協定を管轄の労働基準監督署長へ届け出る。
⑩	上限を超過しないよう労働時間を把握・管理する方法を検討する。

24　　　　　第2章　労働時間の管理

| ⑪ | 限度時間を超えて労働した従業員がいた場合、健康福祉確保措置を実施する。 |

規程の整備

1　就業規則への時間外労働の上限の記載

　時間外労働の上限については、就業規則への記載は必須ではありません。もっとも、特に、現場で時間外労働を指示・命令する管理監督者は把握しておくべき内容です。そのような面からは、上限を就業規則に記載することも考えられるでしょう。

規程例等

〇時間外労働の上限の規定例（就業規則）

（時間外及び休日労働）
第〇条　会社は、業務の都合により、あらかじめ労使協定で定める範囲内において、所定労働時間を超え又は所定休日に労働を命じることがある。従業員は、正当な理由なく拒否してはならない。
2　時間外労働又は休日労働を命じる場合であっても、法定時間外労働（1日8時間又は週40時間を超える労働）及び法定休日労働の上限は、以下のとおりとする。
①　1か月について99時間（法定時間外労働及び法定休日労働の合計）
②　当月を含めて遡った2か月から6か月の平均が1か月80時間以内（法定時間外労働及び法定休日労働の合計）
③　1年について720時間以内（法定時間外労働）

第2章　労働時間の管理　　25

> **整備前の条項**
>
> （時間外及び休日労働）
>
> 第〇条　会社は、業務の都合により、あらかじめ労使協定で定める範囲内において、所定労働時間を超え又は所定休日に労働を命じることがある。従業員は、正当な理由なく拒否してはならない。

※下線は変更部分

＜作成上の留意点＞

　改正労働基準法において求められている時間外労働の上限規制は、あくまで「法定」時間外労働及び「法定」休日労働に係る規制です。上記のように上限に関する条項を加える場合には、「所定」時間外労働や「所定」休日労働と区別することが適当です（もちろん、所定労働時間や所定休日をベースとして、法律上の要請より低い上限を設定することも問題ありません。）。

　また、時間外労働の上限を超えないように管理する義務を、管理監督者に課す内容を追加することも検討できます。

「(例)3　管理職にある従業員は、労働時間を管理する従業員の法定時間外労働及び法定休日労働が前項の時間を超えないよう、労働時間、担当業務等を管理しなければならない。」

> **アドバイス**
>
> ○時間外労働の上限
>
> 　特別条項を協定しない場合でも、1か月100時間未満・複数月平均80時間以内の上限は適用されます。1か月の時間外労働が45時間以内であっても、休日労働の日数によっては、平均が80時間を超える可能性がありますので、振替休日・代休などの制度を活用することも考えられます。
>
> 　時間外・休日労働の多い職場で、2か月から6か月の平均を常に80時間以内にするためには、月ごとに計算して翌月の時間外・休日労働の上限を決め、常に管理するなどの工夫が必要です。

2 就業規則への法定休日の記載

　休日は、毎週1日又は4週間を通じて4日与える必要があり（労基35）、これを「法定休日」といいます。この法定休日は、必ずしも曜日等を特定しておくことは必要とされていません（昭23・5・5基発682等参照）。

　もっとも、改正労働基準法においては、法定時間外労働に加え、法定休日労働を合計した時間について、上限が設定されることになりました。上限規制との関係で、適切に労働時間を管理するためには、法定休日を特定しておくことが有用でしょう。

　規程例等

○法定休日の規定例（就業規則）

　（休　日）

　第○条　休日は、次のとおりとする。

　　①　土曜日及び日曜日

　　②　国民の祝日（日曜日と重なったときは翌日）

　　③　年末年始（12月○日〜1月○日）

　　④　夏季休日（○月○日〜○月○日）

　　⑤　その他会社が指定する日

　<u>2　法定休日は日曜日とする。</u>

　<u>3</u>　業務の都合により会社が必要と認める場合は、あらかじめ前
　　項の休日を他の日と振り替えることがある。

> 整備前の条項
>
> 　（休　日）
>
> 　第○条　休日は、次のとおりとする。
>
> 　　①　土曜日及び日曜日
>
> 　　②　国民の祝日（日曜日と重なったときは翌日）
>
> 　　③　年末年始（12月○日〜1月○日）

第2章　労働時間の管理　　27

　　④　夏季休日（○月○日～○月○日）
　　⑤　その他会社が指定する日
　2　業務の都合により会社が必要と認める場合は、あらかじめ前
　　項の休日を他の日と振り替えることがある。

※下線は変更部分

＜作成上の留意点＞
　例えば、土日祝日を休日に設定している会社において、金曜日が祝日の
週に、月～木曜日に9時間ずつ働き、日曜日に4時間働いた場合、日曜日が
法定休日かどうかで、日曜日の4時間分が「法定時間外労働及び法定休日労
働の合計」に加算されるかどうかが変わってきます。
①　日曜日が法定休日である場合
　　月～木曜日における8時間を超えた1時間分の合計4時間（時間外労働）
　＋日曜日における4時間（休日労働）＝8時間
②　日曜日が法定休日ではない場合
　　週の労働時間が40時間に収まっているため、日曜日における4時間は
　時間外労働にならず、月～木曜日における8時間を超えた1時間分の合計
　4時間（時間外労働）のみ＝4時間
　こういった混乱を避けるに当たって、法定休日を特定することが有益で
す。

3　就業規則への健康福祉確保措置の記載

　限度時間を超えて従業員を働かせる場合には、36協定で定めた健康
福祉確保措置を実施する必要があり、その具体的内容は、特別条項付
き36協定で定めることになります。
　健康福祉確保措置を実施する必要があることは、現場で時間外・休
日労働を命じる管理監督者等、管理者側も把握していることが適当で
す。したがって、就業規則に記載することも考えられるでしょう（注
6）。

(注6)　なお、健康福祉確保措置は、「安全及び衛生に関する定め」（労基89六）又は「当該事業場の労働者のすべてに適用される定め」（労基89十）として、相対的必要記載事項に該当する可能性もあるでしょう。

規程例等

○健康福祉確保措置の規定例（就業規則）

（時間外及び休日労働）

第○条　会社は、業務の都合により、別途労使協定で定める範囲内において、所定労働時間を超え又は所定休日に労働を命じることがある。従業員は、正当な理由なく拒否してはならない。

2　前項によって時間外労働を命じる場合に、1日8時間又は1週40時間を超えて労働する時間（法定時間外労働時間）が、1か月45時間を超える場合には、会社は、当該従業員に対し、別途労使協定で定めた健康福祉確保措置を実施する。

整備前の条項

（時間外及び休日労働）

第○条　会社は、業務の都合により、別途労使協定で定める範囲内において、所定労働時間を超え又は所定休日に労働を命じることがある。従業員は、正当な理由なく拒否してはならない。

※下線は変更部分

＜作成上の留意点＞

　具体的内容は36協定で定めるため、「別途労使協定で定めた健康福祉確保措置」と規定すれば十分ですが、就業規則に具体的な措置内容を規定することも、問題はありません。

第2章　労働時間の管理　　29

4　就業規則への限度時間を超えた労働に対する割増賃金率の記載

　特別条項を設ける場合、限度時間を超えた労働に対する1か月及び1年それぞれの割増賃金率を協定書にて定めることになりますが、これは、労働基準法89条2号の「賃金の決定、計算及び支払の方法」に当たりますので、就業規則にも記載しなければなりません（平30・9・7基発0907第1）。例では30％としていますが、25％であっても同様です。

規程例等

○限度時間を超えた労働に対する割増賃金率の規定例（就業規則）

　（割増賃金）

　第○条　時間外労働に対する割増賃金は、次の割増賃金率に基づき、次項の計算方法により支給する。

　　①　1か月の時間外労働

　　　⑦　1か月45時間以下……25％

　　　⑦　1か月45時間超〜60時間以下……30％

　　　⑦　1か月60時間超……50％

　　　ただし、1か月の起算日は毎月○日とする。

　　②　1年間の時間外労働

　　　　1年間の時間外労働時間数が360時間超……30％

　　　ただし、1年の起算日は○月○日とする。

　　③　時間外労働に対する割増賃金の計算において、上記①及び②のいずれにも該当する時間外労働については、いずれか高い割増賃金率で計算することとする。

　2　〔省略〕

整備前の条項

（割増賃金）

第○条　時間外労働に対する割増賃金は、次の割増賃金率に基づき、次項の計算方法により支給する。

　　25％

2　〔省略〕

※下線は変更部分

＜作成上の留意点＞

　ここでいう限度時間とは、1か月45時間、1年360時間です。これを超えた場合の割増率は25％を超える率とするよう努めなければならないとされています。したがって、例えば「1か月45時間以下」と「1か月45時間超～60時間以下」のいずれにおいても、割増率が変わらず25％なのであれば、就業規則上は、項目を分けずに、「1か月60時間以下…25％」と定めることでも構いません。

　なお、時間外労働が60時間を超えた場合の割増率は50％であり（労基37①ただし書）、ただし、中小事業主ではその適用が猶予されていましたが、令和5年4月1日から、当該猶予措置は廃止され、事業主の規模によらずに適用されることになっています。

5　時間外労働・休日労働に関する協定書例

　労働基準監督署に提出する36協定の様式については、記載例を含め、厚生労働省が公開しているものがありますので、参考にするとよいでしょう。なお、特別条項付きの場合は、限度時間内の時間外労働についての届出書と、限度時間を超える時間外労働についての届出書との2枚組になります。

規程例等

〇時間外労働・休日労働に関する36協定届の記載例（特別条項なし）

様式第9号（第16条第1項関係）

時間外労働・休日労働に関する協定届

| | 労働保険番号 | □□□□□□□□□□□□□□ |
| | 法人番号 | □□□□□□□□□□□□□ |

事業の種類	事業の名称	事業の所在地（電話番号）	協定の有効期間
金属製品製造業	〇〇株式会社〇〇工場	（〒000－0000）東京都〇〇区〇〇町〇丁目〇番〇号（電話番号：00－0000－0000）	令和〇〇年4月1日から1年間

時間外労働

	時間外労働をさせる必要のある具体的事由	業務の種類	労働者数（満18歳以上の者）	所定労働時間（1日）（任意）	延長することができる時間数 1日 法定労働時間を超える時間数	所定労働時間を超える時間数（任意）	1箇月 法定労働時間を超える時間数	所定労働時間を超える時間数（任意）	1年（①については360時間、②については320時間まで）起算日（年月日）令和〇〇年4月1日 法定労働時間を超える時間数	所定労働時間を超える時間数（任意）
① 下記②に該当しない労働者	受注の集中	設計	10人	7.5時間	3時間	3.5時間	30時間	40時間	250時間	370時間
	臨時の受注、納期変更	機械組立	20人	7.5時間	2時間	2.5時間	15時間	25時間	150時間	270時間
	製品不具合への対応	検査	10人	7.5時間	2時間	2.5時間	15時間	25時間	150時間	270時間
② 1年単位の変形労働時間制により労働する労働者	月末の決算事務	経理	5人	7.5時間	3時間	3.5時間	20時間	30時間	200時間	320時間
	棚卸	購買	5人	7.5時間	3時間	3.5時間	20時間	30時間	200時間	320時間

休日労働

休日労働をさせる必要のある具体的事由	業務の種類	労働者数（満18歳以上の者）	所定休日（任意）	労働させることができる法定休日の日数	労働させることができる法定休日における始業及び終業の時刻
受注の集中	設計	10人	土日祝日	1か月に1日	8：30～17：30
臨時の受注、納期変更	機械組立	20人	土日祝日	1か月に1日	8：30～17：30

上記で定める時間数にかかわらず、時間外労働及び休日労働を合算した時間数は、1箇月について100時間未満でなければならず、かつ2箇月から6箇月までを平均して80時間を超過しないこと。☑（チェックボックスに要チェック）

協定の成立年月日　令和〇〇　年　〇〇　月　〇〇　日

協定の当事者である労働組合（事業場の労働者の過半数で組織する労働組合）の名称又は労働者の過半数を代表する者の　職名　検査課主任　氏名　〇〇〇〇

協定の当事者（労働者の過半数を代表する者の場合）の選出方法（　投票による選挙　）

令和〇〇　年　〇〇　月　〇〇　日

使用者　職名　工場長　氏名　〇〇〇〇　㊞

〇〇〇〇　労働基準監督署長殿

＜作成上の留意点＞

1　「事業の名称」の欄

　36協定は、事業場（工場、支店、営業所等）ごとに締結することになるため、事業場の記載が必要になります。

2　「協定の有効期間」の欄

　一般的には有効期間を1年として協定を更新し、新しく協定した書面を労働基準監督署長に提出します。自動更新の定めをした場合、協定自体は自動更新となりますが、本協定の更新時に、更新した旨の書面を労働基準監督署長に届け出る必要があります。

　36協定の有効期間について自動更新の定めがなされている場合には、更新の届出は、当該協定の更新について、労使両当事者のいずれからも異議の申出がなかった事実を証明する書面を届け出ることをもって足りることとされています（昭29・6・29基発355）。

3　「時間外労働をさせる必要のある具体的事由」の欄

　「業務の種類」に応じて、具体的に定める必要があります。

4　「業務の種類」の欄

　時間外労働又は休日労働をさせる必要のある業務を具体的に記入し、坑内労働その他厚生労働省令で定める健康上特に有害な業務について協定をした場合には、当該業務を他の業務と区別して記入します。なお、業務の種類を記入するに当たっては、業務の区分を細分化することにより当該業務の範囲を明確にしなければなりません。

5　「労働者数（満18歳以上の者）」の欄

　時間外労働又は休日労働をさせることができる労働者の数を記入します。

6　「延長することができる時間数」の欄

　労働基準法32条から32条の5又は40条の規定により労働させることができる最長の労働時間（以下「法定労働時間」といいます。）を超える時間数を記入します。なお、本欄に記入する時間数にかかわらず、時間外労働及び休日労働を合算した時間数が1か月について100時間以上となった場合、及び2か月から6か月までを平均して80時間を超えた場合には労働基準法違反となります。

① 「1日」の欄には、法定労働時間を超えて延長することができる時間数
であって、1日についての延長することができる限度となる時間数を記
入します。なお、所定労働時間を超える時間数についても協定する場合
においては、所定労働時間を超える時間数を併せて記入することができ
ます。

② 「1箇月」の欄には、法定労働時間を超えて延長することができる時間
数であって、「1年」の欄に記入する「起算日」において定める日から1か
月ごとについての延長することができる限度となる時間数を45時間（対
象期間が3か月を超える1年単位の変形労働時間制により労働する者につ
いては、42時間）の範囲内で記入します。なお、所定労働時間を超える
時間数についても協定する場合においては、所定労働時間を超える時間
数を併せて記入することができます。

③ 「1年」の欄には、法定労働時間を超えて延長することができる時間数
であって、「起算日」において定める日から1年についての延長すること
ができる限度となる時間数を360時間（対象期間が3か月を超える1年単
位の変形労働時間制により労働する者については、320時間）の範囲内で
記入します。なお、所定労働時間を超える時間数についても協定する場
合においては、所定労働時間を超える時間数を併せて記入することがで
きます。

7 「② 1年単位の変形労働時間制により労働する労働者」の欄

対象期間が3か月を超える1年単位の変形労働時間制により労働する者に
ついて記入します。なお、延長することができる時間の上限は①の欄の労
働者よりも短い（1か月42時間、1年320時間）ことに留意してください。

8 「労働させることができる法定休日の日数」の欄

法定休日（1週1休又は4週4休（労基35））に労働させることができる日数
を記入します。

9 「労働させることができる法定休日における始業及び終業の時刻」の
欄

法定休日であって労働させることができる日の始業及び終業の時刻を記
入します。

10 チェックボックス

「2箇月から6箇月まで」とは、起算日をまたぐケースも含め、連続した

2か月から6か月までの期間を指します。また、チェックボックスにチェックがない場合には有効な協定となりませんので、注意が必要です。

11 労働者代表の職名・氏名の欄

管理監督者は、労働者代表にはなれません。

また、届出書を協定書と兼ねさせる場合には、労働者代表の署名又は記名・押印が必要です。

12 「協定の当事者（労働者の過半数を代表する者の場合）の選出方法」の欄

労働者の過半数で組織する労働組合がない場合には、36協定の締結をする者を選ぶことを明確にした上で、投票・挙手等の方法で労働者の過半数代表者を選出することになりますので、その選出方法を記載します。なお、使用者による指名や、使用者の意向に基づく選出は認められません。

○時間外労働・休日労働に関する36協定届の記載例（特別条項あり）〔1枚目省略〕

様式第9号の2（第16条第1項関係）

時間外労働・休日労働に関する協定届（特別条項）

臨時的に限度時間を超えて労働させることができる場合	業務の種類	労働者数（満18歳以上の者）	1日（任意）		1箇月（時間外労働及び休日労働を合算した時間数。100時間未満に限る。）				1年（時間外労働のみの時間数。720時間以内に限る。）起算日（年月日）令和○○年4月1日		
			延長することができる時間数 法定労働時間を超える時間数	所定労働時間を超える時間数（任意）	限度時間を超えて労働させることができる回数（6回以内に限る。）	延長することができる時間数及び休日労働の時間数 法定労働時間を超える時間数と休日労働の時間数を合算した時間数	所定労働時間を超える時間数と休日労働の時間数を合算した時間数（任意）	限度時間を超えた労働に係る割増賃金率	延長することができる時間数 法定労働時間を超える時間数	所定労働時間を超える時間数（任意）	限度時間を超えた労働に係る割増賃金率
突発的な仕様変更	設計	10人	6時間	6.5時間	6回	90時間	100時間	35%	700時間	820時間	35%
製品トラブル・大規模なクレームへの対応	検査	20人	6時間	6.5時間	6回	90時間	100時間	35%	600時間	720時間	35%
機械トラブルへの対応	機械組立	10人	6時間	6.5時間	4回	80時間	90時間	35%	500時間	620時間	35%

限度時間を超えて労働させる場合における手続　労働者代表者に対する事前申し入れ

限度時間を超えて労働させる労働者に対する健康及び福祉を確保するための措置
（該当する番号）①、③、⑩
（具体的内容）対象労働者への医師による面接指導の実施、対象労働者に11時間の勤務間インターバルを設定、職場での時短対策会議の開催

上記で定める時間数にかかわらず、時間外労働及び休日労働を合算した時間数は、1箇月について100時間未満でなければならず、かつ2箇月から6箇月までを平均して80時間を超過しないこと。☑（チェックボックスに要チェック）

協定の成立年月日　令和○○年　○○月　○○日
協定の当事者である労働組合（事業場の労働者の過半数で組織する労働組合）の名称又は労働者の過半数を代表する者の　職名　氏名　○○○○
協定の当事者（労働者の過半数を代表する者の場合）の選出方法（　投票による選挙　）
令和○○年　○○月　○○日

使用者　職名　工場長　氏名　○○○○

検査課主任　○○○○　印

○○　労働基準監督署長殿

＜作成上の留意点＞

1　「臨時的に限度時間を超えて労働させることができる場合」の欄

当該事業場における通常予見することのできない業務量の大幅な増加等に伴い臨時的に限度時間を超えて労働させる必要がある場合をできる限り具体的に記入します（一時的又は突発的に時間外労働を行わせる必要のあるものに限られます。）。なお、「業務の都合上必要な場合」、「業務上やむを得ない場合」等恒常的な長時間労働を招くおそれがあるものを記入することは認められません。

2　「業務の種類」の欄

臨時的に限度時間を超えて時間外労働又は休日労働をさせる必要のある業務を具体的に記入し、坑内労働その他厚生労働省令で定める健康上特に有害な業務について協定をした場合には、当該業務を他の業務と区別して記入します。なお、業務の種類を記入するに当たっては、業務の区分を細分化することにより当該業務の範囲を明確にしなければなりません。

3　「労働者数（満18歳以上の者）」の欄

臨時的に限度時間を超えて時間外労働又は休日労働をさせることができる労働者の数を記入します。

4　「起算日」の欄

「時間外労働・休日労働に関する協定届」の起算日と同じ年月日を記入します。

5　「延長することができる時間数及び休日労働の時間数」の欄

法定労働時間を超える時間数と休日労働の時間数を合算した時間数であって、「起算日」において定める日から1か月ごとについての延長することができる限度となる時間数を100時間未満の範囲内で記入します。なお、所定労働時間を超える時間数についても協定する場合においては、所定労働時間を超える時間数と休日労働の時間数を合算した時間数を併せて記入することができます。

6　「延長することができる時間数」の欄

法定労働時間を超えて延長することができる時間数を記入します。「1年」にあっては、「起算日」において定める日から1年についての延長することができる限度となる時間数を720時間の範囲内で記入します。なお、

第2章　労働時間の管理　　　37

所定労働時間を超える時間数についても協定する場合においては、所定労働時間を超える時間数を併せて記入することができます。

　なお、5及び6の欄に記入する時間数にかかわらず、時間外労働及び休日労働を合算した時間数が1か月について100時間以上となった場合、及び2か月から6か月までを平均して80時間を超えた場合には労働基準法違反となります。

7　「限度時間を超えて労働させることができる回数」の欄

　限度時間（1か月45時間（対象期間が3か月を超える1年単位の変形労働時間制により労働する者については、42時間））を超えて労働させることができる回数を6回の範囲内で記入します。

8　「限度時間を超えた労働に係る割増賃金率」の欄

　限度時間を超える時間外労働に係る割増賃金の率を記入します。当該割増賃金の率は、法定割増賃金率（25％）を超える率とするように努めなければならないとされています（36指針5③）。

　なお、時間外労働が1か月について60時間を超えた場合には、その超えた時間の労働については、50％以上の割増率で計算した割増賃金を支払わなければなりません（労基37①ただし書）（ただし、中小事業主の事業については、令和5年4月1日以降、当該割増率による割増賃金支払義務を負うことになります（労基138）。）。

9　「限度時間を超えて労働させる場合における手続」の欄

　協定の締結当事者間の手続として、「協議」、「通告」等具体的な内容を記入します。

10　「限度時間を超えて労働させる労働者に対する健康及び福祉を確保するための措置」の欄

　様式裏面の番号を「（該当する番号）」欄に選択して記入した上で、その具体的内容を「（具体的内容）」欄に記入します。

11　チェックボックス

　「2箇月から6箇月まで」とは、起算日をまたぐケースも含め、連続した2か月から6か月までの期間を指します。また、チェックボックスにチェックがない場合には有効な協定となりませんので、注意が必要です。

12　労働者代表の職名・氏名の欄

　管理監督者は、労働者代表にはなれません。

また、届出書を協定書と兼ねさせる場合には、労働者代表の署名又は記名・押印が必要です。

13　「協定の当事者（労働者の過半数を代表する者の場合）の選出方法」の欄

労働者の過半数で組織する労働組合がない場合には、36協定の締結をする者を選ぶことを明確にした上で、投票・挙手等の方法で労働者の過半数代表者を選出することになりますので、その選出方法を記載します。なお、使用者による指名や、使用者の意向に基づく選出は認められません。

第2章　労働時間の管理　　39

| コラム | 臨時の必要がある場合の時間外労働等について
〜労働基準法33条 |

　時間外労働の上限規制によって、時間外・休日労働時間については、1か月100時間未満、複数月（2〜6か月のいずれにおいても）平均80時間が上限とされることになりました。従前、時間外・休日労働時間がこれに収まっていなかった会社においては、人員の拡充や人員体制の変更、不要なタスクの整理等、対応を急ぐ必要があります。

　他方で、そういった対応のみでは、どうしても時間外・休日労働時間を上記の上限に収めることができない事態も想定されます。例えば、大規模な自然災害や事故が発生した際に、これに対処するためには、どうしても不眠不休の作業等が必要になることもあるでしょう。こういった場合でも、硬直的に上記の上限を適用するのは、必ずしも望ましくありません。

　実は、改正前の労働基準法においても、ある特定の事情がある場合に、（36協定とは無関係に）時間外・休日労働を命じることができる旨を定めている条文として、労働基準法33条がありました。

（災害等による臨時の必要がある場合の時間外労働等）
第33条　災害その他避けることのできない事由によって、臨時の必要がある場合においては、使用者は、行政官庁の許可を受けて、その必要の限度において第32条から前条まで若しくは第40条の労働時間を延長し、又は第35条の休日に労働させることができる。ただし、事態急迫のために行政官庁の許可を受ける暇がない場合においては、事後に遅滞なく届け出なければならない。

2　前項ただし書の規定による届出があつた場合において、行政官庁がその労働時間の延長又は休日の労働を不適当と認めるときは、その後にその時間に相当する休憩又は休日を与えるべきことを、命ずることができる。

3　公務のために臨時の必要がある場合においては、第1項の規定にかかわらず、官公署の事業（別表第1に掲げる事業を除く。）に従事する国家公務員及び地方公務員については、第32条から前条まで若

しくは第40条の労働時間を延長し、又は第35条の休日に労働させることができる。

　すなわち、「災害その他避けることのできない事由によって、臨時の必要がある場合」には、労働基準監督署長の事前の許可又は事後の届出をもって、時間外・休日労働を命じることができるとされているのです。
　これを踏まえ、「働き方改革実行計画」（平成29年3月28日働き方改革実現会議決定）においても、「（事前に予測できない災害その他事項の取扱）」との標題で、「突発的な事故への対応を含め、事前に予測できない災害その他避けることのできない事由については、労働基準法第33条による労働時間の延長の対象となっており、この措置は継続する。措置の内容については、サーバーへの攻撃によるシステムダウンへの対応や大規模なリコールへの対応なども含まれていることを解釈上、明確化する。」とされました。厳格化された上限規制との関係で、実態として不都合な事態が生じないよう、この労働基準法33条を適切に運用することが、行政においても、意識されているといえるでしょう。
　それでは、この労働基準法33条は、どういった場合に用いることができるのでしょうか。条文上は、「災害その他避けることのできない事由」（「によって、臨時の必要がある場合」）とされ、「働き方改革実行計画」においては、「突発的な事故への対応を含め、事前に予測できない災害その他避けることのできない事由」とされているところです。
　この点、解釈通達において、以下のことが示されています（以下、「働き方改革実行計画」における上記記載を踏まえ、新たに発出された通達を含みます。）。

| ① 昭33・2・13基発90 | 災害その他さけることのできない事由には、災害発生が客観的に予見される場合をも含む。 |
| ② 令元・6・7基発0607第1（昭22・9・13発基17及び昭26・10・11基発696を改正したもの） | 第1項は、災害、緊急、不可抗力その他客観的に避けることのできない場合の規定であるからその臨時の必要の限度において厳格に運用すべきものであって、その許可又は事後の承認は、概ね次の基準によって取り |

第2章　労働時間の管理　　41

	扱うこと。 (1)　単なる業務の繁忙その他これに準ずる経営上の必要は認めないこと。 (2)　地震、津波、風水害、雪害、爆発、火災等の災害への対応（差し迫った恐れがある場合における事前の対応を含む。）、急病への対応その他の人命又は公益を保護するための必要は認めること。例えば、災害その他避けることのできない事由により被害を受けた電気、ガス、水道等のライフラインや安全な道路交通の早期復旧のための対応、大規模なリコール対応は含まれること。 (3)　事業の運営を不可能ならしめるような突発的な機械・設備の故障の修理、保安やシステム障害の復旧は認めるが、通常予見される部分的な修理、定期的な保安は認めないこと。例えば、サーバーへの攻撃によるシステムダウンへの対応は含まれること。 (4)　上記(2)及び(3)の基準については、他の事業場からの協力要請に応じる場合においても、人命又は公益の確保のために協力要請に応じる場合や協力要請に応じないことで事業運営が不可能となる場合には、認めること。
③　令元・6・7基監発0607第1	1　新許可基準（※上記②の通達をいう。以下同じ。）による許可の対象には、災害その他避けることのできない事由に直接対応する場合に加えて、当該事由に対応するに当たり、必要不可欠に付随する業務を行う場合が含まれること。

具体的には、例えば、事業場の総務部門において、当該事由に対応する労働者の利用に供するための食事や寝具の準備をする場合や、当該事由の対応のために必要な事業場の体制の構築に対応する場合等が含まれること。

2　新許可基準(2)の「雪害」については、道路交通の確保等人命又は公益を保護するために除雪作業を行う臨時の必要がある場合が該当すること。

　具体的には、例えば、安全で円滑な道路交通の確保ができないことにより通常の社会生活の停滞を招くおそれがあり、国や地方公共団体等からの要請やあらかじめ定められた条件を満たした場合に除雪を行うこととした契約等に基づき除雪作業を行う場合や、人命への危険がある場合に住宅等の除雪を行う場合のほか、降雪により交通等の社会生活への重大な影響が予測される状況において、予防的に対応する場合も含まれるものであること。

3　新許可基準(2)の「ライフライン」には、電話回線やインターネット回線等の通信手段が含まれること。

4　新許可基準に定めた事項はあくまでも例示であり、限定列挙ではなく、これら以外の事案についても「災害その他避けることのできない事由によつて、臨時の必要がある場合」となることもあり得ること。例えば、新許可基準(4)においては、「他の事業場からの協力要請に応じる場

	合」について規定しているところであるが、これは、国や地方公共団体からの要請が含まれないことを意味するものではない。そのため、例えば、災害発生時において、国の依頼を受けて避難所避難者へ物資を緊急輸送する業務は対象となるものであること。
④　昭34・5・28基収3103	鉄道会社において発生したストライキにより、運転関係業務の混乱が予想されたため、一般職員では代替することのできない業務を担っていた非番職員に対し、本条によって、30分から1時間の時間外労働を命じることは許される。 （※筆者により、要約しています。）
⑤　昭23・10・23基収3141	火災が発生した場合に、所定労働時間を終えて帰宅している労働者を、消火作業のために招集することは、本条に該当する。 （※筆者により、要約しています。）

　これらを基にすれば、本条の対象になるのは、必ずしも自然的現象を原因とする災害に限られないということになります（東京大学労働法研究会『注釈労働時間法』296頁（有斐閣、1990））。上記②においては、機械・設備の故障の修理のみならず、大規模なリコール対応やサーバーへの攻撃によるシステムダウンへの対応が含まれることが明記されています。

　また、上記③においては、「許可の対象には、災害その他避けることのできない事由に直接対応する場合に加えて、当該事由に対応するに当たり、必要不可欠に付随する業務を行う場合が含まれる」とされています。「例えば」として挙げられている例のほか、仮に工場等で大規模な事故が発生したときを想定すると、昼夜を徹して再発防止策の策定に当たった場合や、近隣住民や関係者等への説明対応に追われた場合も、許可の対象になり得るでしょう。

　ただし、厚生労働省労働基準局編『労働法コンメンタール3　平成22年

版　労働基準法(上)』450頁以下（労務行政、2011）においては、「『災害』とは、事業場において通常発生する事故は含まれず天災地変その他これに準ずるものと、『その他避けることの出来ない事由』とは、業務運営上通常予想し得ない事由がある場合をいうものと解すべき」とされており、また、「臨時の必要がある場合」については、「たとえ避けることのできない事由による場合であっても、それが恒常的なものである場合は、通常、それに応じた措置が講じられるべきであり、臨時の必要性は認められず、本条の適用はない」とされています。このように、基本的には厳格に運用されていることに注意する必要があるでしょう。

　今後、時間外労働の上限規制によって、突発的な事象への対応については、労働基準法33条の利用を検討せざるを得ないケースも増えてくると思われますので、本条の存在を頭の中に置いておくことをお勧めします。

（参考）許可申請書及び届出書の様式

様式第6号（第13条第2項関係）

非常災害等の理由による　労働時間延長　許可申請書
　　　　　　　　　　　　　休　日　労　働　　届

事業の種類	事業の名称	事業の所在地
時間延長を必要とする事由	時間延長を行う期間及び延長時間	労働者数
休日労働を必要とする事由	休日労働を行う年月日	労働者数

年　　月　　日

労働基準監督署長　　殿

使用者　　職名
　　　　　氏名　　　　㊞

備考　「許可申請書」と「届」のいずれか不要の文字を削ること。

第2　時間外労働の上限規制の適用除外、猶予規定

> **ポイント**
>
> ＜改正の内容＞
> ①　一部の事業・業務については、法改正で新たに設けられる時間外労働の上限規制の適用が除外又は猶予される。
>
> ＜規程の整備＞
> ①　専用の様式を用いて、36協定の締結・届出を行う。

改正の内容

　法改正により、時間外労働の上限規制が導入されることになりましたが、一部の事業・業務については、その適用が除外又は猶予されることになっています。

　なお、適用が除外又は猶予される「時間外労働の上限規制」とは、具体的には、以下のものを指します（以下、特に注記をしない限り、本章「第2　時間外労働の上限規制の適用除外、猶予規定」において同様です。）。

> ①　時間外労働について、1か月45時間、1年360時間の限度時間（改正労基36③④）
> ②　36協定に特別条項を設ける場合の条件（時間外・休日労働の合計が1か月100時間未満、時間外労働について1年720時間以内、時間外労働が1か月45時間を超えられるのが年6か月まで）（改正労基36⑤）
> ③　時間外・休日労働の合計が1か月100時間未満、複数月平均80時間以内（改正労基36⑥二・三）

第2章　労働時間の管理　　47

1　適用除外（新たな技術、商品又は役務の研究開発に係る業務）

(1)　上限規制の適用除外

新たな技術、商品又は役務の研究開発に係る業務については、業務の特殊性から、時間外労働の上限規制の適用が除外されています（改正労基36⑪）。

なお、「新たな技術、商品又は役務の研究開発に係る業務」の具体的解釈については、平成30年9月7日基発0907第1号において、「新たな技術、商品又は役務の研究開発に係る業務とは、専門的、科学的な知識、技術を有する者が従事する新技術、新商品等の研究開発の業務をいうものであること」とされています。

この点、法改正前の古い通達ではありますが、昭和57年8月30日基発569号においては、以下の解釈が示されているので、参考になるでしょう。

「新技術、新商品等の研究開発の業務」とは、専門的、科学的な知識、技術を有する者が従事する次の業務をいうこと。
① 自然科学、人文・社会科学の分野の基礎的又は応用的な学問上、技術上の問題を解明するための試験、研究、調査
② 材料、製品、生産・製造工程等の開発又は技術的改善のための設計、製作、試験、検査
③ システム、コンピュータ利用技術等の開発又は技術的改善のための企画、設計
④ マーケティング・リサーチ、デザインの考案並びに広告計画におけるコンセプトワーク及びクリエイティブワーク
⑤ その他①から④に相当する業務
なお、③でいう「システム」とは、製品の生産、商品の販売、サービスの提供等のために、人的能力、技術、設備、情報等を有機的に関連づけて総合的に体系化することも指すものであること。また、研究の事業にあっては、事業の目的たる研究そのものを行う業務をいうこと。

---

(2) 医師の面接指導の義務

新たな技術、商品又は役務の研究開発に係る業務については、時間外労働だけではなく休日労働も含めて、1週間当たり40時間を超えて労働した時間が月100時間を超えた労働者に対して、医師による面接指導を行うことが、罰則付きで義務付けられました（改正労安衛66の8の2①・120一、改正労安衛則52の7の2①）。詳細は後掲「**第7章第2　長時間労働者に対する医師の面接指導等**」をご参照ください。

2　適用猶予

以下の事業・業務は、直ちに時間外労働の上限規制を適用することになじまないとして、適用が5年間猶予されます。

(1)　工作物の建設等の事業

工作物の建設その他これに関連する事業として厚生労働省令で定める事業（以下「工作物の建設等の事業」といいます。）については、令和6年3月31日までの間、時間外労働の上限規制は適用されません（改正労基139、改正労基則69①）。

ア　対象となる事業の範囲

時間外労働の上限規制の適用が猶予される工作物の建設等の事業の範囲は、以下のとおりです。

---

① 土木、建築その他工作物の建設、改造、保存、修理、変更、破壊、解体又はその準備の事業（以下「建設業」といいます。）

② 企業の主たる事業が建設業である事業場における事業
　建設業に属する事業の本店、支店等であって、建設業に該当しないものをいいます（平30・9・7基発0907第1）。

③ 工作物の建設の事業に関連する警備の事業
　当該事業において建設現場における交通誘導警備の業務を主たる業務とする労働者を指します（平30・12・28基発1228第15）。

イ　適用猶予期間と内容

令和6年3月31日（同日及びその翌日を含む期間を定めている36協定に関しては、当該協定に定める期間の初日から起算して1年を経過する日）までの間、時間外労働の上限規制の適用が猶予されます。

ウ　災害時における復旧及び復興の事業

工作物の建設等の事業であって、災害時における復旧及び復興の事業については、令和6年4月1日以降も、当分の間、以下の規制が適用されません。

---

① 　36協定に特別条項を設ける場合の条件のうち、時間外・休日労働の合計を1か月100時間未満とする規制
② 　時間外・休日労働の合計が1か月100時間未満、複数月平均80時間以内の規制

---

(2)　自動車の運転の業務

自動車の運転の業務については、令和6年3月31日までの間、時間外労働の上限規制は適用されません。同年4月1日以降は、異なる規制が適用されます（改正労基140、改正労基則69②）。

ア　対象となる業務の範囲

時間外労働の上限規制の適用が猶予される自動車の運転の業務の範囲は、以下のとおりです。

---

① 　一般乗用旅客自動車運送事業の業務
② 　貨物自動車運送事業の業務
③ 　一般乗合旅客自動車運送事業の業務
④ 　一般貸切旅客自動車運送事業の業務
⑤ 　その他四輪以上の自動車の運転の業務

イ　令和6年3月31日までの適用猶予と内容

令和6年3月31日（同日及びその翌日を含む期間を定めている36協定に関しては、当該協定に定める期間の初日から起算して1年を経過す

る日）までの間、時間外労働の上限規制の適用が猶予されます。

　　ウ　令和6年4月1日以降の適用

　令和6年4月1日以降は、当分の間、以下の規制が適用されず、特別条項付き36協定を締結する場合の1年の時間外労働の上限が、960時間以内となります。

---

①　36協定に特別条項を設ける場合の条件（時間外・休日労働の合計が1か月100時間未満、時間外労働について1年720時間以内、時間外労働が1か月45時間を超えられるのが年6か月まで）

②　時間外・休日労働の合計が1か月100時間未満、複数月平均80時間以内の規制

（3）　医業に従事する医師

　医業に従事する医師（医療提供体制の確保に必要な者として厚生労働省令で定める者に限ります。）については、令和6年3月31日までの間、時間外労働の上限規制は適用されません。同年4月1日以降は、異なる規制が適用されます（改正労基141）。

　　ア　対象となる医師の範囲

　改正労働基準法141条1項に規定する医師の範囲については、有識者による検討結果等を踏まえながら、今後厚生労働省令で定めることとされています。

　　イ　令和6年3月31日までの適用猶予と内容

　令和6年3月31日（同日及びその翌日を含む期間を定めている36協定に関しては、当該協定に定める期間の初日から起算して1年を経過する日）までの間、時間外労働の上限規制の適用が猶予されます。

　　ウ　令和6年4月1日以降の適用(注1)

　令和6年4月1日以降は、当分の間、労働時間を延長して労働させることができる時間を協定するに当たっては、改正労働基準法36条2項2号の対象期間における時間数を協定するものであり、1日、1か月及び1年

の区分は設けられません。また、改正労働基準法36条2項3号に基づき協定する時間外労働の原則的上限については、別途厚生労働省令で定められることとなっています。

また、36協定に特別条項を設ける場合の協定事項や時間外・休日労働時間数の上限については、改正労働基準法36条5項によらず、別途厚生労働省令で定められることとなっています。

さらに、36協定で定めるところにより労働させる場合の実労働時間数の上限については、改正労働基準法36条6項によらず、別途厚生労働省令で定められることとなっています。

(注1) 厚生労働省「医師の働き方改革に関する検討会　報告書」(平成31年3月28日)においては、令和6年4月1日以降における、医師の時間外労働の上限について、臨時的な必要がある場合に時間外・休日労働を含めて年960時間以内、月100時間未満(ただし一定の追加的健康確保措置を取った場合には月100時間以上とすることが可能)としつつ、特定の地域医療機関や研修医等については年1,860時間以内、月100時間未満(月100時間未満の例外について同上)、という水準が示されています。

(4)　鹿児島県及び沖縄県における砂糖を製造する事業

鹿児島県及び沖縄県における砂糖を製造する事業については、令和6年3月31日(同日及びその翌日を含む期間を定めている36協定に関しては、当該協定に定める期間の初日から起算して1年を経過する日)までの間、以下の規制が適用されません(改正労基142、改正労基則71)。

---

①　36協定に特別条項を設ける場合の要件のうち、時間外・休日労働の合計を1か月100時間未満とする規制
②　時間外・休日労働の合計が1か月100時間未満、複数月平均80時間以内の規制

なお、令和6年4月1日以降は、改正労働基準法36条の規定が全面的に適用されます。

第２章　労働時間の管理

＜事業・業務ごとの猶予期間中（令和6年3月31日まで）と、猶予期間

	上限規制	工作物の建設等の事業	
		一般の建設等の事業	災害の復旧・復興の事業
猶予期間中	1か月45時間、1年360時間の限度時間	適用されない	
	特別条項を設ける場合の条件		
	時間外労働・休日労働の合計 ・1か月の上限100時間未満 ・2〜6か月の平均80時間以下		
猶予期間後	1か月45時間、1年360時間の限度時間	適用される	適用される
	特別条項を設ける場合の条件		適用される（時間外・休日労働の合計を1か月100時間未満とする規制を除く）
	時間外労働・休日労働の合計 ・1か月の上限100時間未満 ・2〜6か月の平均80時間以下		適用されない

第２章　労働時間の管理

後の上限規制の適用＞

自動車運転の業務	医　師	鹿児島県及び沖縄県における砂糖製造業	新技術・新商品の研究開発業務
適用されない		適用される	適用されない
		適用される（時間外・休日労働の合計を1か月100時間未満とする規制を除く）	
		適用されない	
適用される	今後厚生労働省令で定めることとされている	適用される	
時間外労働の上限が年960時間となる 時間外・休日労働の合計が1か月100時間未満、及び時間外労働が1か月45時間を超えられるのが年6か月までという規制は適用されない			
適用されない			

なお、法改正前は、労働基準法においては、36協定における労働時間の延長の限度は定められておらず、「労働基準法第36条第1項の協定で定める労働時間の延長の限度等に関する基準」（平成10年労働省告示154号。以下「告示」といいます。）にて一定の限度が定められており、あわせて、一定の事業・業務が適用除外とされていました。

今回の改正で設けられた適用除外又は猶予の対象となっている事業・業務との類似性を示すとすれば、以下のようになります。

事業・業務	旧	改　正
①　工作物の建設等の事業	告示5一	労基139
②　自動車の運転の業務	告示5二	労基140
③　新たな技術、商品又は役務の研究開発に係る業務（旧：新技術、新商品等の研究開発の業務）	告示5三	労基36⑪
④　労働基準局長が指定する事業又は業務（※）	告示5四	
⑤　鹿児島県・沖縄県における砂糖製造業（砂糖精製業を除く。）	④に該当	労基142
⑥　医業に従事する医師		労基141

※　労働基準局長が指定する事業又は業務（①⑦を除いて適用除外を廃止）
　①　季節的要因等により事業活動若しくは業務量の変動が著しい事業又は業務
　　㋐　鹿児島県及び沖縄県における砂糖製造業（砂糖精製業を除く。）
　　㋑　造船事業における船舶の改造又は修繕に関する業務
　　㋒　日本郵便株式会社の行う郵便事業の年末・年始における業務
　　㋓　都道府県労働基準局長が労働省労働基準局長の承認を得て地域を限って指定する事業又は業務
　②　公益上の必要により集中的な作業が必要とされる業務
　　㋐　電気事業における発電用原子炉及びその附属設備の定期検査並びにそれに伴う電気工作物の工事に関する業務
　　㋑　ガス事業におけるガス製造設備の工事に関する業務

第2章　労働時間の管理　　55

実務ステップ

①	対象となる業務の範囲及び適用猶予の猶予期間を確認する。
②	36協定を締結する。
③	36協定を管轄の労働基準監督署長へ届け出る。

規程の整備

　時間外労働の上限規制について適用除外又は猶予があることに合わせ、36協定の様式も特別なものとなっています。

規程例等

○新技術・新商品の研究開発業務に従事する労働者に時間外・休日労働を行わせる場合の36協定届の記載例

様式第9号の3（第16条第2項関係）

時間外労働　休日労働　に関する協定届

労働保険番号　／　法人番号

事業の種類	事業の名称	事業の所在地（電話番号）	協定の有効期間
金属製品製造業	○○株式会社○○支店	（〒○○○－○○○○）東京都○○区○○町○丁目○番○号（電話番号：○○－○○○○－○○○○）	令和○○年4月1日から1年間

時間外労働

時間外労働をさせる必要のある具体的事由	業務の種類	労働者数（満18歳以上の者）	所定労働時間（1日）（任意）	1日 法定労働時間を超える時間数	1日 所定労働時間を超える時間数（任意）	1箇月 法定労働時間を超える時間数	1箇月 所定労働時間を超える時間数（任意）	1年 起算日（年月日）	1年 法定労働時間を超える時間数	1年 所定労働時間を超える時間数（任意）
① 下記②に該当しない労働者　新製品の研究・開発業務の集中及び納期変更への対応	新製品の研究開発	20人	7.5時間	5時間	5.5時間	50時間	60時間	令和○○年4月1日	400時間	520時間
② 1年単位の変形労働時間制により労働する労働者										

休日労働

休日労働をさせる必要のある具体的事由	業務の種類	労働者数（満18歳以上の者）	所定休日（任意）	労働させることができる法定休日の日数	労働させることができる法定休日における始業及び終業の時刻
新製品の研究・開発業務の集中及び納期変更への対応	新製品の研究開発	20人	土日祝日	1か月に2日	9：00～17：30

（具体的内容）対象労働者への医師による面接指導の実施、5日以上の連続した年次有給休暇の取得促進、健康問題についての相談窓口の設置

協定の成立年月日　令和○○年○○月○○日

協定の当事者である労働組合（事業場の労働者の過半数で組織する労働組合）の名称又は労働者の過半数を代表する者の　職名　開発主任　氏名　○○○○

協定の当事者（労働者の過半数を代表する者の場合）の選出方法（　投票による選挙　）

令和○○年○○月○○日

使用者　職名　代表取締役社長　氏名　○○○○　㊞

○○○○労働基準監督署長殿

第2章　労働時間の管理　　57

＜作成上の留意点＞

　限度時間（時間外労働について、1か月45時間、1年360時間）の適用も除外されているので、特別条項を設ける必要もありません。

　もっとも、「労働基準法第36条第1項の協定で定める労働時間の延長及び休日の労働について留意すべき事項等に関する指針」（平成30年厚生労働省告示323号）においては、上記限度時間を超えて労働させることができることとする場合には、当該限度時間を超えて労働させる労働者に対する健康福祉確保措置を定めるように努めなければならないとされています。したがって、様式においても、健康福祉確保措置を記入する欄が設けられています。ここに記入するのは、あくまで、「健康福祉確保措置を定める場合」に限られることになります。

○適用猶予事業・業務に従事する労働者に時間外・休日労働を行わせる場合の36協定届の記載例

様式第9号の4（第70条関係）

時間外労働
休日労働
に関する協定届

事業の種類	事業の名称	事業の所在地（電話番号）
建設工事	○○株式会社○○支店	東京都○○区○○町○丁目○番○号（電話番号：○○－○○○○－○○○○）

	時間外労働をさせる必要のある具体的事由	業務の種類	労働者数（満18歳以上の者）	所定労働時間	延長することができる時間数		期間
					1日	1日を超える一定の期間（起算日）〔1か月80時間・1年750時間〕	
① 下記②に該当しない労働者	工事の施工期間に制限を受けている場合の対応、品質管理の必要性からの作業の継続	管工事	20人	8時間	10時間	1か月80時間・1年750時間（毎月1日・1年（4月1日））	令和○○年4月1日～令和○○年3月31日
② 1年単位の変形労働時間制により労働する労働者	工事の施工期間に制限を受けている場合の対応、品質管理の必要性からの作業の継続						

休日労働をさせる必要のある具体的事由	業務の種類	労働者数（満18歳以上の者）	所定休日	労働させることができる休日並びに始業及び終業の時刻	期間
工事の施工期間に制限を受けている場合の対応、品質管理の必要性からの作業の継続	管工事	20人	土日祝日	1か月に2日、8：00～18：00	令和○○年4月1日～令和○○年3月31日

協定の成立年月日　令和○○年　○○月　○○日

協定の当事者である労働組合（事業場の労働者の過半数で組織する労働組合）の名称又は労働者の過半数を代表する者の　職名　現場主任　氏名　○○○○

協定の当事者（労働者の過半数を代表する者の場合）の選出方法（　投票による選挙　）
令和○○年　○○月　○○日

　　　　職名　代表取締役社長
使用者　氏名　○○○○　㊞

○○　労働基準監督署長殿

第2章　労働時間の管理　　　59

＜作成上の留意点＞
　法改正前の36協定の届出様式と、ほぼ同じ様式となっています。

第3 フレックスタイム制における清算期間の上限の延長等

ポイント

＜改正の内容＞

① フレックスタイムの清算期間の上限が1か月から3か月に。

② 1か月を超える期間で導入する場合は労使協定の届出が必要。

③ 1か月ごとに、週平均50時間を超えているかを算定し、超えた時間は時間外労働時間となる。その場合の割増賃金の支払は、1か月ごとに行うことが必要。

＜規程の整備＞

① フレックスタイム制の導入自体には、「始業及び終業時刻を従業員の決定に委ねる」旨を就業規則等に規定することが必要。

② 労使協定の締結が必要。

③ 1か月を超える期間で導入する場合は労使協定の届出が必要。

改正の内容

1 改正の目的

これまでのフレックスタイム制は、清算期間の上限が1か月であったため、当月内の業務の繁閑には対応できましたが、月をまたいだ繁閑には不向きでした。今回の改正では、より一層柔軟でメリハリのあ

る働き方を可能にするため、清算期間の上限が3か月に延長されました。

（参考）　法改正前のフレックスタイム制の概要

　フレックスタイム制（労基32の3）とは、1か月以内の一定期間（清算期間）についてあらかじめ定めた総労働時間の範囲内で、日々の始業・終業時刻、労働時間を労働者の決定に委ねるものです。仕事と生活の調和を図りながら効率的に働くことを可能とするものです。

　フレックスタイム制を導入するには、①就業規則その他これに準ずるものにより、始業及び終業の時刻を労働者の決定に委ねる旨を定める必要があります。また、これに加えて、②労使協定で次の事項を定めることが必要です（なお、法改正前は、労使協定を管轄の労働基準監督署長に届け出る必要はありませんでした。）。

＜労使協定で定める事項＞

①　対象となる労働者の範囲：「全労働者」でもよいですし、特定の部門や人に限定することも可能です。
②　清算期間：フレックスタイム制において労働者が労働すべき時間を定める期間のことを指し、法改正前は、1か月以内において定める必要がありました。その長さと起算日を定めることが必要です。
③　清算期間における総労働時間：フレックスタイム制において、労働契約上労働者が清算期間内において労働すべき時間として定められている時間のことで、いわゆる所定労働時間のことを指します。この時間は、清算期間を平均し、1週間当たりの労働時間が40時間（特例措置対象の事業場は44時間）以内になるように定めなければなりません。そのためには、以下の条件式を満たす必要があります。
　清算期間における総労働時間 ≦ 清算期間の暦日数 ÷ 7日 × 1週間の法定労働時間
＊特例措置対象の事業場とは、常時10人未満の労働者を使用する、商業、映画・演劇業（映画の製作の事業を除きます。）、保健衛生業、接客娯楽業のことを指します（労基別表1八・十・十三・十四、労基則25の2）。

この結果、清算期間を1か月とした場合の総労働時間は、以下の表のとおりにしなければなりません。

<清算期間における法定労働時間の総枠>

		週の法定労働時間数	
		40時間の場合	44時間の場合
清算期間の暦日数	31日の場合	177.1時間	194.8時間
	30日の場合	171.4時間	188.5時間
	29日の場合	165.7時間	182.2時間
	28日の場合	160.0時間	176.0時間

④　標準となる1日の労働時間：標準となる1日の労働時間とは、年次有給休暇を取得した際にこれを何時間労働したものとして賃金を計算するのか、明確にしておくためのものであり、時間数を定めることで足りるものです。

⑤　コアタイム：1日の内で必ず勤務しなければならない時間帯です。必ずしも設けなくてもよいものです。

⑥　フレキシブルタイム：労働者がその選択により労働することができる時間帯です。必ずしも設けなくてもよいものです。

2　法改正の概要

今回の法改正によって改正のあった点は、次の5点です。

①　清算期間の上限を1か月から3か月へ延長（改正労基32の3①二）

②　時間外労働時間の算定方法（改正労基32の3②）

③　完全週休2日制の場合の労働時間の特例（改正労基32の3③）

④　清算期間の途中に入社、退職、異動等をした労働者（改正労基32の3の2）

⑤　労使協定の届出（改正労基32の3④）

このうち、②については、割増賃金との関係のみならず、新たに設けられる時間外労働の上限規制との関係でも留意が必要です。

3 清算期間の上限を1か月から3か月へ延長

これまで、フレックスタイム制の清算期間の上限は1か月でしたが、これが3か月に延長されました（改正労基32の3①二）。

例えば、1月に繁忙期、3月に閑散期がある業務の場合、1月、2月、3月の3か月を清算期間とすることで、1月の実労働時間が多くなった分、3月の実労働時間を短くしても、3か月合計の総労働時間が所定労働時間以上であれば、3月の分については欠勤控除されません（なお、3か月合計の総労働時間が所定労働時間に収まっている場合でも、割増賃金は発生する可能性があります。）。

＜1か月単位のフレックスタイム制のイメージ＞

＜3か月単位のフレックスタイム制のイメージ＞

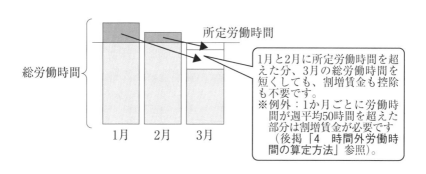

4 時間外労働時間の算定方法

(1) 清算期間が1か月を超える場合の時間外労働時間

清算期間が1か月以内のフレックスタイム制であれば、清算期間の法定労働時間の総枠（「清算期間の暦日数÷7日×1週間の法定労働時間」）を超えた労働時間が時間外労働となります。この点は法改正による変更はありません。

これに対し、清算期間が1か月を超える場合には、

① 清算期間全体における労働時間が、法定労働時間の総枠を超えた場合（同上）

② 清算期間を1か月ごとに区分して、月ごとに、1週間当たりの平均労働時間が50時間を超えた場合

に、これらに該当する時間が時間外労働になります（両方に該当しても二重にカウントされることはありません（改正労基32の3②）。なお、上記に従って時間外労働時間を計算する際は、法定休日でない休日労働時間は含まれますが、法定休日労働時間は含まれません。）。

＜補　足＞

●割増賃金の支払日について

上記①に係る時間外労働は、当該清算期間の最終月において発生したものとして算定します。すなわち、当該時間外労働分の割増賃金も、最終月の賃金期間に対応する賃金支払日に支払うこととなります。他方、上記②に係る時間外労働は、清算期間全体における労働時間をみる場合と異なり、月ごとの判断になりますので、その割増賃金も、月ごとの賃金期間に対応する賃金支払日に支払う必要があります。注意しましょう。

●36協定について

上記①又は②に該当し、時間外労働が生じる場合には、36協定の締

第2章　労働時間の管理　　65

結と届出が必要です。フレックスタイム制の場合の36協定は、1日の
延長時間について協定する必要はなく、1か月及び1年の延長時間を協
定します。

　ア　清算期間全体における労働時間が、法定労働時間の総枠を超
　　　えた場合とは

　法定労働時間の総枠は、前述のとおり、「清算期間の暦日数÷7日×
1週間の法定労働時間」で計算されます。清算期間が1か月、2か月、3
か月である場合の、それぞれの法定労働時間の総枠は、以下のとおり
です。

清算期間1か月		清算期間2か月		清算期間3か月	
暦日数	法定労働時間の総枠	暦日数	法定労働時間の総枠	暦日数	法定労働時間の総枠
31日	177.1時間	62日	354.2時間	92日	525.7時間
30日	171.4時間	61日	348.5時間	91日	520.0時間
29日	165.7時間	60日	342.8時間	90日	514.2時間
28日	160.0時間	59日	337.1時間	89日	508.5時間

※上記は、「1週間の法定労働時間」が40時間である場合です。完全週休2日制の場
　合の労働時間の特例（後掲「5　完全週休2日制の場合の労働時間の特例」参照）
　が適用される場合には、「清算期間内の所定労働日数×8時間」が法定労働時間
　の総枠になります。

　なお、特例措置対象の事業場について、清算期間が1か月以内の場合には、1
週間当たりの労働時間が44時間までが法定内労働時間ですが、清算期間が1か
月を超える場合には、特例措置対象の事業場であっても、1週間当たりの平均労
働時間が40時間を超えた場合は時間外労働となります（改正労基則25の2④）。

　イ　清算期間を1か月ごとに区分して、月ごとに、1週間当たりの
　　　平均労働時間が50時間を超えた場合とは

　清算期間が1か月を超えるフレックスタイム制においては、期間中

の各1か月において、その1か月の中での1週間当たりの平均労働時間が50時間を超えた場合は、当該超えた部分が、時間外労働時間となります。

　清算期間全体における労働時間と（清算期間全体における）法定労働時間の総枠とを比較するのではなく、「各月ごとの労働時間」と、「各月ごとの週平均50時間となる労働時間数」とを比較することになります。

　具体的な計算方法は、以下のとおりです。

> ①各1か月の実労働時間 － ②50時間 ×（各1か月の暦日数 ÷ 7日）

※「各1か月の実労働時間」には、法定休日労働時間は含めません。
※清算期間が月単位ではなく、最後に1か月に満たない期間が生じた場合には、その期間について週平均50時間を超えるかどうかを算定します。

　月の暦日数ごとに、1週間の平均労働時間が50時間となる労働時間数（上記②に該当する時間数）は、以下のとおりです。

暦日数	週平均50時間となる労働時間数
31日	221.4時間
30日	214.2時間
29日	207.1時間
28日	200.0時間

　(2)　時間外労働時間算定の具体例

　ア　清算期間が1か月以内の場合（法改正による変更なし）

　清算期間全体における労働時間が、法定労働時間の総枠を超えた場合、当該超えた時間が時間外労働時間になります。

（例）　3月において、実労働時間が190時間の場合（法定休日労働はなし）※3月の法定労働時間の総枠は177.1時間

　→時間外労働時間　12.9時間

イ 清算期間が1か月を超え3か月以内の場合

① まず、月ごとに、1週間の平均労働時間が50時間を超えているかを確認します。

前述のとおり、以下の式の結果が、法定時間外労働となります。

|各1か月の実労働時間| − |50時間 × (各1か月の暦日数 ÷ 7日)|

※「各1か月の実労働時間」には、法定休日労働時間は含めません。

② 次に、清算期間における労働時間が、法定労働時間の総枠を超えているかを確認します。ただし、上記①で計算された時間を除くことになります。

法定労働時間の総枠は、以下の式で計算されます。

40時間 × 清算期間の暦日数 ÷ 7日

③ 上記①で算出された時間が、各月における時間外労働時間となります。最終月では、さらに、上記②で算出された時間も時間外労働時間として加わることになります。

以上をまとめると、以下のような計算をすることになります。

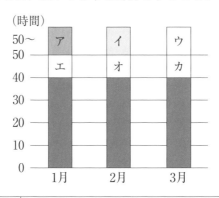

| 1月の時間外労働 | 上記①の「月ごとに、週平均50時間で算定した時間を超える部分」ですので、「ア」が該当します。 |

68　　　　　第2章　労働時間の管理

2月の時間外労働	上記①の「月ごとに、週平均50時間で算定した時間を超える部分」ですので、「イ」が該当します。
3月の時間外労働	まず、上記①の「月ごとに、週平均50時間で算定した時間を超える部分」ですので、「ウ」が該当します。さらに、これに加えて、上記②の「清算期間全体における労働時間が、法定労働時間の総枠（週平均40時間で算定した時間）を超えた部分（ただし、週平均50時間を超える部分を除きます。）」として、「エ」～「カ」が該当します。

　具体例で考えてみましょう。

（例）　清算期間を「1月」、「2月」、「3月」の3か月とする場合の時間外労働時間の算定

	1　月	2　月	3　月	合　計
実労働時間数 （法定休日労働を除く）	230.0	130.0	225.0	585.0(a)
週平均50時間となる 労働時間数	221.4	200.0	221.4	
週平均50時間を超える 時間外労働時間数	8.6	0	3.6(c)	12.2(b)

1月の時間外労働時間　　　2月の時間外労働時間

　このように、1月の時間外労働時間は8.6時間、2月の時間外労働時間は0時間となります。

　次に、3月の時間外労働時間を算定するに当たり、清算期間全体における労働時間が法定労働時間の総枠を超過している時間を確認します。

	清算期間の法定労働時間の総枠(d)		514.2時間
清算期間の法定労働時間の総枠(d)		514.2時間
		$(40 \times (31 + 28 + 31) \div 7)$
法定労働時間の総枠を超えた時間(e)		58.6時間 （a－d－b）

清算期間の法定労働時間の総枠(d)　　514.2時間

　　　　　　　　　　　　　　　　　　　$(40 \times (31 + 28 + 31) \div 7)$

法定労働時間の総枠を超えた時間(e)　　58.6時間 （a－d－b）

※「月ごとの、1週間の平均労働時間が50時間を超えている時間」は別途カウントするため、(b)を除外しています。

　3月における、週平均50時間を超える時間外労働時間数である3.6時間(c)に、法定労働時間の総枠を超えた時間である58.6時間(e)を足した、62.2時間が、3月の時間外労働時間となります。

	1　月	2　月	3　月
時間外労働時間	8.6	0	62.2

　なお、大企業では、月60時間を超える時間外労働に対し50％以上の割増率で割増賃金を計算しています（中小企業は令和5年4月1日から（労基附則138・37①ただし書））。この例の場合は、3月の時間外労働時間は62.2時間と60時間を超えていますので、2.2時間分は50％以上の割増率で計算します。

5　完全週休2日制の場合の労働時間の特例

　完全週休2日制の事業場でフレックスタイム制を適用する場合、1日の所定労働時間を8時間として総労働時間を普通に計算すると、法定労働時間の総枠を超えることがあります。

　（例）　ある月の所定労働日数が22日の場合の総労働時間

　　　　　　8時間 × 22日 ＝ 176時間

　　　　　この月の暦日数が30日の場合の法定労働時間の総枠

　　　　　　40時間 × 30日 ÷ 7日 ＝ 171.4時間

　このような場合、日々全く残業をせずに法定労働時間のとおりに労働したとしても、法定時間外労働が発生することになり、36協定の締結や割増賃金の支払が必要になっていました。

これを解消するため、完全週休2日制の事業場においては、労使協定で定めることによって、「清算期間内の所定労働日数 × 8時間」を、清算期間における法定労働時間の総枠とすることができるようになりました（改正労基32の3③）。

※法定労働時間の総枠は、前述のとおり、「清算期間の暦日数÷7日×1週間の法定労働時間」で計算されます。改正労働基準法32条の3第3項に従えば、この「1週間の法定労働時間」が、「8時間×清算期間の所定労働日数÷清算期間の暦日数×7日」となるため、これを法定労働時間の総枠の計算式に当てはめると、「清算期間内の所定労働日数×8時間」となります。

6 清算期間の途中に入社、退職、異動等をした労働者

清算期間が1か月を超えるフレックスタイム制において、期間中の入社、退職、異動等により、フレックスタイム制の下で実際に労働した期間が清算期間よりも短い労働者については、フレックスタイム制で労働した期間を平均して1週間当たり40時間を超えて働いた時間に対して、割増賃金を支払う必要があります（改正労基32の3の2）。時間外労働となるわけではない時間に対して、割増賃金支払義務が発生することになります。

清算期間のうちの一部期間しか勤務していない場合には、日々の労働時間は長くても、期間中における総実労働時間が、清算期間の全体を前提とした法定労働時間の総枠を超えない（＝時間外労働とならない）ことが生じがちですが、週平均40時間を超えているのであれば、割増賃金は支払わせる、ということです。

なお、1か月ごとに週平均50時間は超えていたり、総実労働時間が法定労働時間の総枠を超えていることで、当該時間外労働に対する割増賃金が支払われている場合には、その分は除外します。

＜清算期間中に異動した場合の賃金清算イメージ＞

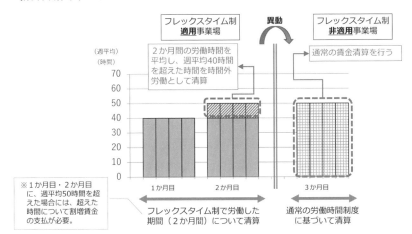

(出典：厚生労働省「フレックスタイム制のわかりやすい解説＆導入の手引き」)

7 時間外労働の上限規制との関係

　清算期間が1か月を超えるフレックスタイム制において、時間外労働の上限規制（前掲本章「第1　時間外労働の上限規制」参照）（改正労基36⑥二・三）は、まず、清算期間の各月で1週間の平均労働時間が50時間を超えた時間に対して適用されます。また、清算期間の最終月については、①1週間の平均労働時間が50時間を超えた時間に加えて、②清算期間中の総実労働時間から、法定労働時間の総枠と、清算期間のその他の期間について時間外労働とした時間を控除した時間が、当該期間の時間外労働時間として算定され、①②のいずれもが時間外労働の上限規制の対象になります（①は②に包含されますので、基本的には、②のみをみれば足りることになります。）。

＜例1：単月で時間外労働100時間以上となる場合＞

	1 月	2 月	3 月	合　計
実労働時間数 （法定休日労働なし）	230.0	170.0	225.0	625.0(a)

週平均50時間となる労働時間数	221.4	200.0	221.4	
週平均50時間を超える時間外労働時間数	8.6	0	3.6(c)	12.2(b)

（3月の時間外労働時間の算定）

清算期間の法定労働時間の総枠(d)　　　　514.2時間

$$（40×（31＋28＋31）÷7）$$

法定労働時間の総枠を超えた時間(e)　　98.6時間（a－d－b）

3月の時間外労働時間　　　　　　　102.2時間（c＋e）

この時間数が上限規制の対象となります。この場合、単月で100時間以上という判断になり、上限を超えるため法違反です。

＜例2：時間外労働・休日労働が2か月から6か月の平均で80時間を超える場合＞

	4 月	5 月	6 月	7 月	8 月	9 月
実労働時間数（法定休日労働なし）	210	275	180	285	150	160
週平均50時間となる時間数	214.2	221.4	214.2	221.4	221.4	214.2
週平均50時間を超える時間数	0	53.6	0	63.6	0	0
法定労働時間の総枠			520			525.7
法定労働時間の総枠を超えた時間			91.4			5.7
法定休日労働時間数	0	0	0	8	0	0
時間外労働・休日労働の合計	0	53.6	91.4	71.6	0	5.7

6月と7月の平均が81.5時間であり、連続した2か月の平均が80時間を超えるため違法になります。

8 労使協定の届出

フレックスタイム制の導入に当たっては、もともと、就業規則等への定めと労使協定の締結が必要でしたが、法改正により、清算期間が1か月を超えるフレックスタイム制を導入する場合は、管轄の労働基準監督署長への労使協定の届出が必要になりました（改正労基32の3④）。所定の労使協定届に、労使協定の写しを添付して、届け出ることが必要とされています。

なお、清算期間が1か月を超えるフレックスタイム制を導入する場合、労使協定において、当該協定の有効期間も定める必要があることになりました（改正労基則12の3①四）。

9 過重労働防止措置

フレックスタイム制においても、1週間当たり40時間を超えて労働させた時間が、1か月当たり80時間を超えた労働者に対しては、超えた時間に関する情報を通知しなければなりません（改正労安衛則52の2③）。また、医師による面接指導も、一般の労働者と同様に、条件に該当する場合は必要になります（改正労安衛66の8）（後掲「**第7章第2 長時間労働者に対する医師の面接指導等**」参照）。

10 罰　則

清算期間が1か月を超えるフレックスタイム制を設けたにもかかわらず、管轄の労働基準監督署長への労使協定の届出をしなかった場合、改正労働基準法32条の3第4項の違反であり、行為者（届け出なかった者）及び使用者は、30万円以下の罰金を科される可能性があります（改正労基120・121）。

74　　第2章　労働時間の管理

実務ステップ

①	労使協定で定める事項について決める。
②	就業規則を改定する。
③	労使協定を締結する。
④	就業規則と労使協定を管轄の労働基準監督署長へ届け出る。

規程の整備

　そもそも、フレックスタイム制を導入するには、清算期間の長さにかかわらず、「始業及び終業時刻を従業員の決定に委ねる」という旨を就業規則等に規定する必要があります。以下の例では、対象者、清算期間、起算日、総労働時間数、1日の標準時間等も記載しましたが、これらについては、就業規則では定めず労使協定で定めても構いません。

　また、清算期間が1か月を超えるフレックスタイム制を設ける場合、管轄の労働基準監督署長へ、労使協定を届け出ることが必要になります。

規程例等

○清算期間が1か月を超えるフレックスタイム制（3か月単位）の
　規定例（就業規則）

（フレックスタイム制）
第○条　第○条（労働時間）の規定にかかわらず、○○部に所属
　する従業員にはフレックスタイム制を適用する。

第2章　労働時間の管理　　75

2　清算期間は、4月、7月、10月、1月の1日を起算日とする3か月
　とし、各期間は下記のとおりとする。

　　　　4月1日〜6月30日

　　　　7月1日〜9月30日

　　　　10月1日〜12月31日

　　　　1月1日〜3月31日

3　清算期間における総労働時間は、次の算式により計算する。

　　　　総労働時間 ＝ 7時間 × 清算期間の所定労働日数

4　標準となる1日の労働時間は7時間とする。

5　フレキシブルタイム（始業及び終業時刻を従業員の決定に委
　ねる時間帯）及びコアタイム（必ず勤務しなければならない時
　間帯）は、次のとおりとする。

　　　　フレキシブルタイム　　午前6時00分〜午前10時00分

　　　　　　　　　　　　　　　午後3時00分〜午後7時00分

　　　　コアタイム　　　　　　午前10時00分〜午後3時00分

6　フレックスタイム制が適用される従業員の始業及び終業時刻
　については、前項に定める範囲において、従業員の自主的な決
　定に委ねるものとする。

7　その他の事柄については労使協定で定める。

＜作成上の留意点＞

　就業規則で詳細まで規定する場合、事情が変わるごとに就業規則の改定、
従業員代表の意見聴取、届出の手続が必要になります。労使協定でも手続
は同様ですが、就業規則本体の改定よりはやりやすいと思いますので、状
況によって、どこまで記載するかを検討するとよいでしょう。

　なお、フレキシブルタイムについては、前述のとおり、必ずしも定める
必要があるわけではありませんが、深夜労働を避けさせる等の観点からは、
定めておくことが適当でしょう。

○清算期間が1か月を超えるフレックスタイム制（3か月単位）の労使協定例

> フレックスタイム制に関する労使協定
>
> 　○○会社と従業員代表○○○○は、フレックスタイム制に関し、次のとおり協定する。
>
> （フレックスタイムの対象従業員）
>
> 第1条　フレックスタイム制を適用する従業員は、次のとおりとする。
>
> 　①　○○部に所属する従業員
>
> 　②　○○部に所属する従業員
>
> （清算期間）
>
> 第2条　労働時間の清算期間は、4月、7月、10月、1月の1日を起算日とする3か月とし、各期間は下記のとおりとする。
>
> 　　　　4月1日〜6月30日
>
> 　　　　7月1日〜9月30日
>
> 　　　　10月1日〜12月31日
>
> 　　　　1月1日〜3月31日
>
> （総労働時間）
>
> 第3条　清算期間における総労働時間は、1日7時間に清算期間中の所定労働日数を乗じて得られる時間とし、次の算式により計算する。
>
> 　　　総労働時間　＝　7時間　×　清算期間の所定労働日数
>
> （1日の標準労働時間）
>
> 第4条　1日の標準労働時間は7時間とする。
>
> （コアタイム）
>
> 第5条　コアタイムとして必ず勤務しなければならない時間帯

は、午前10時00分～午後3時00分とする。ただし、正午から午後1時00分までは休憩時間とする。

（フレキシブルタイム）

第6条 フレキシブルタイムとして、従業員の決定により始業及び終業時刻を選択できる時間帯は次のとおりとする。

　　　　始業時間帯　　午前6時00分から午前10時00分まで
　　　　終業時刻帯　　午後3時00分から午後7時00分まで

（超過時間の取扱い）

第7条 超過時間については、次のように計算し、時間外割増賃金を支給する。

① 清算期間の最終月でない月

　各月で1週間の平均労働時間が50時間を超えた場合、50時間を超えた時間数に対し、各月ごとに時間外割増賃金を支給する。

② 清算期間の最終月

　当月の前号の時間に加え、清算期間中の実労働時間が法定労働時間の総枠（8時間×清算期間中の所定労働日数）を超過した時間数（前号で計算済みの時間数を除く。）に対し、時間外割増賃金を支給する。

（不足時間の取扱い）

第8条 清算期間中の実労働時間が総労働時間に不足したときは、不足時間を次の清算期間に、その法定労働時間の範囲内で繰り越すものとする。

（有効期間）

第9条 本協定の有効期間は、令和○○年○○月○○日から1年とする。ただし、有効期間満了の1か月前までに、会社又は従業員代表のいずれからも申出がないときは、さらに1年間有効期

間を延長するものとし、以降も同様とする。

令和○○年○○月○○日

　　　　　　　　　　　　　　○○株式会社

　　　　　　　　　　　　　　代表取締役社長　　○○○○　　　印

　　　　　　　　　　　　　　従業員代表　　　　○○○○　　　印

＜作成上の留意点＞

　労使協定で定める事項は、以下のとおりです。

①　対象となる従業員の範囲

②　清算期間（長さ及び起算日）

③　清算期間における総労働時間

④　標準となる1日の労働時間

⑤　コアタイム（定める場合）

⑥　フレキシブルタイム（定める場合）

⑦　有効期間（清算期間が1か月を超える場合に限り必要）

　超過時間及び不足時間の取扱いについては、労使協定に必ず記載しなければならない事項ではありませんが、定めておくとよいでしょう。

第2章 労働時間の管理

〇管轄の労働基準監督署長への労使協定届の記載例

様式第3号の3（第12条の3第2項関係）

清算期間が1箇月を超えるフレックスタイム制に関する協定届

事業の種類	事業の名称	事業の所在地（電話番号）	常時雇用する労働者数	協定の有効期間
ソフトウェア業	〇〇株式会社〇〇支店	（〒〇〇〇－〇〇〇〇） 東京都〇〇区〇〇町〇丁目〇番〇号 （電話番号：〇〇－〇〇〇〇－〇〇〇〇）	100人	令和〇〇年4月1日から 1年間

業務の種類	該当労働者数	清算期間（起算日）	清算期間における総労働時間
営業 開発	10人 30人	3箇月 （4月1日、7月1日、10月1日、1月1日）	7時間×所定労働日数

標準となる1日の労働時間		コアタイム	フレキシブルタイム
7時間		午前10時 ～ 午後3時	午前6時 ～ 午前10時 午後3時 ～ 午後7時

協定の成立年月日　令和〇〇 年 〇〇 月 〇〇 日

協定の当事者である労働組合（事業場の労働者の過半数で組織する労働組合）の名称又は労働者の過半数を代表する者の　職名　営業部　係長
氏名　〇〇〇〇

協定の当事者（労働者の過半数を代表する者の場合）の選出方法（　投票による選挙　）

使用者　職名　代表取締役社長
氏名　〇〇〇〇　㊞

令和〇〇 年 〇〇 月 〇〇 日

〇〇 労働基準監督署長殿

記載心得

1　「清算期間（起算日）」の欄には、当該労働時間制における時間通算の期間の単位を記入し、その起算日を（　）内に記入すること。

2　「清算期間における総労働時間」の欄には、当該労働時間制の清算期間には、当該労働時間制において労働者が労働すべき時間を記入すること。

3　「標準となる1日の労働時間」の欄には、当該労働時間制において、労働契約上1日労働者が労働するものとして、労働者に支払われる賃金の算定基礎となる労働時間の長さを記入すること。

4　「コアタイム」の欄には、労働基準法施行規則第12条の3第1項第2号の労働者が労働しなければならない時間帯を定める場合には、その時間帯の開始及び終了の時刻を記入すること。

5　「フレキシブルタイム」の欄には、労働基準法施行規則第12条の3第1項第3号の労働者がその選択により労働することができる時間帯に制限を設ける場合には、その時間帯の開始及び終了の時刻を記入すること。

＜作成上の留意点＞

1 「事業の名称」の欄

労使協定は、事業場（工場、支店、営業所等）ごとに締結することになるため、事業場の記載が必要になります。

2 「業務の種類」の欄

対象労働者の範囲について、具体的に定めます。「○○部全員」としても、「従業員A、B、…」としても構いません。

3 「清算期間における総労働時間」の欄

「月○○時間」としても、「○時間×所定労働日数」としても構いません。ただし、清算期間における法定労働時間の総枠の範囲内とする必要があります。

4 「標準となる1日の労働時間」の欄

年次有給休暇を取得した際の賃金算定の基準となりますので、必ず定める必要があります。

5 「コアタイム」及び「フレキシブルタイム」の欄

いずれも、設定するかどうかは任意ですが、設定する場合には、それぞれの開始時刻・終了時刻を明確に定めなければなりません。

6 労働者代表の職名・氏名の欄

管理監督者は、労働者代表にはなれません。

また、届出書を協定書と兼ねさせる場合には、労働者代表の署名又は記名・押印が必要です。

なお、超過時間及び不足時間の取扱い等、労使協定届の様式には記載箇所がないことも合意するのであれば、労使協定届とは別に労使協定書を作成した方がよいでしょう。別に労使協定書を作成した場合には、その写しを労使協定届に添付して届け出ることが必要とされています。

7 「協定の当事者（労働者の過半数を代表する者の場合）の選出方法」の欄

労働者の過半数で組織する労働組合がない場合には、フレックスタイム制に関する協定の締結をする者を選ぶことを明確にした上で、投票、挙手等の方法で労働者の過半数代表者を選出することになりますので、その選出方法を記載します。なお、使用者による指名や、使用者の意向に基づく選出は認められません。

第２章　労働時間の管理

○フレックスタイム制を設ける場合の36協定届の記載例（特別条項あり）

様式第9号の2（第16条第1項関係）

時間外労働　休日労働に関する協定届

労働保険番号 / 法人番号

事業の種類	事業の名称	事業の所在地（電話番号）	協定の有効期間
ソフトウェア業	○○株式会社○○支店	（〒○○○－○○○○）東京都○○区○○町○丁目○番○号（電話番号：○○－○○○○－○○○○）	令和○○年4月1日から1年間

時間外労働

延長することができる時間数　起算日（年月日）令和○○年4月1日

	時間外労働をさせる必要のある具体的事由	業務の種類	労働者数（満18歳以上の者）	所定労働時間（1日）（任意）	1日 法定労働時間を超える時間数	1日 所定労働時間を超える時間数（任意）	1箇月（①については45時間まで、②については42時間まで）法定労働時間を超える時間数	1箇月 所定労働時間を超える時間数（任意）	1年（①については360時間まで、②については320時間まで）法定労働時間を超える時間数	1年 所定労働時間を超える時間数（任意）
① 下記②に該当しない労働者	給与、人事関連業務	総務	10人	7時間45分	2時間		30時間		250時間	
	受注の集中	営業（フレックスタイム制）	10人	7時間45分	－		30時間		150時間	
	臨時の受注、納期変更	検査（フレックスタイム制）	30人	7時間45分	－		30時間		150時間	
② 1年単位の変形労働時間制により労働する者										

休日労働

休日労働をさせる必要のある具体的事由	業務の種類	労働者数（満18歳以上の者）	所定休日（任意）	労働させることができる法定休日の日数	労働させることができる法定休日における始業及び終業の時刻

上記で定める時間数にかかわらず、時間外労働及び休日労働を合算した時間数は、1箇月について100時間未満でなければならず、かつ2箇月から6箇月までを平均して80時間を超過しないこと。☑（チェックボックスに要チェック）

協定の成立年月日　令和○○年　○○月　○○日

協定の当事者である労働組合（事業場の労働者の過半数で組織する労働組合）の名称又は労働者の過半数を代表する者の　職名　営業部　係長　氏名　○○○○

協定の当事者（労働者の過半数を代表する者の場合）の選出方法（　投票による選挙　）

協定の当事者（労働者の過半数を代表する者）が令和○○年　○○月　○○日

使用者　職名　代表取締役社長　氏名　○○○○　㊞

令和○○年　○○月　○○日

○○　労働基準監督署長殿

様式第9号の2（第16条第1項関係）

時間外労働
休日労働　に関する協定届（特別条項）

臨時的に限度時間を超えて労働させることができる場合	業務の種類	労働者数（満18歳以上の者）	1日（任意）		1箇月（時間外労働及び休日労働を合算した時間数。100時間未満に限る。）				1年（時間外労働のみの時間数。720時間以内に限る。）起算日（年月日）令和〇〇年4月1日		
			延長することができる時間数		限度時間を超えて労働させることができる回数（6回以内に限る。）	延長することができる時間数及び休日労働の時間数		限度時間を超えた労働に係る割増賃金率	延長することができる時間数		限度時間を超えた労働に係る割増賃金率
			法定労働時間を超える時間数	所定労働時間を超える時間数（任意）		法定労働時間を超える時間数と休日労働の時間数を合算した時間数	所定労働時間を超える時間数と休日労働の時間数を合算した時間数（任意）		法定労働時間を超える時間数	所定労働時間を超える時間数（任意）	
株主総会対応、IR関連対応	総務	10人	6時間	－	6回	90時間		35%	700時間		35%
製品トラブル、大規模なクレーム対応、急な仕様変更	営業（フレックスタイム制）	10人	－	－	6回	90時間		35%	600時間		35%
製品トラブル、大規模なクレーム対応、急な仕様変更	開発（フレックスタイム制）	30人	－	－	6回	80時間		35%	500時間		35%
四半期決算事務	経理	5人	6時間	－	6回	80時間		35%	500時間		35%

限度時間を超えて労働させる場合における手続　労働者代表者に対する事前申し入れ

限度時間を超えて労働させる労働者に対する健康及び福祉を確保するための措置　（該当する番号）①、③、⑩　（具体的内容）対象労働者への医師による面接指導の実施、対象労働者に11時間の勤務間インターバルを設定、職場での時短対策会議の開催

上記で定める時間数にかかわらず、時間外労働及び休日労働を合算した時間数は、1箇月について100時間未満でなければならず、かつ2箇月から6箇月までを平均して80時間を超過しないこと。☑（チェックボックスに要チェック）

協定の成立年月日　令和〇〇　年　〇〇　月　〇〇　日

協定の当事者である労働組合（事業場の労働者の過半数で組織する労働組合）の名称又は労働者の過半数を代表する者の　職名　営業部　係長　氏名　〇〇〇〇

協定の当事者（労働者の過半数を代表する者の場合）の選出方法（　投票による選挙　）

令和〇〇　年　〇〇　月　〇〇　日

使用者　職名　代表取締役社長　氏名　〇〇〇〇　㊞

〇〇　　労働基準監督署長殿

第2章　労働時間の管理　　83

＜作成上の留意点＞

　記載例及び以下の留意点は、特別条項付36協定を締結する場合に関する
ものですが、特別条項がない場合であっても、記載例の1枚目と以下の留意
点のうち、1枚目に関する点は同様に当てはまります。

1　1枚目及び2枚目の「業務の種類」の欄

　フレックスタイム制が適用される労働者については、記載例のように、
その旨をこの欄において明記します。

2　1枚目の「延長することができる時間数」の「1日　法定労働時間を超
　える時間数」の欄

　フレックスタイム制が適用される労働者については、1日の法定労働時
間を超える時間数を定める必要はありません。

3　同「1箇月　法定労働時間を超える時間数」の欄

　清算期間が1か月を超えるフレックスタイム制が適用される労働者につ
いては、①各月ごとに週平均50時間を超える時間数及び②清算期間を通じ
て、法定労働時間の総枠を超える時間数（①を除きます。）が時間外労働と
して取り扱われます。原則として、45時間以内となります。

4　同「1年」の「起算日」の欄

　1年間の上限時間を計算する際の起算日を記載します。フレックスタイ
ム制を導入する場合には、フレックスタイム制の清算期間の始期と一致す
ることが、賃金清算が簡便となり望ましいと考えられます。

5　同「1年」の「法定労働時間を超える時間数」の欄

　フレックスタイム制が適用される労働者については、原則として360時
間以内となります。

84　　　第2章　労働時間の管理

第4　中小事業主における月60時間超の時間外労働に対する割増賃金率の適用猶予の見直し

> ### ポイント
>
> ＜改正の内容＞
> ①　月60時間を超える法定時間外労働の割増賃金率が、令和5年4月1日から、中小事業主についても50％以上に。
>
> ＜規程の整備＞
> ①　法定休日と法定外休日の区別を明確化する。
> ②　1か月の起算日を確認する。
> ③　代替休暇制度を導入するかどうかを検討する。

改正の内容

1　改正の目的

　もともと、長時間労働を抑制するために、平成22年4月1日施行の労働基準法改正により、月60時間を超える法定時間外労働について、割増賃金率が、25％以上から50％以上に引き上げられていました（労基37①ただし書）。

　もっとも、中小事業主については、適用の猶予措置が設けられていたのですが、この度の法改正により、当該猶予措置が廃止され、事業主の規模を問わず、上記規律が適用されることとなりました。

2　月60時間を超える法定時間外労働の割増賃金率

　前述のとおり、平成22年4月1日施行の労働基準法改正により、月60時間を超える法定時間外労働について、割増賃金率が、25％以上から50％以上に引き上げられていました。

第2章　労働時間の管理　　85

　もっとも、中小事業主については、割増賃金率が引き上げられることによる様々な影響を考慮して、月60時間を超える法定時間外労働の割増賃金率の引上げについては、「当分の間、適用しない」とする猶予措置が設けられていました（労基附則138）。その猶予措置の期間については、施行後3年を経過した場合において、改正後の労働基準法37条1項ただし書の施行状況、時間外労働の動向等を勘案し、当該規定について検討を加え、その結果に基づいて必要な措置を講じるとされていました（労基平20法89附則3①）。

　その後の検討の結果、この度の改正に基づいて、令和5年4月1日から、中小事業主についての猶予措置を定めた労働基準法附則138条の規定が廃止され、事業主規模に関係なく、労働基準法37条1項ただし書が適用されることになりました。

＜中小事業主の範囲＞

業　種	資本金の額又は出資の総額		常時使用する労働者
小売業	5,000万円以下	又は	50人以下
サービス業	5,000万円以下	又は	100人以下
卸売業	1億円以下	又は	100人以下
その他	3億円以下	又は	300人以下

※個人事業主等、資本金や出資金の概念がない場合には、労働者数のみで判断することになります。

＜中小事業主についての月60時間超の法定時間外労働の割増賃金率の引上げ＞

	1か月の法定時間外労働の時間	
	60時間以下	60時間超
中小事業主以外	25％以上	50％以上
中小事業主	25％以上	25％以上　→　50％以上

3 罰則

60時間を超える法定時間外労働に対し、50％以上の割増賃金率によって割増賃金を支払わなかった場合、割増賃金一般を支払わない場合と同様の罰則が適用されます。すなわち、労働基準法37条1項の違反であり、行為者（必要な割増賃金を支払わなかった者）は、6か月以下の懲役又は30万円以下の罰金を科される可能性があり、また、使用者は30万円以下の罰金を科される可能性があります（労基119①・121）。

4 代替休暇

代替休暇とは、60時間を超えて法定時間外労働を行わせた労働者について、労使協定により、法定割増賃金率の引上げ分の割増賃金の支払に代えて、有給の休暇を与えることができるとしたものです（労基37③）。

中小事業主においては、労働基準法37条1項ただし書が適用されるようになることに伴い、この代替休暇の制度も利用できることになります。

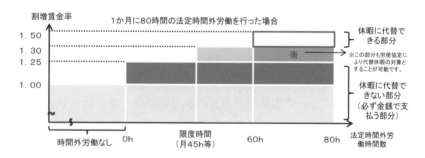

（出典：厚生労働省「改正労働基準法のポイント（平成22年4月1日施行 リーフレット詳細版）」）

(1) 代替休暇制度を導入するかどうかの検討

代替休暇は、長時間労働をした労働者の心身を休息させるためには

よい制度と言えますが、代替休暇を取得した際の割増賃金への反映や
その計算、管理などに煩雑さが伴います。代替休暇制度は必ずしも導
入する必要はないので、自社の人員やシステムで対応できるかをよく
確認した上で、導入するかどうかを検討しましょう。

(2)　代替休暇制度を導入する際の手続

代替休暇制度を導入するためには、過半数組合か、過半数組合がな
い場合には過半数代表者との間で労使協定を締結することが必要です
（なお、制度が導入されたとしても、労働者が実際に代替休暇を取得
するかどうかは、個々の労働者の意思に任されます。）。

労使協定で定めるべき事項は、以下のア〜ウのとおりです（労基則19
の2①）。

　　ア　代替休暇として与えることのできる時間数の算定方法

代替休暇として与えることのできる時間数

＝　（1か月の法定時間外労働時間数−60）　×換算率

※換算率

＝　（代替休暇を取得しなかった場合に支払う割増賃金率（50％以
　　上））

−　（代替休暇を取得した場合に支払う割増賃金率（25％以上））

　　イ　代替休暇の単位

代替休暇の単位は、労働者の休息の機会とする観点から、1日又は半
日とされています。労使協定には、その一方又は両方を代替休暇の単
位として定める必要があります。

「1日」については、労働者の1日の所定労働時間をいいます。「半日」
については、1日の所定労働時間の2分の1ですが、労使協定で「半日」
の定義を定めておくことで、所定労働時間の2分の1以外での運用が可
能です。午前、午後とで労働時間が違う事業場などでは使いやすくな
るでしょう。

88 第2章 労働時間の管理

　　ウ　代替休暇を与えることができる期間
　代替休暇を与えることができる期間は、法定時間外労働が1か月に
60時間を超えたその月の末日の翌日から2か月以内とされています。
労使協定では、この範囲内で期間を定めます（労基則19の2①三）。

5　施行時期
　猶予措置が廃止され、中小事業主に対しても労働基準法37条1項た
だし書が適用されるのは、令和5年4月1日からです。

$$\boxed{\text{実務ステップ}}$$

①	就業規則に、月45時間まで、月45時間から月60時間まで、月60時間超のそれぞれにおける割増賃金率を記載する。
②	1か月の起算日の確認をする。
③	就業規則上、法定休日と法定外休日がどのように定められているか確認する。
④	代替休暇制度の導入をするかどうかを検討する。
⑤	代替休暇制度を導入するのであれば、就業規則への記載を検討するとともに、労使協定を締結する。
⑥	就業規則を管轄の労働基準監督署長へ届け出る。

$$\boxed{\text{規程の整備}}$$

1　法定時間外労働の割増賃金率
　法定時間外労働が月60時間を超える場合とそうでない場合で、割増
賃金率をそれぞれ記載します。
① 　法定時間外労働が月45時間以下の割増賃金率の記載

② 法定時間外労働が月45時間超～60時間以下の割増賃金率の記載
　（45時間以下と同じ割増賃金率であれば、まとめて60時間以下とし
　て記載も可能）
③ 法定時間外労働が月60時間超の割増賃金率の記載
④ 法定時間外労働が年間360時間超の割増賃金率の記載

　これまで、法定時間外労働が45時間を超える場合の割増賃金率については、「労働基準法第36条第1項の協定で定める労働時間の延長の限度等に関する基準」（平成10年労働省告示154号）の平成22年4月1日改正によって、25％を超えるよう努めなければならないとされていました（平成21年厚生労働省告示316号）。平成31年4月1日からは、上記告示が廃止され、改正労働基準法36条2項5号に「労働時間の延長及び休日の労働を適正なものとするために必要な事項として厚生労働省令で定める事項」と規定され、改正労働基準法施行規則17条1項6号により、「限度時間を超えた労働に係る割増賃金の率」を定める必要があります。限度時間を超えた労働に係る割増賃金の率については、1か月及び1年のそれぞれについて定めなければならないものであること、また、限度時間を超える時間外労働に係る割増賃金率については、労働基準法89条2号の「賃金の決定、計算及び支払の方法」として就業規則に記載する必要があることとされています（平30・9・7基発0907第1）。例では30％としていますが、25％であっても同様です。

アドバイス

○1か月の起算日の確認
　法定時間外労働が60時間を超えるかどうかの計算について、どの日を起算日にするかで割増賃金率が変わる可能性があります。1か月の起算日については、労働基準法89条2号の「賃金の決定、計算及び支払の方法」として、就業規則に記載する必要があり、毎月1日、賃金計算期間の初日、時間外労働協定における一定期間の起算日等とすること

が考えられます。なお、就業規則等において起算日の定めのない場合には、労使慣行等から別意に解されない限り、賃金計算期間の初日を起算日とするものとして取り扱うこととされています（平21・5・29基発0529001）。

規程例等

○割増賃金の規定例（就業規則）

（割増賃金）
第○条　時間外労働に対する割増賃金は、次の割増賃金率に基づき、次項の計算方法により支給する。
① 　1か月の時間外労働
　㋐ 　1か月45時間以下……25％
　㋑ 　1か月45時間超～60時間以下……30％
　㋒ 　1か月60時間超……50％
　ただし、1か月の起算日は毎月○日とする。
② 　1年間の時間外労働
　1年間の時間外労働時間数が360時間超……30％
　ただし、1年の起算日は○月○日とする。
③ 　時間外労働に対する割増賃金の計算において、上記①及び②のいずれにも該当する時間外労働については、いずれか高い割増賃金率で計算することとする。
2　〔省略〕

整備前の条項

（割増賃金）
第○条　時間外労働に対する割増賃金は、次の割増賃金率に基づき、次項の計算方法により支給する。

第2章　労働時間の管理　　91

```
        25％
    2　〔省略〕
```

※下線は変更部分

＜作成上の留意点＞

　令和5年4月1日から、全ての企業規模での月60時間を超える法定時間外労働の割増賃金率を50％以上にする必要があります。

　この割増賃金率は、法定時間外労働が月60時間を超える場合についての定めです。所定労働時間が1日8時間より短い場合などは、所定外労働時間であって、法定内労働時間ということがあります。もし、現状の就業規則にその場合の割増賃金率の記載がないようであれば合わせて追記することが必要です。

2　法定休日と法定外休日の明確化

　月60時間を超える法定時間外労働の算定には、法定休日に行った労働は含まれませんが、それ以外の休日（法定外休日）に行った労働は含まれます。その結果、法定休日の労働であれば、35％以上の割増賃金率とする必要がありますが、法定外休日の労働の場合、その月の法定時間外労働としての合計時間が60時間以下であれば25％以上、60時間を超える場合は50％以上の割増賃金率とする必要があります。賃金計算のために、その会社の休日について、法定休日と法定外休日を明確にしておくことが適当です。

規程例等

○法定休日の規定例（就業規則）

```
（休　日）
第○条　休日は、次のとおりとする。
```

①　土曜日及び日曜日

②　国民の祝日（日曜日と重なったときは翌日）

③　年末年始（12月○○日～1月○日）

④　夏季休日（○月○○日～○月○○日）

⑤　その他会社が指定する日

2　法定休日は日曜日とする。

3　業務の都合により会社が必要と認める場合は、あらかじめ前項の休日を他の日と振り替えることがある。

整備前の条項

（休　日）

第○条　休日は、次のとおりとする。

①　土曜日及び日曜日

②　国民の祝日（日曜日と重なったときは翌日）

③　年末年始（12月○○日～1月○日）

④　夏季休日（○月○○日～○月○○日）

⑤　その他会社が指定する日

2　業務の都合により会社が必要と認める場合は、あらかじめ前項の休日を他の日と振り替えることがある。

※下線は変更部分

3　代替休暇

　代替休暇制度を導入する場合は、労働基準法89条1号の「休暇」に関する事項であるため、就業規則に記載する必要があります。また、同制度を導入するためには、過半数組合か、過半数組合がない場合には過半数代表者との間で労使協定を締結することが必要です。

第2章　労働時間の管理　93

規程例等

○代替休暇の規定例（就業規則）

（代替休暇）
第○条　1か月の法定時間外労働が60時間を超えた従業員に対して、労使協定に基づき、次に定める方法により代替休暇を与える。

2　代替休暇を取得できる期間は、直前の賃金締切日の翌日から起算して、翌々月の賃金締切日までの2か月とする。

3　代替休暇は、半日又は1日で与える。この場合の半日とは下記のとおりとする。

半日（前半）	○○：○○〜○○：○○
半日（後半）	○○：○○〜○○：○○

4　代替休暇の時間数は、1か月60時間を超える法定時間外労働の時間数に換算率を乗じた時間数とする。この場合において、換算率とは、代替休暇を取得しなかった場合に支払う割増賃金率A○○％（50％以上）から代替休暇を取得した場合に支払う割増賃金率B○○％（25％以上）を差し引いた（A－B）％とする。また、従業員が代替休暇を取得した場合は、取得した時間数を換算率（A－B）％で除した時間数については、（A－B）％の割増賃金の支払を行わない。

5　代替休暇を取得しようとする者は、1か月に60時間を超える法定時間外労働を行った月の賃金締切日の翌日から○日以内に、会社に申し出ることとする。代替休暇取得日は、従業員の意向を踏まえ決定する。

6　会社は、前項の申出があった場合には、支払うべき割増賃金

額のうち代替休暇に代替される割増賃金額を除いた部分を通常の賃金支払日に支払うこととする。ただし、当該月の末日の翌日から○か月以内（2か月以内）に代替休暇の取得がなされなかった場合には、取得がなされないことが確定した月に係る賃金支払日に残りの（A－B）％の割増賃金を支払う。

7　会社は、第5項に定める期間内に申出がなかった場合は、当該月に行われた法定時間外労働に係る割増賃金の総額を通常の賃金支払日に支払う。

＜作成上の留意点＞

　実務上、賃金計算の期間なども考慮に入れて、代替休暇の申出の日、取得できる期間や取得がなされないことが確定する日などを定める必要があります。

○代替休暇に関する協定書例

代替休暇に関する協定書

　○○株式会社（以下、「会社」という。）と従業員代表○○○○（以下、「従業員代表」という。）は、代替休暇に関して次のとおり協定する。

（対象者及び期間）

第1条　代替休暇は、賃金計算期間の初日を起算日とする1か月（以下、「1か月」という。）において、60時間を超える法定時間外労働を行った者のうち、半日以上の代替休暇を取得することが可能な者（以下、「代替休暇取得可能者」という。）が取得の意向を示した場合に、当該月の末日の翌日から2か月以内に与えられる。

第2章　労働時間の管理　　95

（付与単位）

第2条　代替休暇を付与する単位は1日又は半日とする。この場合の半日とは下記のとおりとする。

半日（前半）	○○：○○〜○○：○○
半日（後半）	○○：○○〜○○：○○

（代替休暇の計算方法）

第3条　代替休暇の時間数は、1か月60時間を超える法定時間外労働の時間数に換算率を乗じて得た時間数とする。

2　前項の換算率は、代替休暇を取得しなかった場合に支払う割増賃金率○○％（50％以上）から代替休暇を取得した場合に支払う割増賃金率○○％（25％以上）を差し引いた○○％とする。また、会社は、代替休暇を取得した場合、取得した時間数を換算率（○○％）で除した時間数については、○○％の割増賃金の支払を行わない。

（代替休暇の時間数の扱い）

第4条　前条の代替休暇の時間数は、代替休暇を取得する時期が代替休暇を取得できる第1項の期間中である場合は、前々月及び前月の代替休暇の時間数を合算して半日又は1日とすることができることとする。この場合の代替休暇の時間数は、前々月の時間数を優先する。

<代替休暇の時間と時間単位の年次有給休暇の合算を認める場合>

　また、代替休暇の時間数が半日又は1日に満たない端数がある場合で、その満たない部分について従業員が就業規則第○条に

規定する時間単位の年次有給休暇の取得を請求する場合は、当該時間単位の年次有給休暇と合わせて半日又は1日の休暇として与えることができる。ただし、前条の割増賃金の支払を行わないこととなる時間の計算においては、代替休暇の時間数のみで計算する。

（代替休暇取得の意向確認）

第5条　会社は、1か月に60時間を超える法定時間外労働を行った代替休暇取得可能者に対して、当該月の末日の翌日から○日以内に、代替休暇取得の意向を確認する。この場合において、○日以内に代替休暇取得の意向が確認できないときは、意向がなかったものとみなす。代替休暇の取得日は従業員の意向を踏まえ決定する。

（賃金の支払日及び清算）

第6条　会社は、前条の規定による代替休暇取得の意向があった場合には、支払うべき割増賃金額のうち代替休暇に代替される賃金額を除いた部分を、通常の賃金支払日に支払う。ただし、当該月の末日の翌日から○か月以内（2か月以内）に代替休暇が取得されなかった場合には、取得されないことが確定した月に係る割増賃金支払日に残りの○○％の割増賃金を支払うこととする。

（有効期間）

第7条　この協定の有効期間は令和○○年○○月○○日から1年間とする。ただし、期間満了1か月までに、会社、従業員代表により異議の申出がなかった場合は、期間を1年間更新するものとし、その後も同様とする。

第2章　労働時間の管理　　　　　　　　　　　97

令和○○年○○月○○日

　　　　　　　　　　　　　　○○株式会社
　　　　　　　　　　　　　　代表取締役社長　　○○○○　　印
　　　　　　　　　　　　　　従業員代表　　　　○○○○　　印

＜作成上の留意点＞

　代替休暇に関する協定書については労働基準監督署への届出義務はありません。

アドバイス

○代替休暇を導入する場合のポイント

　代替休暇を半日単位で使用できるようにすると従業員が代替休暇を取得しやすくなります。代替休暇を半日単位で使用できるようにする際には、その「半日」について、管理をわかりやすくするために「年次有給休暇の半日」、「子の看護休暇の半日」、「介護休暇の半日」と全て同じ取扱いにできるようにしておくことをお勧めします。

第5　勤務間インターバル制度

> **ポイント**
>
> ＜改正の内容＞
> ①　勤務間インターバル制度を設けることが、事業主の努力
> 　義務に。
>
> ＜規程の整備＞
> ①　導入する場合は、就業規則等に規定することが必要。
> ②　事業場の事情に合わせた設計、規定が必要。

改正の内容

1　改正の目的

　勤務間インターバル制度とは、前日の終業時刻と翌日の始業時刻の間に、一定時間以上の休息時間（インターバル時間）を設ける制度です。労働者が十分な生活時間や睡眠時間を確保し、ワーク・ライフ・バランスを保ちながら働ける職場にすることを可能とするものです。

　また、時間外労働の上限規制の適用が猶予されている業務の労働者に導入することで、少しでも長時間労働を抑制し、労働者の健康を確保する等の効果も期待されています。

2　事業主の努力義務

　労働時間等設定改善法の改正により、「労働時間等の設定」の定義に「深夜業の回数」と「終業から始業までの時間」が追加され、また、事業主の努力義務として、「健康及び福祉を確保するために必要な終業から始業までの時間の設定」が追加されました（改正労働時間等改善1

第 2 章　労働時間の管理　　99

の2②・2)。すなわち、事業主に対して、勤務間インターバル制度を導入する努力義務が課されたことになります。

　ただし、あくまで努力義務なので、法改正以後でも、勤務間インターバル制度を必ず導入しなければならないものではありません。

＜改正後の労働時間等設定改善法＞

○1条の2第2項（定義）
　この法律において、「労働時間等の設定」とは、労働時間、休日数、年次有給休暇を与える時季、深夜業の回数、終業から始業までの時間その他の労働時間等に関する事項を定めることをいう。
○2条1項（事業主等の責務）
　事業主は、その雇用する労働者の労働時間等の設定の改善を図るため、業務の繁閑に応じた労働者の始業及び終業の時刻の設定、健康及び福祉を確保するために必要な終業から始業までの時間の設定、年次有給休暇を取得しやすい環境の整備その他の必要な措置を講ずるように努めなければならない。

　なお、労働基準法の改正により、使用者は、時間外労働の限度時間を超えて労働させる労働者の健康・福祉を確保するための措置を講ずることとされましたが、36指針においては、望ましい措置の具体例の一つとして、「終業から始業までに一定時間以上の継続した休息時間を確保すること」が挙げられています。

　さらに、労働基準法及び労働基準法施行規則の改正により、高度プロフェッショナル制度の対象労働者に対する選択的健康確保措置の一つとして、始業から24時間を経過するまでに11時間以上の継続した休息時間を確保することが挙げられています（改正労基41の2①五イ、改正労基則34の2⑨）。

3　勤務間インターバル制度の設計内容

　勤務間インターバル制度については、その具体的な内容や導入要件

等が法律で定められているわけではありません。そのため、労使の話合いに応じてある程度柔軟に制度を設計することができます。例えば、以下を検討することが考えられます。

（1）　インターバル時間数

勤務間インターバル制度において、インターバル時間数をどの程度にするかは、法律等で決まっているわけではないので、自由に決めることができます（職種によって分けることも考えられるでしょう。）。ただし、厚生労働省の助成金である時間外労働等改善助成金（勤務間インターバル導入コース）においては、対象となる時間数が9時間以上とされているので、これを活用する場合は注意してください。

一般的には、8時間から11時間に設定している企業が多いようです。例えば、始業9時の事業場で11時間の勤務間インターバル制度を導入した場合において、前日の終業時刻が23時45分だった場合には、以下のようになります。

前日の終業時刻：23時45分 ⇒ 11時間のインターバル

⇒ 翌日の始業時刻：10時45分

※勤務間インターバル制度がない場合、前日の終業時刻から翌日の始業時刻までの間は、9時間15分だったことになります。

（2）　翌日の労働時間と終業時刻

勤務間インターバル制度を導入すると、前日の終業時刻が遅くなった場合、その分、翌日の始業時刻が遅くなります。この場合、翌日の労働時間や終業時刻をどのように取り扱うかについては、例えば、以下のような方法が考えられます。

①　始業時刻を繰り下げつつ、「本来の始業時刻から労働したものとみなす」方法

勤務間インターバル制度により、翌日の始業時刻は遅くなりますが、所定の始業時刻から労働していると考えるものです。

（例）　始業9時、終業18時、休憩1時間（所定労働時間8時間）の事業
　　　場で10時間の勤務間インターバル制度を導入した場合

　前日の終業時刻：23時45分 ⇒ 翌日の始業時刻：9時45分、

　終業時刻：18時（実労働時間7時間15分）

　この場合、この日の実労働時間は7時間15分と、所定労働時間の8
時間には45分足りませんが、その時間も「労働したものとみなす」
ため、給与の控除等はありません。

　なお、この日に終業時刻（上記の例でいえば18時）を過ぎて勤務
した場合における、時間外労働の有無に関する考え方は、⑦所定の
終業時刻（18時）を過ぎたら時間外労働として取り扱う、①1日の所
定労働時間を超えたら（18時45分以降の勤務）時間外労働として取
り扱う、といったものがあり得ます。もともと就業規則で時間外労
働（割増賃金）についてどのように定めているかとも関連しますの
で(注1)、就業規則の記載を確認しつつ、必要に応じて変更すること
が必要です。

(注1)　例えば、「所定の終業時刻を超えて労働した場合には時間外割増賃金を
　　　支払う。」と定めている場合には、⑦の取扱いと整合することになります
　　　が、「所定労働時間以上労働した場合には時間外割増賃金を支払う。」と定
　　　めている場合には、①の取扱いと整合することになります。

②　始業時刻と共に終業時刻を繰り下げる方法

　　翌日の始業時刻が遅くなった分、終業時刻も遅くするというもの
です。

（例）　始業9時、終業18時、休憩1時間（所定労働時間8時間）の事業
　　　場で10時間の勤務間インターバル制度を導入した場合

　前日の終業時刻：23時45分 ⇒ 翌日の始業時刻：9時45分、

　終業時刻：18時45分（実労働時間8時間）

なお、上記と異なり、例えば、前日の終業時刻が午前4時30分など
と非常に遅くなると、10時間のインターバルを明けた翌日の始業時
刻は、14時30分になります。どこかで休憩を1時間取りつつ、所定労
働時間勤務させるとすると、終業時刻は9時間後の23時30分と深夜
帯になりますし、更に翌日の始業時刻も勤務間インターバル制度に
よって遅くなってしまいます。

このような状態になると、いくら勤務間インターバルがあるとは
いえ、健康面への悪影響も生じかねませんので、前日の終業時刻が
極端に遅くなった場合の対処なども検討しておくことが適当でしょ
う。このような場合に、もし翌日に休暇を取らせることとする際に
は、会社都合の休暇なのか等を決めておくことも必要です。

また、上記①と同様に、時間外労働となるのはいつからなのかに
ついても、明確にしておいた方がよいでしょう。

③　始業時刻を繰り下げつつも、本来の所定始業時刻との差分につい
ては労働時間とみなさない方法

翌日の始業時刻が遅くなっても、本来の所定始業時刻との差分に
ついては労働時間とみなさないとするものです（事実上、遅刻と同
様の取扱いをすることになります。）。

（例）　始業9時、終業18時、休憩1時間（所定労働時間8時間）の事業
場で10時間の勤務間インターバル制度を導入した場合

前日の終業時刻：23時45分　⇒　翌日の始業時刻：9時45分、

終業時刻：18時（実労働時間7時間15分）

この場合、所定の終業時刻で業務を終了させたとしても、実労働
時間が所定労働時間から45分不足しているわけですが、ノーワー
ク・ノーペイの原則に基づいて、その分賃金の控除をするというこ
とも考えられます。もっとも、そのような取扱いにすると、勤務間

第2章　労働時間の管理　　103

インターバル制度を利用したことにより賃金が減ることになりますので、不利益変更に該当する可能性もあります。このような制度設計にて導入したい場合は、労使でよく協議を行っておくべきです。また、上記①と同様に、時間外労働となるのはいつからかも、明確にしておいた方がよいでしょう。

※この③の制度設計を採用する会社は、現実にはあまり多くないようです。

④　フレックスタイム制の場合

　フレックスタイム制を導入している事業場で、勤務間インターバル制度を導入する場合は、始業時刻、終業時刻がそもそも固定されていないため、インターバル時間さえ確保すれば、特別な取扱いは、おおむね必要ありません。

　インターバルの満了時刻がコアタイム終了後である場合のことを想定すると、「コアタイムであっても出勤しなくてよい場合」という例外を設けておく必要があることになりますが、基本的には、それぞれ相性が良く、勤務間インターバル制度も導入しやすいといえるでしょう。

(3)　対象者

全労働者を対象としなければならないわけではありません。業務の実情に合わせて対象部署、対象者を検討するのが現実的でしょう。

(4)　適用除外

極端な繁忙期など、勤務間インターバル制度を利用することが現実的に難しい時期が分かっている場合は、その時期は勤務間インターバル制度の適用を除外することも検討できます。

　また、緊急に対応すべき業務など特別の事情が生じた場合を適用除外とすることも考えられます。例えば、以下のような場合があるでしょう。

① 重大なクレーム（品質問題、納入不良等）に対する業務

② 納期の逼迫、取引先の事情による納期前倒しに対応する業務

③ 突発的な設備のトラブルに対応する業務

④ 予算、決算、資金調達等の業務

⑤ 海外事案の現地時間に対応するための電話会議、テレビ会議

⑥ 労働基準法33条の規定に基づき、災害その他避けることのできない事由によって臨時の必要がある場合

(5)　各労働者が利用する際の手続

　勤務間インターバル制度を利用して翌日の始業時刻を繰り下げるに当たって、申請手続等を設ける必要は必ずしもありませんが、時間外労働の申請手続と連動する形で勤務間インターバル制度の申請手続を設けておくこともあり得るでしょう。

　また、翌日の業務や個人のスケジュールの都合等により、インターバル時間を設けたくないというケースもあると思われます。制度として規定するに際しては、「利用しない場合の申請手続」を設けることも考えられるでしょう。

(6)　労働時間管理

　就業規則に規定するかどうかはともかく、実務上の問題として、前日の終業時刻及び（それを踏まえた）翌日の始業時刻を正確に管理、把握することの難しさがあります。例えば、前日の終業時刻が23時32分になり、10時間の勤務間インターバル制度を利用する場合、翌日の始業時刻は9時32分ですが、当該労働者の前日の終業時刻が、周囲含め正確に（翌朝までに）共有されているとは限りません。また、翌日の終業時刻を繰り下げたときの時間外労働時間の計算も煩雑になり、システムの設定を変更しないと難しい可能性もあります。

　これらの対策として、翌日の始業時刻を30分あるいは1時間単位で丸めるなど、始業時刻を労働者に分かりやすくし、事務処理の手間も省く工夫も検討する余地があります。

第2章　労働時間の管理　　105

$$\boxed{\text{実務ステップ}}$$

①	勤務間インターバル制度の具体的な内容を決める。
②	制度を利用する際の手続を決める。
③	労働時間管理の方法を検討する。
④	就業規則を改定する。
⑤	就業規則を管轄の労働基準監督署長へ届け出る。

$$\boxed{\text{規程の整備}}$$

　勤務間インターバル制度は、基本的には始業時刻そのものを変更することとなるため、「始業及び終業の時刻」に関するものとして、就業規則の絶対的必要記載事項になります（労基89一）。適用対象が一部の部署や一部の従業員であっても、この点に変わりはありませんので、注意してください。

$\boxed{\text{規程例等}}$

○勤務間インターバル制度の規定例（就業規則）
【始業時刻を繰り下げつつ、本来の始業時刻から労働したものとみなす場合】

（勤務間インターバル制度）
第○条　第○条（所定労働時間）の定めにかかわらず、1日の勤務
　　終了時刻から翌日の始業時刻までに少なくとも10時間以上の継
　　続した休息時間（インターバル時間）がない場合は、翌日の始

業時刻を、その日に限り、当該終了時刻から10時間後に繰り下げる。ただし、災害その他避けることができない事情がある場合は、その限りではない。

2　前項の始業時刻については、終業時刻を30分単位で繰り下げた時刻から10時間後とする。

3　第1項及び前項に基づき始業時刻が繰り下がった場合であっても、第○条所定の始業時刻から就業しているものとみなす。

4　第1項及び第2項に基づき始業時刻が繰り下がった場合であっても、所定時間外労働時間の計算においては、第○条所定の終業時刻を超えて労働している時間を時間外労働時間とみなす。

5　本条の制度は、以下の時期は対象外とする。

　　○○月○○日～○○月○○日、○○月○○日～○○月○○日

【始業時刻と共に終業時刻を繰り下げる場合】

（勤務間インターバル制度）

第○条　第○条（所定労働時間）の定めにかかわらず、1日の勤務終了時刻から翌日の始業時刻までに少なくとも10時間以上の継続した休息時間（インターバル時間）がない場合は、翌日の始業時刻を、その日に限り、当該終了時刻から10時間後に繰り下げる。ただし、災害その他避けることができない事情がある場合は、その限りではない。

2　前項の始業時刻については、終業時刻を30分単位で繰り下げた時刻から10時間後とする。

3　第1項及び前項に基づき始業時刻が繰り下がった場合、その日の終業時刻は、原則として、当該繰り下がった始業時刻から9時間後の時刻とする。ただし、その時刻が○時を過ぎる場合

第2章　労働時間の管理　　　107

は、○時を終業時刻とした上で、当該時刻を超える勤務を禁じる。また、この場合において、始業時刻から終業時刻までの時間から休憩時間を除いた時間が所定労働時間に満たないときは、当該満たない時間も労働したものとみなす。

4　第1項及び第2項に基づき始業時刻が繰り下がった場合における、所定時間外労働時間の計算については、前項に基づき繰り下がった終業時刻を超えて労働した時間を時間外労働とみなす。

| アドバイス |

○終業時刻の届出

　労働時間の管理、把握方法として自己申告制がとられている事業場等においては、勤務間インターバル制度が適用された場合の前日の終業時刻を、早めに上長に伝える必要がありますので、その届出を行うことを規定しておくことが考えられます。

　また、特別の事情により、制度を利用しない場合の手続を設ける場合にも、同様に、その旨の届出を行うべきことを規定しておくことが考えられます。

（条項例）

「○　従業員は、翌日の所定始業時刻までに、前日の終業時刻を所属長に届け出なければならない。特別の事情により、インターバル時間を取らない場合、又はインターバル時間を取るがその時間を10時間未満にすることを希望する場合も、同様とする。」

＜作成上の留意点＞

　まだ導入している企業も少なく、一般的になじみのない制度です。就業規則で一度規定してしまうと、実際の運用で不都合が発生し就業規則を改定したい場合に、不利益変更になる可能性もあります。いきなり就業規則で全てを規定するのではなく、まずは自社に合った方法を労使で十分に検討し、試験的に導入、運用、調整等をしてから本格導入する方がよいでしょう。

なお、厚生労働省「勤務間インターバル制度普及促進のための有識者検討会」報告書においては、以下のような導入手順が挙げられていますので、参考にするとよいでしょう。

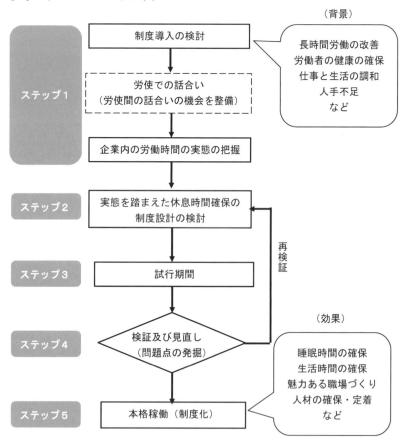

(出典：厚生労働省「『勤務間インターバル制度普及促進のための有識者検討会』報告書」平成30年12月)

第3章　特定高度専門業務・成果型労働制（高度プロフェッショナル制度）

> ## ポイント
>
> ### ＜改正の内容＞
>
> ① 高度の専門的知識等を必要とし、時間と成果との関連性が高くない業務に従事する、一定の年収要件（1,075万円以上）等を満たす労働者について、労使委員会決議や健康確保措置等、必要な手続・措置が取られている場合に、労働時間や割増賃金に関する規制等の規定を適用除外とする。
>
> ② 労使委員会の決議及び本人の同意が必要。
>
> ③ 健康確保措置が実施されることが必要。
>
> ### ＜規程の整備＞
>
> ① 要件を満たした労使委員会決議及び本人の同意書面が必要。
>
> ② 高度プロフェッショナル制度が適用される従業員は、通常の従業員と労働条件が異なることとなるため、就業規則の変更が必要。
>
> ③ 健康確保措置の実施状況を労働基準監督署長に届け出ることが必要。

改正の内容

1　改正の目的

改正労働基準法41条の2として、高度プロフェッショナル制度（特定

高度専門業務・成果型労働制。以下「高プロ制度」といいます。）が創設されました。

　高プロ制度は、高度の専門的知識等を必要とし、時間と成果との関連性が高くない業務に従事する、一定の年収要件（1,075万円以上）等を満たす労働者について、労使委員会決議や健康確保措置等、必要な手続・措置が取られている場合に、労働時間や割増賃金に関する規制等の規定を適用除外とする制度です。

　平成27年2月になされた厚生労働省労働政策審議会から厚生労働大臣へ向けた建議においては、「時間ではなく成果で評価される働き方を希望する労働者のニーズに応え、その意欲や能力を十分に発揮できるようにするため、一定の年収要件を満たし、職務の範囲が明確で高度な職業能力を有する労働者を対象として、長時間労働を防止するための措置を講じつつ、時間外・休日労働協定の締結や時間外・休日・深夜の割増賃金の支払義務等の適用を除外した労働時間制度の新たな選択肢」と位置付けられています。

2　高プロ制度の導入・実施フロー

　高プロ制度の導入及び実施に向けたフローは、以下のとおりとなります。

① 　労使委員会の設置（後掲3参照）

② 　労使委員会において、一定の決議をする（後掲4参照）

③ 　決議を労働基準監督署長に届け出る（後掲5参照）

④ 　対象労働者の同意を書面で得る（後掲6参照）

⑤ 　対象労働者を対象業務に就かせる（後掲7参照）

⑥ 　健康確保措置の実施状況を労働基準監督署長に定期報告する（後掲8参照）

　以下、「労働基準法第41条の2第1項の規定により同項第1号の業務に

従事する労働者の適正な労働条件の確保を図るための指針」（平成31年厚生労働省告示88号。以下本章において「高プロ指針」といいます。）にも必要に応じて触れつつ、それぞれ解説します。

3　労使委員会の設置

　労使委員会とは、賃金、労働時間その他の当該事業場における労働条件に関する事項を調査審議し、使用者に対し当該事項について意見を述べることを目的とする委員会（使用者及び当該事業場の労働者を代表する者を構成員とするものに限ります。）のことをいいます（改正労基41の2①柱書）。

　この労使委員会は、次に適合するものでなければなりません（改正労基41の2③・38の4②、改正労基則34の2の3・24の2の4）。

①　委員の半数については、当該事業場に過半数労働組合がある場合にはその労働組合が、過半数労働組合がない場合には過半数代表者が、任期を定めて、管理監督者以外から指名すること。なお、労使を代表する委員がそれぞれ1名ずつの計2名で構成される委員会は、労使委員会として認められません（高プロ指針第4・1）。

②　労使委員会の議事録が作成・保存されるとともに、当該事業場の労働者に周知が図られていること。

③　労使委員会の招集、定足数、議事その他労使委員会の運営について必要な事項に関する規程が、労使委員会の同意のもとに定められていること。

　なお、高プロ指針においては、高プロ制度に関する決議を行う労使委員会の運営規程には、使用者が開示すべき情報の範囲、開示に関する手続、開示が行われる労使委員会の開催時期等を定めることが適当とされています（高プロ指針第4・3(3)）。

　また、開示することが適当な情報の範囲については、以下が定めら

れています（高プロ指針第4・3(1)(2)）。なお、指針において、「対象労働者のプライバシーの保護に十分留意することが必要である。」とされています（高プロ指針第4・3(2)）。

＜高プロ制度に関する決議のための調査審議をするため＞

・対象労働者に適用される評価制度及びこれに対応する賃金制度の内容

・高プロ制度が適用されることとなった場合における対象業務の具体的内容

＜高プロ制度の実施状況に関する情報を十分に把握するため＞

・対象労働者に適用される評価制度及びこれに対応する賃金制度の内容

・高プロ制度が適用されることとなった場合における対象業務の具体的内容

・健康管理時間の状況

・休日確保措置の実施状況

・選択的健康確保措置の実施状況

・健康管理時間の状況に応じた健康・福祉確保措置の実施状況

・苦情処理措置の実施状況

・労使委員会の開催状況

4　労使委員会における決議

　労使委員会において、委員の5分の4以上の多数による議決によって、以下の事項に関する決議をすることが必要です（改正労基41の2①）。なお、このうち、決議で定めた③〜⑤の措置を使用者が講じていない場合には、高プロ制度の適用はなくなりますので（改正労基41の2①ただし書）、特に注意が必要です。

① 対象となる業務（後掲(1)参照）

② 対象となる労働者の範囲（後掲(2)参照）

③ 対象労働者の健康管理時間を把握すること、及びその把握方法(後掲(3)ア参照)

④ 対象労働者に年間104日以上、かつ、4週4日以上の休日を与えること（後掲(3)イ参照）

⑤ 選択的健康確保措置のいずれかを講じること（後掲(3)ウ参照）

⑥ 健康管理時間の状況に応じた健康・福祉確保措置を講じること(後掲(3)エ参照)

⑦ 対象労働者の高プロ制度への同意撤回に関する手続（後掲(4)参照）

⑧ 対象労働者からの苦情の処理に関する措置を講じること(後掲(5)参照)

⑨ 高プロ制度への同意をしなかった労働者に対して不利益な取扱いをしてはならないこと（後掲(6)参照）

⑩ 決議の有効期間等（後掲(7)参照）

(1) 対象業務

ア 5つの対象業務

高プロ制度の対象となる業務は、「高度の専門的知識等を必要とし、その性質上従事した時間と従事して得た成果との関連性が通常高くないと認められるものとして厚生労働省令で定める業務」と定められており（改正労基41の2①一）、具体的には、以下のとおり、5つの対象業務が定められています（改正労基則34の2③）。

① 金融商品の開発業務

「金融工学等の知識を用いて行う金融商品の開発の業務」（1号）

② 金融商品のディーリング業務

「資産運用（指図を含む。）の業務又は有価証券の売買その他の取引の業務のうち、投資判断に基づく資産運用の業務、投資判断に基づく資産運用として行う有価証券の売買その他の取引の業務又は投

資判断に基づき自己の計算において行う有価証券の売買その他の取引の業務」(2号)

③　アナリストの業務（企業・市場等の高度な分析業務）

　　「有価証券市場における相場等の動向又は有価証券の価値等の分析、評価又はこれに基づく投資に関する助言の業務」(3号)

④　コンサルタントの業務（事業・業務の企画運営に関する高度な考案又は助言の業務）

　　「顧客の事業の運営に関する重要な事項についての調査又は分析及びこれに基づく当該事項に関する考案又は助言の業務」(4号)

⑤　研究開発業務

　　「新たな技術、商品又は役務の研究開発の業務」(5号)

　また、高プロ指針においては、上記①〜⑤の業務の具体的内容について、以下のとおり定められています（高プロ指針第3・1(1)イ(ロ)・(2)ロ）。

＜金融商品の開発業務＞

具体的内容	金融取引のリスクを減らしてより効率的に利益を得るため、金融工学のほか、統計学、数学、経済学等の知識をもって確率モデル等の作成、更新を行い、これによるシミュレーションの実施、その結果の検証等の技法を駆使した新たな金融商品の開発の業務をいいます。ここでいう「金融商品」とは、金融派生商品（金や原油等の原資産、株式や債権等の原証券の変化に依存してその値が変化する証券）及び同様の手法を用いた預貯金等をいいます。
対象業務となり得る業務の例	・資産運用会社における新興国企業の株式を中心とする富裕層向け商品（ファンド）の開発の業務
対象業務となり得ない業務の例	・金融商品の販売、提供又は運用に関する企画立案又は構築の業務

| | ・保険商品又は共済の開発に際してアクチュアリーが通常行う業務
・商品名の変更や既存の商品の組合せのみをもって行う金融商品の開発の業務
・専らデータの入力又は整理を行う業務 |

<金融商品のディーリング業務>

具体的内容	金融知識等を活用した自らの投資判断に基づく資産運用の業務又は有価証券の売買その他の取引の業務をいいます。
対象業務となり得る業務の例	・資産運用会社等における投資判断に基づく資産運用の業務（いわゆるファンドマネージャーの業務） ・資産運用会社等における投資判断に基づく資産運用として行う有価証券の売買その他の取引の業務（いわゆるトレーダーの業務） ・証券会社等における投資判断に基づき自己の計算において行う有価証券の売買その他の取引の業務（いわゆるディーラーの業務）
対象業務となり得ない業務の例	・有価証券の売買その他の取引の業務のうち、投資判断を伴わない顧客からの注文の取次の業務 ・ファンドマネージャー、トレーダー、ディーラーの指示を受けて行う業務 ・金融機関における窓口業務 ・個人顧客に対する預金、保険、投資信託等の販売・勧誘の業務 ・市場が開いている時間は市場に張り付くよう使用者から指示され、実際に張り付いていなければならない業務 ・使用者から指示された取引額・取引量を処理するためには取引を継続し続けなければならない業務 ・金融以外の事業を営む会社における自社資産の管理、運用の業務

116　第3章　特定高度専門業務・成果型労働制（高度プロフェッショナル制度）

＜アナリストの業務＞

具体的内容	有価証券等に関する高度の専門知識と分析技術を応用して分析し、当該分析の結果を踏まえて評価を行い、これら自らの分析又は評価結果に基づいて運用担当者等に対し有価証券の投資に関する助言を行う業務をいいます。 「有価証券市場における相場等の動向」とは、株式相場、債権相場の動向のほかこれらに影響を与える経済等の動向をいい、「有価証券の価値等」とは、有価証券に投資することによって将来得られる利益である値上がり益、利子、配当等の経済的価値及び有価証券の価値の基盤となる企業の事業活動をいいます。
対象業務となり得る業務の例	・特定の業界の中長期的な企業価値予測について調査分析を行い、その結果に基づき、推奨銘柄について投資判断に資するレポートを作成する業務
対象業務となり得ない業務の例	・一定の時間を設定して行う相談業務 ・専ら分析のためのデータ入力又は整理を行う業務

＜コンサルタントの業務＞

具体的内容	企業の事業運営についての調査又は分析を行い、企業に対して事業・業務の再編、人事等社内制度の改革など経営戦略に直結する業務改革案等を提案し、その実現に向けてアドバイスや支援をしていく業務をいいます。 ここでいう「調査又は分析」とは、顧客の事業の運営に関する重要な事項について行うものであり、顧客から調査又は分析を行うために必要な内部情報の提供を受けた上で、例えば経営状態、経営環境、財務状態、事業運営上の問題点、生産効率、製品や原材料に係る市場の動向等について行う調査又は分析をいいます。
対象業務となり得る業務の例	・コンサルティング会社において行う顧客の海外事業展開に関する戦略企画の考案の業務

対象業務となり得ない業務の例	・調査又は分析のみを行う業務 ・調査又は分析を行わず、助言のみを行う業務 ・専ら時間配分を顧客の都合に合わせざるを得ない相談業務 ・個人顧客を対象とする助言の業務 ・商品・サービスの営業・販売として行う業務 ・上席の指示やシフトに拘束され、働く時間帯の選択や時間配分に裁量が認められない形態でチームのメンバーとして行う業務 ・サプライヤーが代理店に対して行う助言又は指導の業務

＜研究開発業務＞

具体的内容	新たな技術の研究開発、新たな技術を導入して行う管理方法の構築、新素材や新型モデル・サービスの研究開発等の業務をいい、専門的、科学的な知識、技術を有する者によって、新たな知見を得ること又は技術的改善を通じて新たな価値を生み出すことを目的として行われるものをいいます。
対象業務となり得る業務の例	・メーカーにおいて行う要素技術の研究の業務 ・製薬企業において行う新薬の上市に向けた承認申請のための候補物質の探索や合成、絞り込みの業務 ・既存の技術等を組み合わせて応用することによって新たな価値を生み出す研究開発の業務 ・特許等の取得につながり得る研究開発の業務
対象業務となり得ない業務の例	・作業工程、作業手順等の日々のスケジュールが使用者からの指示により定められ、そのスケジュールに従わなければならない業務 ・既存の商品やサービスにとどまり、技術的改善を伴わない業務 ・既存の技術等の単なる組合せにとどまり、新たな価値を生み出すものではない業務 ・他社のシステムの単なる導入にとどまり、導入に当たり自らの研究開発による技術的改善を伴わない業

	務
	・専門的、科学的な知識、技術がなくても行い得る既存の生産工程の維持・改善の業務
	・完成品の検査や品質管理を行う業務
	・研究開発に関する権利取得に係る事務のみを行う業務
	・生産工程に従事する者に対する既知の技術の指導の業務
	・上席の研究員の指示に基づく実験材料の調達や実験準備の業務

　なお、対象業務について決議するに当たっては、対象業務の具体的な範囲及び当該業務が改正労働基準法施行規則34条の2第3項各号に掲げる業務のいずれに該当するかを明らかにすることが必要です（高プロ指針第3・1(1)ロ）。

　　イ　具体的指示の存在による対象業務からの除外

　上記のとおり、高プロ制度の対象業務は、改正労働基準法施行規則34条の2第3項各号で定められていますが、同項においては、「当該業務に従事する時間に関し使用者から具体的な指示（業務量に比して著しく短い期限の設定その他の実質的に当該業務に従事する時間に関する指示と認められるものを含む。）を受けて行うものを除く。」とされています。すなわち、上記5つの業務に該当する場合であっても、業務に従事する時間に関して使用者から具体的な指示を受けるものについては、高プロ制度の対象業務となりません。

　この点、高プロ指針においては、「『具体的な指示』とは、労働者から対象業務に従事する時間に関する裁量を失わせるような指示をいい、対象業務は働く時間帯の選択や時間配分について自らが決定できる広範な裁量が労働者に認められている業務でなければならない。また、実質的に業務に従事する時間に関する指示と認められる指示につ

いても、『具体的な指示』に含まれるものである。」とされています（高プロ指針第3・1(1)イ(イ)）。

また、「具体的な指示」の例としては、以下のものが挙げられています（高プロ指針第3・1(1)イ(イ)）。

① 出勤時間の指定等始業・終業時間や深夜・休日労働等労働時間に関する業務命令や指示

② 労働者の働く時間帯の選択や時間配分に関する裁量を失わせるような成果・業務量の要求や納期・期限の設定

③ 特定の日時を指定して会議に出席することを一方的に義務付けること

④ 作業工程、作業手順等の日々のスケジュールに関する指示

なお、使用者が行うあらゆる指示がこの「具体的な指示」に当たるわけではありません。高プロ指針においては、「使用者が労働者に対し業務の開始時に当該業務の目的、目標、期限等の基本的事項を指示することや、中途において経過の報告を受けつつこれらの基本的事項について所要の変更の指示をすることは可能である。」とされておりますので（高プロ指針第3・1(2)ハ）、その点は区別することが適当です。

(2) 対象労働者

高プロ制度の対象となる労働者は、以下の2つの要件を満たすことが必要とされています。

　ア　職務が明確に定められていること

使用者と労働者の間において、書面その他の一定の方法による合意に基づき、職務が明確に定められていることが必要です（改正労基41の2①ニイ）。この「方法」については、具体的には、使用者が、以下に掲げる事項を明らかにした書面に、労働者の署名を受け、当該書面の交付を受ける方法（当該労働者が希望した場合にあっては、当該書面に記載すべき事項を記録した電磁的記録の提供を受ける方法）とされて

います（改正労基則34の2④）。

① 業務の内容

② 責任の程度

③ 職務において求められる成果その他の職務を遂行するに当たって求められる水準

　なお、対象労働者は、前記「(1)対象業務」の業務に常態として従事していることが原則であり、対象業務以外の業務にも常態として従事している者は、対象労働者となりません（高プロ指針第3・2(1)ロ）。

　　イ　年収要件を満たしていること

　当該労働者に対して、労働契約により使用者から支払われると見込まれる賃金の額を一年間当たりの賃金の額に換算した額が、基準年間平均給与額（厚生労働省において作成する毎月勤労統計における毎月決まって支給する給与の額を基礎として厚生労働省令で定めるところにより算定した労働者一人当たりの給与の平均額をいいます。）の3倍の額を相当程度上回る水準として、厚生労働省令で定める額以上であることが必要です（改正労基41の2①二ロ）。

　この「厚生労働省令で定める額」は、1,075万円とされています（改正労基則34の2⑥）。

　したがって、要約すると、「1年間に支払われると見込まれる賃金の額が、1,075万円以上であること」が必要ということになります。

　なお、「労働契約により使用者から支払われると見込まれる賃金の額」の解釈について、高プロ指針では、以下のことが定められています（高プロ指針第3・2(1)イ(ロ)）。

① 個別の労働契約又は就業規則等において、名称の如何にかかわらず、あらかじめ具体的な額をもって支払われることが約束され、支払われることが確実に見込まれる賃金は、全て含まれます。

② 労働者の勤務成績、成果等に応じて支払われる賞与や業績給等、その支給額があらかじめ確定されていないものは含まれません。ただし、賞与や業績給でも、いわゆる最低保障額が定められ、その最低保障額については支払われることが確実に見込まれる場合には、その最低保障額は含まれます。

③ 一定の具体的な額をもって支払うことが約束されている手当は含まれますが、支給額が減少し得る手当は含まれません。

すなわち、業績給については、最低保証額部分しか含まれませんし、通勤手当についても、あらかじめ具体的な金額が約束されていないのであれば、含まれません（平30・12・28基発1228第15）。

(3) 高プロ制度の健康確保措置

ア 健康管理時間を把握する措置

使用者は、労使委員会決議で定めるところにより、対象業務に従事する対象労働者の健康管理を行うために、当該対象労働者が事業場内にいた時間と事業場外において労働した時間の合計時間（健康管理時間）を把握する措置をとることが必要です（改正労基41の2①三）。なお、「事業場内にいた時間」については、労使委員会の決議によって、「休憩時間その他対象労働者が労働していない時間」を除いた時間とすることができますが（改正労基則34の2⑦）、除くこととする時間の内容や性質を具体的に明らかにするとともに、当該時間を把握する方法も、原則どおり客観的方法であることが必要です（高プロ指針第3・3(1)）。

また、上記措置に関して、健康管理時間を把握するための具体的な方法としては、タイムカードによる記録、パーソナルコンピュータ等の電子計算機の使用時間の記録等の客観的な方法が原則です。ただし、事業場外において労働した場合であって、やむを得ない理由(注1)があるときは、自己申告によることができるとされています（改正労基

則34の2⑧)。

　なお、健康管理時間の把握に関しては、対象労働者ごとに、日々の健康管理時間の始期及び終期並びにそれに基づく健康管理時間の時間数を記録するとともに、少なくとも1か月当たりの健康管理時間の時間数の合計を把握することとされています（高プロ指針第3・3(1)ニ）。また、使用者は、対象労働者から求めがあれば、健康管理時間数の記録を開示することが必要であり、健康管理時間の開示の手続を労使委員会決議で定めることが必要であるとされています（高プロ指針第3・3(2)ロ）。

> （注1）　事業場外で労働した時間の把握について、客観的な方法によることができない「やむを得ない理由」として、高プロ指針では、以下の例が挙げられています（高プロ指針第3・3(1)ロ）。
>
> 　　①　顧客先に直行直帰し、勤怠管理システムへのログイン・ログオフ等もできないこと。
>
> 　　②　事業場外において、資料の閲覧等パーソナルコンピュータを使用しない作業を行うなど、勤怠管理システムへのログイン・ログオフ等もできないこと。
>
> 　　③　海外出張等勤怠管理システムへのログイン・ログオフ等が常時できない状況にあること。

　　イ　一定日数以上の休日確保措置

　使用者は、対象業務に従事する対象労働者に対し、労使委員会の決議及び就業規則その他これに準ずるもので定めるところにより、年間104日以上、かつ、4週間を通じ4日以上の休日を与えることが必要です（改正労基41の2①四）。

　なお、決議に際しては、対象労働者が休日を取得するための手続の具体的内容を明らかにすることが必要です（高プロ指針第3・4(1)イ）。

　　ウ　選択的健康確保措置

　使用者は、対象業務に従事する対象労働者に対し、労使委員会の決

第3章 特定高度専門業務・成果型労働制（高度プロフェッショナル制度） 123

議及び就業規則その他これに準ずるもので定めるところにより、以下のいずれかの健康確保措置をとることが必要です（改正労基41の2①五イ〜ニ、改正労基則34の2⑨〜⑬）。

概　要	具体的内容
① インターバル措置	労働者ごとに、始業から24時間を経過するまでに11時間以上の継続した休息時間を確保し、かつ、深夜（午後10時〜午前5時）に労働する回数を1か月で4回以内とすること。
② 健康管理時間の上限措置	健康管理時間について、1週間当たり40時間を超える時間が、1か月100時間又は3か月240時間を超えない範囲内とすること。
③ 2週間連続の休日	1年に1回以上の継続した2週間（労働者が請求した場合においては、1年に2回以上の継続した1週間）（使用者が当該期間において、有給休暇を与えたときは、当該有給休暇を与えた日を除きます。）について、休日を与えること。
④ 臨時の健康診断	健康管理時間について1週間当たり40時間を超える時間が1か月80時間を超えた場合、又は対象労働者から申出があった場合に、労働安全衛生法に基づく定期健康診断の項目であって脳・心臓疾患との関連が認められるもの及び当該対象労働者の勤務の状況、疲労の蓄積の状況その他心身の状況の確認を含む健康診断を実施すること。

　なお、決議に際しては、選択的健康確保措置として、上記①から④に掲げる措置のうちいずれの措置をどのように講ずるかを具体的に明らかにすることが必要であるとされています（高プロ指針第3・5(1)）。

　エ　健康管理時間の状況に応じた健康・福祉確保措置
　使用者は、対象業務に従事する労働者に対し、その健康管理時間の

状況に応じた、健康及び福祉を確保するための措置として、労使委員会の決議で定めるところにより、以下のいずれかの措置をとることが必要です（改正労基41の2①六、改正労基則34の2⑭）。

① 上記「ウ　選択的健康確保措置」のうち、使用者が講ずるものとして決議をしたもの以外の措置

② 健康管理時間が一定時間を超える対象労働者に対し、医師による面接指導を行うこと。

③ 勤務状況及びその健康状態に応じて、代償休日又は特別な休暇を付与すること。

④ 心とからだの健康問題についての相談窓口を設置すること。

⑤ 勤務状況及びその健康状態に配慮し、必要な場合には適切な部署に配置転換をすること。

⑥ 産業医等による助言若しくは指導を受け、又は対象労働者に産業医等による保健指導を受けさせること。

なお、決議に際しては、健康管理時間の状況に応じた健康・福祉確保措置として、上記①から⑥に掲げる措置のうちいずれの措置をどのように講ずるかを具体的に明らかにすることが必要であるとされています（高プロ指針第3・6(1)）。

　　オ　健康確保措置の未実施と高プロ制度の効力について

以上の健康確保措置は、いずれも、労使委員会の決議において定めておく必要がありますが、このうち、「ア　健康管理時間を把握する措置」、「イ　一定日数以上の休日確保措置」又は「ウ　選択的健康確保措置」のいずれか一つでも、使用者が実際には講じていない場合には、高プロ制度の適用はなくなります（改正労基41の2①ただし書）。

なお、「エ　健康管理時間の状況に応じた健康・福祉確保措置」については、使用者が実際には講じていなくても、高プロ制度の適用がな

くなるものではありませんが、行政指導の対象になります（改正労基41の2⑤）。

(4)　同意の撤回に関する手続

労使委員会の決議においては、高プロ制度の適用に関する労働者の同意の撤回に関する手続を定める必要があります（改正労基41の2①七）。同意の撤回を申し出た労働者については、その時点から、高プロ制度の法律上の効果は生じません（高プロ指針第3・7(1)ハ）。

同意の撤回に関する手続については、撤回の申出先となる部署及び担当者、撤回の申出の方法等、その具体的内容を明らかにすることが必要です（高プロ指針第3・7(1)イ）。また、対象労働者が同意を撤回した場合の配置及び処遇について、対象労働者を、そのことを理由として不利益に取り扱ってはなりません（高プロ指針第3・7(1)ロ）。

(5)　苦情処理措置

使用者は、対象業務に従事する労働者からの苦情の処理に関する措置を、労使委員会決議で定めるところにより講じることが必要です（改正労基41の2①八）。

苦情処理措置については、苦情申出先となる部署及び担当者、取り扱う苦情の範囲、処理の手順、方法等その具体的内容を明らかにすることが必要です（高プロ指針第3・8(1)）。また、申出先については、使用者や人事担当者以外の者を担当者とする等の工夫をすることが適当です（高プロ指針第3・8(2)イ）。

なお、既に実施されている苦情処理制度を利用することも許容されていますが、その場合には、使用者は、対象労働者に対しその旨を周知するとともに、当該苦情処理制度が高プロ制度の運用の実態に応じて機能するよう配慮することが適当であるとされています（高プロ指針第3・8(2)ハ）。

126 第3章 特定高度専門業務・成果型労働制（高度プロフェッショナル制度）

（6） 不利益取扱いの禁止

労使委員会の決議においては、使用者は、高プロ制度への同意をしなかった労働者に対して、解雇その他の不利益な取扱いをしてはならないことを定める必要があります（改正労基41の2①九）。

これに関して、高プロ指針では、同意をしなかった場合の配置及び処遇について、同意をしなかった労働者をそのことを理由として不利益に取り扱ってはならないとされています（高プロ指針第3・9）。

（7） 決議の有効期間等

労使委員会の決議においては、以上のほか、以下を定める必要があります（改正労基41の2①十、改正労基則34の2⑮）。

定める事項	備　考
決議の有効期間の定め及び当該決議は再度の決議をしない限り更新されない旨	有効期間については、1年が望ましいとされています（高プロ指針第3・10(2)イ）。
労使委員会の開催頻度及び開催時期	開催頻度については、少なくとも6か月に1回、健康確保措置の実施状況を労働基準監督署に報告する時期に開催することが必要であるとされています（高プロ指針第3・10(2)ロ）。また、決議の時点では予見し得なかった事情の変化に対応するため、委員の半数以上から決議の変更等のための労使委員会の開催の申出があった場合には、有効期間の中途であっても決議の変更等のための調査審議を行うものとすることを決議において定めることが適当であるとされています（高プロ指針第3・10(2)ロ）。

定める事項	備　考
常時50人未満の労働者を使用する事業場である場合には、労働者の健康管理等を行うのに必要な知識を有する医師を選任すること	
対象労働者の同意及びその撤回、合意した職務の内容、支払われると見込まれる賃金の額、健康管理時間の状況、一定日数以上の休日確保措置、選択的健康確保措置、健康管理時間の状況に応じた健康・福祉確保措置並びに苦情処理措置に関する労働者ごとの記録並びに上記の医師の選任に関する記録を、決議の有効期間中及びその満了後3年間保存すること	

(8)　その他

　使用者が、対象労働者に適用される評価制度及びこれに対応する賃金制度を変更しようとする場合には、労使委員会に対し、事前に変更内容の説明をするものとすることを、決議で定めておくことが適当であるとされています（高プロ指針第3・11）。

5　決議の届出

　使用者は、労使委員会の決議を、所定の様式により、管轄の労働基準監督署長に届け出なければなりません（改正労基41の2①柱書、改正労基則34の2①）。

6　対象労働者の同意

　高プロ制度が適用される労働者は、労使委員会の決議で定めた対象労働者の範囲に属する労働者であって、適用について同意をした者です（改正労基41の2①柱書）。

　当該同意は、以下の事項を明らかにした書面に労働者の署名を受け、当該書面の交付を受ける方法（労働者が希望した場合には、署名した書面をPDFで読み込んで電子メールでの送付を受ける等の方法）によって得る必要があります（改正労基則34の2②）。

① 同意をした場合には、高プロ制度が適用される旨

② 同意の対象となる期間。なお、高プロ指針においては、1年未満の有期契約労働者については当該労働契約期間、無期契約又は1年以上の有期契約労働者については長くても1年間とすることが適当であるとされています（高プロ指針第2・3）。また、どのような労働者であっても、1か月未満とすることは認められないとされています（高プロ指針第2・4）。

③ ②の期間中に支払われると見込まれる賃金の額

　これに加えて、高プロ指針においては、同意を得るに当たって、労働者本人にあらかじめ以下の事項を書面で明示することが適当であるとされています（高プロ指針第2・2）。

① 高プロ制度の概要

② 当該事業場における決議の内容

③ 同意をした場合に適用される評価制度及びこれに対応する賃金制度

④ 同意をしなかった場合の配置及び処遇並びに同意をしなかったことに対する不利益取扱いは行ってはならないものであること

⑤ 同意の撤回ができること及び同意の撤回に対する不利益取扱いは行ってはならないものであること

| 第3章 | 特定高度専門業務・成果型労働制（高度プロフェッショナル制度） | 129 |

なお、高プロ指針においては、使用者が対象労働者の同意を得るに当たっての時期、方法等の手続を、労使委員会決議の内容に含めることが適当であるとされています（高プロ指針第2・1）。

また、「あらかじめ」とは、対象労働者が制度の適用について同意するかどうか判断するのに十分な時間的余裕を確保することをいいます（平30・12・28基発1228第15）。

7　対象業務への就業

同意を得た労働者を、労使委員会の決議で定めた対象業務に就かせたときに、高プロ制度が適用されます（改正労基41の2①柱書）。

8　健康確保措置の実施状況の報告

使用者は、前記4「(3)高プロ制度の健康確保措置」の「イ　一定日数以上の休日確保措置」、「ウ　選択的健康確保措置」及び「エ　健康管理時間の状況に応じた健康・福祉確保措置」の実施状況を、管轄の労働基準監督署長に報告することが必要です（改正労基41の2②）。報告内容は、具体的には、健康管理時間の状況、休日確保措置の実施状況、選択的健康確保措置として講じた措置の実施状況及び健康・福祉確保措置として講じた措置の実施状況とされています（改正労基則34の2の2②）。

この報告は、決議が行われた日から起算して6か月以内ごとに、所定の様式により行わなければなりません（改正労基則34の2の2①）。

9　労働安全衛生法に基づく医師の面接指導

高プロ制度適用の効力とは直接関係しませんが、労働安全衛生法上の医師による面接指導については、高プロ制度が適用される労働者に対して、その他の労働者と異なる取扱いがなされます。

すなわち、事業者は、高プロ制度が適用されている労働者について、1週間当たりの健康管理時間が40時間を超えた場合におけるその超えた時間が、1か月100時間を超えた場合には、本人の申出によらず、医師による面接指導を行わなければなりません（改正労安衛66の8の4①、改正労安衛則52の7の4①）。この面接指導を行わなかった場合、改正労働安全衛生法66条の8の4第1項の違反であり、50万円以下の罰金を科される可能性があります（改正労安衛120）。

また、事業者は、当該面接指導の結果を記録すること、及び当該面接指導の結果に基づき、当該労働者の健康を保持するために必要な措置について医師の意見を聴くことが必要です（改正労安衛66の8の4②・66の8③④）。

さらに、事業者は、医師の意見を勘案し、その必要があると認めるときは、当該労働者の実情を考慮して、職務内容の変更、有給休暇（労働基準法39条の年次有給休暇を除きます。）の付与、健康管理時間が短縮されるための配慮等の措置を講じるほか、当該医師の意見の衛生委員会若しくは安全衛生委員会又は労働時間等設定改善委員会への報告その他の適切な措置を講じなければなりません（改正労安衛66の8の4②・66の8⑤）。

なお、事業者は、上記の労働者以外の労働者から申出があった場合には、医師による面接指導を行うよう努めなければなりません（改正労安衛66の9、改正労安衛則52の8①）。

10 高プロ制度適用の効果

高プロ制度が適用されると、労働基準法第4章で定める「労働時間、休憩、休日及び深夜の割増賃金に関する規定」が適用されないこととなります（改正労基41の2①柱書）。

| 第3章 | 特定高度専門業務・成果型労働制（高度プロフェッショナル制度） | 131 |

　具体的には、以下の労働基準法の規定が適用されないこととなります。

規　定	適用除外による効果
①　32条（労働時間）	・1日8時間、1週40時間という労働時間の上限がなくなります。
②　34条（休憩）	・労働時間に応じた休憩の付与義務がなくなります。 ・したがって、一斉付与の対象にもなりません。
③　35条（休日）	・毎週1日以上の休日の付与義務がありません。 ※もっとも、高プロ制度を適用するためには、4週間を通じ4日以上の休日を与えることが必要ですので、実態としては、労働基準法35条2項に沿った休日付与義務を果たすことになるといえます。
④　36条（時間外及び休日の労働）	・36協定の締結及び届出を行う必要がなくなります。 ・また、時間外・休日労働時間の上限（改正労基36⑥）もなくなります。 ※なお、休日労働に関しては、"36協定を締結しなくとも「休日」に労務を提供させることができる"ということではありません。前述のとおり、「4週間を通じ4日以上の休日」を確保することが必要ですので、その休日に労務を提供させることで、休日確保措置を実施しなかった場合には、高プロ制度の適用がなくなることとなります。
⑤　37条（時間外、休日及び深夜の割増賃金）	・割増賃金を支払う必要がなくなります。 ※いわゆる管理監督者（労基41二）に対しては、深夜の割増賃金を支払う必要がありますが、高プロ制度の対象者に対しては、これも不要ということになります。

なお、年次有給休暇に関する規定（労基39）は適用除外となっていません。したがって、高プロ制度の対象者であっても、年次有給休暇の取得は可能ですし、また、5日の年次有給休暇を確実に与えなければならないこと（改正労基39⑦）についても、通常の労働者と同様です。

実務ステップ

①	高度の専門的知識等を必要とし、時間と成果との関連性が高くない業務（対象業務）に従事している従業員の有無を確認する。
②	上記①の従業員の年収が1,075万円以上であるかを確認する。
③	上記①及び②の確認を経て、対象となる従業員について、高度プロフェッショナル制度の適用をすることが適当であるかを検討し、同制度を適用する場合には、下記④以降に進む。
④	労使委員会を設置する。
⑤	要件を満たした労使委員会決議を行い、労働基準監督署長に届け出る。
⑥	対象者本人の同意を書面で得る。
⑦	就業規則を変更する。
⑧	就業規則を管轄の労働基準監督署長へ届け出る。
⑨	同制度の適用開始後、健康確保措置の実施状況を労働基準監督署長に定期報告する。

第3章　特定高度専門業務・成果型労働制（高度プロフェッショナル制度）　133

$$\boxed{\text{規程の整備}}$$

1　整備が必要な規程等

高プロ制度を導入する場合、労使委員会の決議及び対象労働者の同意が必要ですが、他の従業員と異なる労働条件が適用されることに鑑み、就業規則の改定等も必要となります。

また、導入後は、健康確保措置の実施状況を労働基準監督署長へ届け出ることも必要です。

2　労使委員会の運営規程

高プロ制度に関する決議は、労使委員会で行わなければならないところ、労使委員会においては、運営規程を置くことが必要です。この運営規程には、会社が開示すべき情報の範囲、開示に関する手続、開示が行われる労使委員会の開催時期等を定めることが適当とされています。

<u>規程例等</u>

○労使委員会運営規程例

労使委員会運営規程

第1条　当委員会は、○○株式会社○○事業場労使委員会と称する。

第2条　当委員会は、○○株式会社○○事業場に設置するものとする。

第3条　当委員会で調査審議する事項は以下のとおりである。

① 高度プロフェッショナル制度に関すること

② フレックスタイム制に関すること

③ ○○に関すること

2　前項の調査審議する事項を変更する場合は、当委員会に属する委員で協議の上、変更するものとする。

3　当委員会による調査審議は、労働組合の有する団体交渉権を制約するものではない。

4　第1項第2号及び第3号に掲げる事項については、当委員会が労使協定に代えて決議を行うこととする。

5　当委員会が労使協定に代えて決議を行う範囲を変更する場合は、当委員会と労働組合協議の上、変更するものとする。

第4条　当委員会の委員は、次の10名の者により構成するものとする。

① 使用者が指名する者　5名

② ○○株式会社労働組合が指名する者（この者の任期は1年間とし、管理監督者以外の者から指名する）　5名

2　使用者が指名した委員が欠けた場合には、使用者は速やかに委員を補充しなければならない。

3　労働組合が指名した委員が欠けた場合には、労働組合は速やかに委員を補充すべく所定の手続を実施しなければならない。

4　前項に基づき選任された委員は、欠けた委員の残りの任期を引き継ぐこととなる。

第5条　当委員会の開催は、次のとおりとする。

① 毎年3月、6月、9月、12月

② 当委員会の委員の半数以上の要請があったとき

| 第3章 | 特定高度専門業務・成果型労働制（高度プロフェッショナル制度） | 135 |

第6条　当委員会は、委員の8名以上、かつ、労働組合が指名した者の4名以上の出席がなければ成立せず、決議を行うことができない。

第7条　当委員会の議事の進行に当たり議長を置くものとし、次の者とする。

① 3月、6月では、使用者が指名した者

② 9月、12月では、労働組合の指名を受けた者の代表者

③ 第5条第2号の場合には、出席した委員に互選された者

第8条　当委員会の議事は、第3条第1項第1号及び第2号に係る決議については出席した委員の5分の4以上の多数による決議で決定する。ただし、第3条第1項第3号に関する事項については、出席委員の過半数の賛否で決定し、可否同数の時は議長が裁定する。

第9条　前条の決議は、書面により行い、出席委員全員の記名・押印を行うものとする。

第10条　当委員会の議事録については、人事部担当者が議事録を作成し、当委員会に出席した委員2名（うち労働組合の指名を受けた1名）が署名するものとする。

2　前項の議事録は、人事部にて、当委員会開催後（決議の有効期間満了後）3年間保存するものとする。また、議事録の作成の都度、速やかに、その内容を社内システムの「掲示板」に掲示することにより、従業員に周知するものとする。

第11条　会社は、当委員会が、高度プロフェッショナル制度の適用に関する決議のため、調査審議を行うに当たっては、以下の各号の情報を開示するものとする。

① 対象労働者に適用される評価制度及びこれに対応する賃金

制度の内容

② 高プロ制度が適用されることとなった場合における対象業務の具体的内容

2 会社は、高度プロフェッショナル制度の適用期間中、当委員会において、以下の各号の情報を開示するものとする。

① 健康管理時間の状況

② 休日確保措置の実施状況

③ 選択的健康確保措置の実施状況

④ 健康管理時間の状況に応じた健康・福祉確保措置の実施状況

⑤ 苦情処理措置の実施状況

⑥ 当委員会の開催状況

⑦ 3月及び9月に開催する当委員会においては、管轄の労働基準監督署長への報告内容

3 会社は、前項第1号及び第2号について、対象労働者全体の平均値のほか、その分布表を作成するなどして、対象労働者の個別の状況を明らかにしなければならない。

4 会社は、第2項第5号について、苦情の内容、その処理の状況を開示するに当たっては、対象労働者のプライバシーの保護に配慮しなければならない。

第12条 会社は、従業員が当委員会の委員であること、当委員会の委員になろうとしたこと、当委員会の委員として正当な行為をしたことを理由として不利益な取扱いをしてはならない。

＜作成上の留意点＞

もともと労使委員会を設置しており、運営規程も定めていた場合には、高プロ制度の決議を行うことに関連した規定が必要になります。

第3章 特定高度専門業務・成果型労働制（高度プロフェッショナル制度） 137

3 労使委員会における決議

(1) 労使委員会決議

高プロ制度を導入するに当たっては、法定の要件を満たした労使委員会決議が必要です。

規程例等

○高度プロフェッショナル制度の実施に関する労使委員会決議例

高度プロフェッショナル制度の実施に関する労使委員会決議

当委員会は、高度プロフェッショナル制度（労働基準法第41条の2。以下「高プロ制度」という。）の実施に関し、以下のとおり決議する。

（対象業務）

第1条 高プロ制度の対象となる業務は、以下のとおりとする。

① コンサルティング業務。なお、コンサルティング業務とは、「顧客の事業の運営に関する重要な事項についての調査又は分析及びこれに基づく当該事項に関する考案又は助言の業務」（労働基準法施行規則第34条の2第3項第4号）を指し、具体的には、企業の事業運営についての調査又は分析を行い、企業に対して事業・業務の再編、人事等社内制度の改革など経営戦略に直結する業務改革案等を提案し、その実現に向けてアドバイスや支援をしていく業務をいう。

（対象社員）

第2条 高プロ制度を適用する社員（以下「高プロ社員」という。）

は、以下の要件をすべて満たす社員とする。

① 前条で定める業務に常態として従事する者

② 本人が署名した書面の交付を会社が受ける方法で合意することにより、職務が明確に定められている者

③ 会社が支払うと見込む年間の賃金が1,075万円以上である者

④ 職級が○級以上で、管理監督者ではない者

⑤ 所定の方法により、高プロ制度の適用に同意する者

2 会社は、前項第5号の同意について、原則として高プロ制度の適用の○日前までに、本人から、直属の上長に対する所定の様式を用いた書面による同意を得るものとする。

（健康管理時間を把握する措置）

第3条 会社は、高プロ社員の健康管理を行うため、以下の各号で定める時間の合計時間（以下「健康管理時間」という。）を、各号で定める方法により把握する。

① 高プロ社員が事業場内にいた時間（休憩時間その他高プロ社員が労働していない時間を除く。）：高プロ社員が利用するパソコンのログイン・ログオフ時刻

② 高プロ社員が事業場外において労働した時間：所定のシステム上での自己申告

2 前項に基づき健康管理時間を把握するに当たっては、高プロ社員ごとに、日々の健康管理時間の始期及び終期並びにそれに基づく健康管理時間数を記録し、またこれに基づき、1か月当たりの健康管理時間数の合計を把握するものとする。

（休日確保措置）

第4条 会社は、高プロ社員に対し、年間104日以上、かつ、4週間を通じ4日以上の休日を与える。

| 第3章 | 特定高度専門業務・成果型労働制（高度プロフェッショナル制度） | 139 |

2　休日を特定するに当たっては、各高プロ社員は、○○月○○日までに、あらかじめ、会社の年間スケジュールを参考にしつつ、翌年の休日の取得予定を決定し、会社の指定する様式にしたがって、直属の上長にこれを通知するものとする。

3　前項に基づき予定した日に、休日を取得できない場合は、事前に直属の上長に通知し、協議の上、別日に取得する等、第1項に反しないよう適切に対応するものとする。

4　高プロ社員は、会社の指定する様式に従って、休日の取得の状況を報告するものとする。

（健康確保措置）

第5条　会社は、労働基準法第41条の2第1項第5号ハに基づき、高プロ社員に対して、年間1回以上、継続した2週間の休日を与える。なお、高プロ社員から別途請求があった場合には、年間2回以上、継続した1週間の休日を与える。

2　前項の休日の具体的時期については、会社と高プロ社員協議の上、決定する。

（健康管理時間の状況に応じた健康・福祉確保措置等）

第6条　会社は、労働基準法第41条の2第1項第6号に基づき、高プロ社員に対し、その健康管理時間の状況に応じて、随時、有給休暇を付与する。なお、当該有給休暇は、就業規則○条に基づき、当該高プロ社員があらかじめ取得している年次有給休暇日数には含まれないものとする。

（同意の撤回）

第7条　高プロ社員が、高プロ制度の適用への同意を撤回する場合は、所定の様式を用いて、人事部部長に対して、書面にて申し出る方法により行う。

140　第3章　特定高度専門業務・成果型労働制（高度プロフェッショナル制度）

（苦情処理措置）

第8条　高プロ社員は、高プロ制度の適用、その他高プロ社員に対する評価制度や賃金制度等に関し、苦情や改善要求その他の相談がある場合には、以下の窓口に申し出ることができる。

電話番号　○○（○○○○）○○○○

Eメールアドレス　○○○○○

総務部　高度プロフェッショナル制度相談窓口

2　前項の窓口に相談があった場合、担当者は、相談者本人や関係者のヒアリング等、事実関係等の調査を行い、対処方法を決定する。

（不利益取扱いの禁止）

第9条　会社は、高プロ制度の適用への同意をしなかった社員に対し、当該同意をしなかったことを理由として、解雇、その他配置及び処遇等に関する不利益取扱いを行わないものとする。

2　会社は、第7条に従い、高プロ制度の適用への同意を撤回した社員に対し、当該撤回を理由としたことを理由として、配置及び処遇等に関する不利益取扱いを行わないものとする。

（健康管理時間の開示）

第10条　会社は、所定の様式に従って、高プロ社員から求めがあった場合には、当該高プロ社員の健康管理時間を開示するものとする。

（当委員会の開催時期等）

第11条　当委員会は、原則として、毎年○○月及び○○月に開催する。

2　予見し得なかった事情の変化に対応すべく、本決議の変更等のために、当委員会の委員の半数以上から当委員会の開催の申

第3章　特定高度専門業務・成果型労働制（高度プロフェッショナル制度）

出があった場合には、第13条が定める本決議の有効期間の中途であっても、当該変更等のための調査審議を行うものとする。

3　会社が、高プロ社員に適用される評価制度及びこれに対応する賃金制度を変更しようとする場合は、当委員会に対し、事前に変更内容の説明をするものとする。

（記録の保存）

第12条　会社は、高プロ社員の同意及びその撤回、合意した職務の内容、支払われると見込まれる賃金の額、健康管理時間の状況、休日確保措置、選択的措置として講じた健康確保措置、健康管理時間の状況に応じた健康・福祉確保措置並びに苦情処理措置に関する社員ごとの記録を、本決議の有効期間中及びその満了後3年間保存するものとする。

（有効期間）

第13条　本決議の有効期間は〇〇年〇〇月〇〇日から〇〇年〇〇月〇〇日までの1年間とし、再度決議しない限り更新されないものとする。

令和〇〇年〇〇月〇〇日

　　　　　　　　　　　　　〇〇株式会社〇〇事業場労使委員会

　　　　　　　　　　　委員　〇〇〇〇　印　　〇〇〇〇　印

　　　　　　　　　　　　　　〇〇〇〇　印　　〇〇〇〇　印

　　　　　　　　　　　　　　〇〇〇〇　印　　〇〇〇〇　印

　　　　　　　　　　　　　　〇〇〇〇　印　　〇〇〇〇　印

　　　　　　　　　　　　　　〇〇〇〇　印　　〇〇〇〇　印

＜作成上の留意点＞

① 常時50人未満の労働者を使用する事業場である場合には、「労働者の健康管理等を行うのに必要な知識を有する医師を選任すること」及び当該「医師の専任の記録」も会社が負う保存義務の対象であることも、決議で定める必要があります（改正労基41の2①十、改正労基則34の2⑮三・四）。

② 高プロ指針においては、使用者が対象労働者の同意を得るに当たっての時期、方法等の手続を、労使委員会決議の内容に含めることが適当であるとされています（高プロ指針第2・1）。上記決議例ではシンプルに記載していますが、より詳細に、同意書面の記載事項にも触れたり、同意を得る前の書面での説明についても触れたりすることも考えられるでしょう。

③ なお、上記決議例のほか、以下のような内容が高プロ指針で定められていることに鑑み、必須ではありませんが、下線部で示す内容を決議に盛り込むことも考えられます。

・改正労働基準法第41条の2第1項第3号の「事業場内にいた時間」から同号の「厚生労働省令で定める労働時間以外の時間」を除くことを決議する場合には、除くこととする時間の内容や性質を具体的に明らかにするとともに、当該除くこととする時間を把握する方法が、タイムカードによる記録、パーソナルコンピュータ等の電子計算機の使用時間の記録等の客観的な方法であること（高プロ指針第3・3(1)ハ）

・使用者が対象労働者の健康管理時間の状況と併せてその健康状態を把握することを決議に含めることが望ましい（高プロ指針第3・3(2)ハ）。

・対象事業場に複数の対象業務が存在する場合、当該対象業務の性質等に応じて、対象業務ごとに選択的健康確保措置を決議することが望ましい（高プロ指針第3・5(2)ロ）。

・把握した対象労働者の健康管理時間及びその健康状態に応じて、対象労働者への高プロ制度の適用について必要な見直しを行うことを決議に含めることが望ましい。例えば、健康管理時間が一定時間を超えた労働者については高プロ制度を適用しないこととすることなどが考えられる（高プロ指針第3・6(2)）。

・同意を撤回した場合の撤回後の配置及び処遇又はその決定方法について、あらかじめ決議で定めておくことが望ましい。当該撤回後の配置及び処遇又はその決定方法については、使用者が意図的に制度の要件

第3章 特定高度専門業務・成果型労働制（高度プロフェッショナル制度） 143

を満たさなかった場合等同意の撤回に当たらない場合には適用されないよう定めることが適当である（高プロ指針第3・7(2)）。

(2) 労使委員会決議の届出

　労使委員会決議は、所定の様式により、管轄の労働基準監督署長に届け出る必要があります。この届出を行わなければ、高プロ制度の利用はできません。

144　第3章　特定高度専門業務・成果型労働制（高度プロフェッショナル制度）

○高度プロフェッショナル制度に関する決議届の記載例

様式第14号の2（第34条の2第1項関係）

高度プロフェッショナル制度に関する

> 決議した対象業務を具体的に記載してください。

> 決議した対象労働者の範囲を具体的に記載してください。

事業の種類	事業の名称	事業
医薬品製造業	○○製薬株式会社	（〒○○○－○○○○） 東京都千代田区○ （電話番号：
業務の種類及びその分類	労働者の範囲	
ワクチン開発部門における新薬の研究開発の業務（⑤）	ワクチン開発部門における研究開発職（職位：プロジェクトリーダー以上）で個別の職務記述書による合意に基づき職務が明確に定められた者であって、支払われると見込まれる賃金の額が1,100万円以上の者	

労働者の健康管理時間の把握方法	事業場内にいた時間（決議において除くこととした労働時間以外の時間）
	事業場外において労働した時間（自己申告によることとした場合のやむを得ない理

1年間を通じ104日以上、かつ、4週間を通じ4日以上の休日を当該決議及び就業規則その他これに準ずるもの	
選択的措置の種類及びその具体的内容	①　（勤務間インターバ
労働者の健康及び福祉を確保するための措置の種類及びその具体的内容	③　（1週間当たりの健康
同意の撤回に関する手続	申出先：総務部総務課○
労働者からの苦情の処理について講ずる措置	別添決議第○条による

労働者の同意を得なければならないこと及び同意をしなかった労働者（同意を撤回した労働者を含む。）に

委員会の開催頻度及び開催時期	毎年3月及び9月の第一水曜日	労働者の健康管理等を行

同意及びその撤回、合意に基づき定められた職務の内容、支払われると見込まれる賃金の額、健康管理時間保するための措置の実施状況並びに労働者からの苦情の処理について講ずる措置の実施状況に関する労働者録を決議の有効期間中及び当該有効期間の満了後3年間保存することについての決議の有無

決議の成立年月日　○○○○年○月○日

委員会の委員数	運営規程	規程の有無	委員会の同意の有無	開催に関する事項）・議長
10人		⑰・無	⑰・無	
		任期を定めて指名された委員		

> 労使を代表する委員それぞれ1名計2名で構成される労使委員会は認められません。

氏名	任期
○○　○○	1年
○○　○	同上
○○　○	同上
○○　○	同上
○○　○	同上

決議は、上記委員の5分の4以上の多数により行われたものである。　　　　　　　　　職名
委員会の委員の半数について任期を定めて指名した労働組合の名称又は労働者の過半数を代表する者の　氏名
委員会の委員の半数について任期を定めて指名した者（労働者の過半数を代表する者の場合）の選出方法　（

○○○○　年○月○日

○○　労働基準監督署長殿

> 労働者の過半数で組織する労働組合がない場合には、労ぶことを明確にした上で投票・挙手等の方法で労働者のを記載してください。使用者による指名や、使用者の意向

第3章 特定高度専門業務・成果型労働制（高度プロフェッショナル制度）

労働契約により支払われることが確実に見込まれる賃金の額を記載してください。賃金制度等により想定される対象労働者の最低水準の額を記載してください。

決議の有効期間は1年とすることが望ましいです。

決議届

| 基幹番号 | 枝番号 | | | | |

の所在地（電話番号）		常時使用する労働者数	決議の有効期間		
○−○○−○○ ○○ − ○○○○ − ○○○○		500人	2019年4月1日〜2020年3月31日		
労働者数	支払われると見込まれる賃金の額	同意を得る方法	再決議しない限り更新されない旨の決議の有無	有・無	
10人	1,100万円	同意の対象期間の前日までに対象労働者が○○同意書に署名する方法による	同意を得るに当たっては、①法第4章の規定が適用されない旨、②同意の対象となる期間及び③支払われると見込まれる賃金の額を明示すること。		

対象となり得る労働者数を記載してください。

☑（チェックボックスに要チェック）

チェックボックスは、個々の労働者から同意を得るに当たって必ず明示が必要な事項について確認する趣旨であるため、必ずチェックを入れてください。

会社が貸与するパソコン内の勤怠管理システムへのログイン・ログアウトの記録（休憩時間）
出） 同上（顧客先での業務に直行直帰し、勤怠管理システムへのログイン・ログアウトができない場合）
で定めるところにより使用者が与えることについての決議の有無 有・無
ル11時間以上、1か月当たりの深夜労働は4回以内）
管理時間が40時間を超えた時間が1か月当たり45時間を超えた労働者に翌月1日の特別休暇を付与）
○担当（○○係） 申出方法：書面又は電子メール

決議届の記載を省略する場合は労使委員会の決議を添付してください。

対して解雇その他不利益な取扱いをしてはならないことについての決議の有無 有・無
うのに必要な知識を有する医師の選任（常時50人未満の労働者を使用する事業場に限る。） 有・無
の状況、休日を確保する措置の実施状況、選択的措置の実施状況、労働者の健康及び福祉を確ごとの記録並びに医師の選任（常時50人未満の労働者を使用する事業場に限る。）に関する記 有・無

常時50人未満の労働者を使用する事業場においては、必ず選任してください。

運営規程に含まれている事項

の選出に関する事項	決議の方法に関する事項	定足数に関する事項	委員会への情報開示に関する事項
		その他の委員	
		氏名	
		○○	
		○○○	
		○○○	
		○○	
		○○	

主任
○○ ○○

管理監督者は、労働者代表にはなれません。

投票による選挙 ）

使委員会の委員を指名する者を選
過半数代表者を選出し、選出方法
に基づく選出は認められません。

使用者 職名 代表取締役
氏名 ○○ ○○ 印

（出典：厚生労働省「高度プロフェッショナル制度 わかりやすい解説」）

4 職務内容に関する合意書面

会社と従業員の間において、合意に基づき、職務が明確に定められていることが必要です。この合意の方法については、①業務の内容、②責任の程度、③職務において求められる成果その他の職務を遂行するに当たって求められる水準を明らかにした書面に、従業員の署名を受け、当該書面の交付を受ける方法等とされています。

第3章 特定高度専門業務・成果型労働制（高度プロフェッショナル制度）

規程例等

○職務内容に関する合意書面例

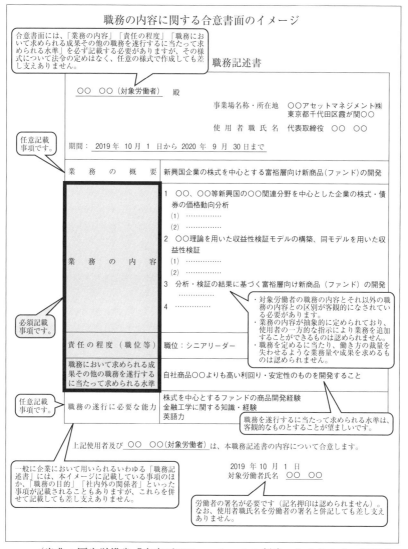

（出典：厚生労働省「高度プロフェッショナル制度　わかりやすい解説」）

148　第3章　特定高度専門業務・成果型労働制（高度プロフェッショナル制度）

5　対象労働者の同意書面

　高プロ制度を導入するに当たっては、法定事項を明らかにした書面に署名を受け、当該書面の交付を受ける方法等によって、従業員の同意を得る必要があります。

　なお、同意を得るに当たっては、その前に、あらかじめ、高度プロ制度の概要等の一定の事項を従業員本人に書面で明示することが必要です。この点、厚生労働省「高度プロフェッショナル制度　わかりやすい解説」においては、①まず、従業員本人に一定の事項を書面で明示し、②従業員が同意をするか否かの判断をするための十分な時間的余裕を確保した上で、③従業員本人に一定の事項を書面で明示し、当該書面に従業員の署名を受ける、というステップが示されています。②のステップについては、同意を得る前に「あらかじめ」一定の事項を書面で明示することとされていることの関係を踏まえると、事前の明示書面と従業員の同意書面とは分けた上で、前者と後者の交付時期に時間的余裕を持たせることが適当でしょう。

　それぞれの記載例は、以下のようなものが考えられます。

規程例等

○同意を得るに当たって事前に明示する書面例

2019年○月○日

○○　○○（対象労働者氏名）　殿

○○株式会社　○○　○○（使用者職氏名）

高度プロフェッショナル制度に関する説明書

　高度プロフェッショナル制度の適用を受けることに関する同意
（以下「本人同意」といいます。）をするか否かの判断に当たって

は、下記の事項を十分に理解した上で判断を行っていただきますようお願いします。

記

> （注）別添1として、厚生労働省作成のリーフレットを添付。

1　高度プロフェッショナル制度の概要は、別添1のリーフレットのとおりです。

2　高度プロフェッショナル制度に関し○○株式会社△△事業場労使委員会が決議で定めた内容は、別添2のとおりです。

> （注）別添2として、決議を添付。

3　本人同意をした場合には、次の評価制度及び賃金制度が適用されることになります。

(1)　評価制度
　　　…………………

(2)　賃金制度
　　　…………………

4　労働者は、本人同意をしなかった場合に、配置及び処遇並びに本人同意をしなかったことについて不利益取扱いを使用者から受けることはありません。

5　労働者は、本人同意をした場合であっても、その後これを撤回することができます。また、労働者は、本人同意を撤回した場合に、そのことについて不利益取扱いを使用者から受けることはありません。

以上

（出典：厚生労働省「高度プロフェッショナル制度　わかりやすい解説」）

150　第3章　特定高度専門業務・成果型労働制（高度プロフェッショナル制度）

○高プロ制度の適用に関する同意書面例

　　高度プロフェッショナル制度の適用を受けることに関する同意書

　　○○　○○（労働者氏名）は、下記の事項及び高度プロフェッショナル制度に関し使用者から書面で明示された事項を理解した上で、同制度の適用を受けることに同意します。

記

1　この同意をした上で、○○株式会社△△事業場労使委員会が決議で定めた○○業務に就いたときは、労働基準法第4章で定める労働時間、休憩、休日及び深夜の割増賃金に関する規定が適用されないこと。

2　同意の対象となる期間
　　2019年10月1日　から　2020年9月30日　まで

3　2の期間中に確実に支払われると見込まれる賃金の額
　　1,200万円

以上

2019年○月○日
○○　○○（使用者職氏名）　殿

　　　　　　　　　　○○部　○○　○○（労働者氏名）

　　　　　　　労働者の署名が必要です（記名押印は認められません）。

（出典：厚生労働省「高度プロフェッショナル制度　わかりやすい解説」）

第3章　特定高度専門業務・成果型労働制（高度プロフェッショナル制度）

○高プロ制度の適用に関する同意の撤回書面例

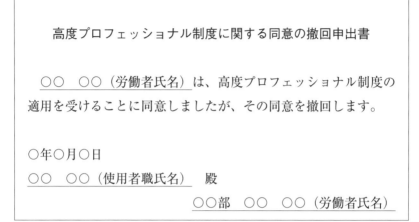

（出典：厚生労働省「高度プロフェッショナル制度　わかりやすい解説」）

○事前の明示書面と同意書面を一体化する場合の書面例

高度プロフェッショナル制度の適用に関する同意書

　私は、高度プロフェッショナル制度（労働基準法第41条の2）の適用に関して、書面で明示された下記の各事項をすべて了解した上で、同制度が私に適用されることについて同意します。

記

☐　1　高度プロフェッショナル制度の概要が別紙1のとおりであること

☐　2　私に適用される労使委員会決議の内容が別紙2のとおりであること

☐　3　本書面で同意をした場合に、私に適用される評価制度及

びこれに対応する賃金制度が別紙3のとおりであること

☐　4　その他、私の労働条件は、別紙4の「高度プロフェッショ
　　　ナル社員規程」のとおりであること

☐　5　私が本書面で同意をしなかった場合における、私の配置
　　　及び処遇、並びに同意をしなかったことに対して会社が不
　　　利益取扱いを行ってはならないものであること

☐　6　本書面で同意をしたとしても当該同意の撤回ができるこ
　　　と、及び同意の撤回に対して会社が不利益取扱いを行って
　　　はならないものであること

☐　7　本書面において同意をした場合には、高度プロフェッシ
　　　ョナル制度が適用されること

☐　8　本書面による同意の有効期間が○年○月○日から○年○
　　　月○日であること

☐　9　前項の期間中において会社から支払われると見込まれる
　　　賃金の額が別紙5のとおりであること

以上

　以上、☑を付けたすべての項目について了解した上で、高度プ
ロフェッショナル制度が私に適用されることについて同意しま
す。

令和○○年○月○日

部署　○○部

氏名　○○　○○　㊞

（別紙略）

第3章　特定高度専門業務・成果型労働制（高度プロフェッショナル制度）　153

＜作成上の留意点＞

　書面を交付した後、従業員に十分な理解を得させてから、同意書面として署名を得るのであれば、同意を得るに当たって事前に明示する書面と、高プロ制度の適用に関する同意書面とを一つの書面にまとめることも、必ずしも不可能ではないと思われます。

　その場合の記載例は上記のとおりです。

6　就業規則

　高プロ制度の対象労働者は、通常の従業員とは異なる労働条件で勤務することになりますので、就業規則（の一部）も改定することが適当です（高プロ制度の導入要件ではありません。）。

　　規程例等

○高度プロフェッショナル制度の規定例（就業規則）

（高度プロフェッショナル制度）

第○条　会社は、労使委員会において決議する一定の業務に従事する一定の範囲の社員であって、別途同意をした社員については、高度プロフェッショナル制度（労働基準法41条の2。以下「高プロ制度」という。）を適用する。

①　金融商品の開発業務

②　金融商品のディーリング業務

2　高プロ制度が適用される社員の労働条件については、別途「高度プロフェッショナル社員規程」に定めるものとし、本就業規則の○条から○条は適用しない。

＜作成上の留意点＞

　前掲 改正の内容 「10　高プロ制度適用の効果」のとおり、高プロ制度の対象労働者には、労働基準法第4章の中の「労働時間、休憩、休日及び深夜の割増賃金に関する規定」が適用されません。

　また、前掲 改正の内容 「4　労使委員会における決議」の「(1)　対象業

154　第3章　特定高度専門業務・成果型労働制（高度プロフェッショナル制度）

務」の「イ　具体的指示の存在による対象業務からの除外」のとおり、業務に従事する時間に関して会社から具体的な指示がある場合には、高プロ制度の対象外になります。

　したがって、就業規則のうち、始業・終業時刻や休憩時刻を特定の時刻にすることを定める規定や、残業命令に関する規定など、「業務に従事する時間に関しての会社からの具体的な指示」に該当するような規定については、適用対象外とすべきです。休日についても、高プロ指針では、対象労働者が自ら休日を指定することが前提であるような記載になっている（注2）ことに鑑みると、休日を特定の曜日等にすることを定める規定は、適用対象外とすべきでしょう。

　また、割増賃金に関する定めなど、高プロ制度の対象労働者には適用しない待遇等に関する規定についても、適用対象外とすることが適当です。

(注2)　「決議に際し、対象労働者の休日の取得の手続の具体的内容を明らかにすることが必要である。」、「対象労働者が、あらかじめ年間の休日の取得予定を決定し、使用者に通知すること及び休日の取得の状況を使用者に明らかにすることが望ましい。」（高プロ指針第3・4(1)イ・第3・4(2)イ）等。

7　高プロ制度の対象者の労働条件に関する規程

　高プロ制度の対象者の労働条件については、特別の規程を設けることが一案です。

規程例等

○高度プロフェッショナル社員規程例

高度プロフェッショナル社員規程

（目的）

第1条　この高度プロフェッショナル社員規程（以下「本規程」という。）は、○○株式会社（以下「会社」という。）において、労使委員会において決議する一定の業務に従事する一定の範囲

の社員のうち、別途同意をした社員であって、高度プロフェッショナル制度（労働基準法第41条の2）の対象者である社員（以下「高プロ社員」という。）の就業に関する事項を定めるものである。

（業務）

第2条　高プロ社員が従事する業務は、以下のとおりとする。

① 金融商品の開発業務

② 金融商品のディーリング業務

（就業時間等）

第3条　高プロ社員の始業時刻、終業時刻、休憩時間については、各人において適切に判断するものとし、特に定めない。

（休日）

第4条　高プロ社員の休日の日数は、年間104日以上、かつ、4週間を通じ4日以上とする。

2　休日を特定するに当たっては、各高プロ社員は、○月○日までに、あらかじめ、会社の年間スケジュールを参考にしつつ、翌年の休日の取得予定を決定し、会社の指定する様式（略）に従って、直属の上長にこれを通知するものとする。

3　前項に基づき予定した日に、休日を取得できない場合は、事前に直属の上長に通知し、協議の上、別日に取得する等、第1項に反しないよう適切に対応するものとする。

4　高プロ社員は、会社の指定する様式に従って、休日の取得の状況を報告するものとする。

（健康確保措置）

第5条　会社は、別途把握する高プロ社員の健康管理時間について、1週間当たり40時間を超える時間が、1か月80時間を超えた場合、又は高プロ社員から申出があった場合には、該当する高

プロ社員に対して、所定の健康診断を実施する。

（業務上の指示）

第6条　会社は、高プロ社員が第2条の業務に従事する時間に関し、具体的な指示は行わない。

2　会社は、高プロ社員に対し、業務の目的、目標、期限等の基本的事項を指示することや、中途において経過の報告を受けつつ、必要に応じて、これらの基本的事項について変更の指示をすることがある。

（賃金）

第7条　高プロ社員の賃金については、別途定める。

（その他の就業条件）

第8条　本規程に定めのない事項については、本規程と矛盾しない範囲で、就業規則の定めが適用されるものとする。

＜作成上の留意点＞

　高プロ制度が適用される従業員の労働条件を定める、個別の規程の例を示しましたが、既存の就業規則の中に条項を新設するという方法もあり得ます。

　なお、上記の条項のほか、健康管理時間の把握のために、対象労働者にとってもらう行為（労働時間の自己申告等）や、健康管理時間の状況に応じた健康確保措置の内容、苦情処理措置等を定めることもあり得ます。

8　健康確保措置の実施状況の報告

　会社は、管轄の労働基準監督署長に対し、決議が行われた日から起算して6か月以内ごとに、所定の様式を用いて、健康確保措置の実施状況を報告しなければなりません（具体的には、健康管理時間の状況、休日確保措置の実施状況、選択的措置として講じた措置の実施状況及び健康・福祉確保措置として講じた措置の実施状況が含まれます。）。

第3章 特定高度専門業務・成果型労働制（高度プロフェッショナル制度）

規程例等

○高度プロフェッショナル制度に関する報告書の記載例

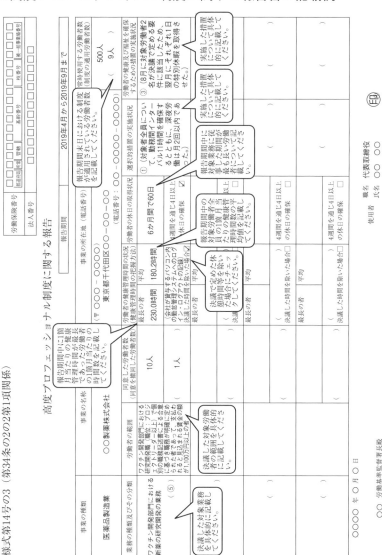

（出典：厚生労働省「高度プロフェッショナル制度　わかりやすい解説」）

第4章　年次有給休暇の付与義務

> ## ポイント
>
> ＜改正の内容＞
> ① 使用者は、10日以上の年次有給休暇が付与される労働者に対し、毎年、5日を取得させなければならない。
> ② 必要な日数の年次有給休暇を取得させなかった使用者には、罰則が科される。
> ③ 年次有給休暇管理簿を作らなければならない。
>
> ＜規程の整備＞
> ① 「年次有給休暇」は、休暇に関する事項として就業規則の絶対的必要記載事項なので、改正労働基準法39条7項の使用者による時季指定を行う場合は、時季指定の対象となる従業員の範囲及び時季指定の方法等について、就業規則に記載をする必要がある。
> ② 年次有給休暇の付与義務を確実に果たすための効果的な対策として、年次有給休暇の計画的付与制度を導入することが考えられる。

改正の内容

1　改正の目的

年次有給休暇の取得率が低迷していることを踏まえ、年5日以上の年次有給休暇の取得が確実に実行されることを目的として、年5日の年次有給休暇の時季指定義務が規定されました（改正労基39⑦）。

2 対象労働者

　年次有給休暇の時季指定義務の対象となるのは、労働基準法39条1項から3項までの規程により使用者が与えなければならない年次有給休暇の付与日数が10日以上である労働者です（改正労基39⑦）。

　この点、一般的な正規雇用労働者は、雇入れの日から6か月間継続して勤務し、全労働日の8割以上出勤している場合に、10日の年次有給休暇が付与され、以降は、継続勤務年数1年ごとに一定日数を加算した日数の年次有給休暇が付与されます（労基39①②）。すなわち、一般的な正規雇用労働者については、遅くとも、当該最初に法定の年次有給休暇が付与される日から、その全員が使用者の時季指定義務の対象となります。

　一方で、パートタイム労働者などの非正規雇用労働者であって、週所定労働時間が30時間未満かつ週所定労働時間が週4日以下又は年間216日以下であるため付与日数が比例的になる者（労基39③、労基則24の3）の場合は、年次有給休暇を付与されていても、その付与日数が年10日未満であることがあります。この場合は、使用者による時季指定義務の対象とはなりません。ただし、契約の更新等によって当該会社での勤続期間が一定以上となり、年次有給休暇の付与日数が10日以上となったときは、使用者による時季指定義務の対象労働者になります。具体的には、所定労働日数が週4日又は1年間において169日から216日であれば継続勤務年数3年6か月から、所定労働日数が週3日又は1年間において121日から168日であれば継続勤務年数5年6か月から、対象労働者となります。

週所定労働日数	1年間の所定労働日数	継続勤務年数						
		6か月	1年6か月	2年6か月	3年6か月	4年6か月	5年6か月	6年6か月以上
4日	169日〜216日	7日	8日	9日	10日	12日	13日	15日
3日	121日〜168日	5日	6日	6日	8日	9日	10日	11日
2日	73日〜120日	3日	4日	4日	5日	6日	6日	7日
1日	48日〜72日	1日	2日	2日	2日	3日	3日	3日

（※「付与日数」は2列目と3列目の間に縦書きで記載）

（出典：厚生労働省「年5日の年次有給休暇の確実な取得　わかりやすい解説」）

　なお、前年度の年次有給休暇の残日数と合算して、年次有給休暇の日数が10日以上となったとしても、年次有給休暇の時季指定義務の対象労働者には含まれません（平30・12・28基発1228第15）。

　また、法定の年次有給休暇の付与日数が10日に満たない労働者について、労働基準法を上回る措置として10日以上の年次有給休暇を付与している場合にも、年次有給休暇の時季指定義務の対象労働者には含まれません（厚生労働省「改正労働基準法に関するＱ＆Ａ」平成31年4月）。

3　年5日の時季指定義務

(1)　時季指定義務

　使用者は、労働者ごとに、年次有給休暇を付与した日（基準日）から1年以内に、5日について、取得時季を指定して年次有給休暇を取得させなければなりません（改正労基39⑦）。なお、この使用者が時季を指定できる年次有給休暇の日数については、5日を超える日数を指定することはできません（平30・12・28基発1228第15）。

第4章 年次有給休暇の付与義務

(例) 入社日：2019/4/1　休暇付与日：2019/10/1（10日付与）

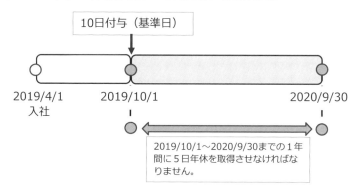

(出典：厚生労働省「年5日の年次有給休暇の確実な取得　わかりやすい解説」)

(2) 時季指定を要しない場合

既に年次有給休暇を請求・取得している労働者に対しては、その日数分について、使用者からの時季指定により取得させる必要はありません（なお、その場合、時季指定をすることもできません。）（改正労基39⑧）。

すなわち、①労働者が自ら年次有給休暇の請求・取得をした場合、②計画的年次有給休暇（以下「計画年休」といいます。）により年次有給休暇の指定が行われている場合、③使用者による時季指定が行われている場合のいずれかの方法で、合計5日以上の年次有給休暇を取得させればよいということです。

上記いずれかの方法で取得させた年次有給休暇の合計が5日となった時点で、使用者からの時季指定をする必要はなくなり、また、時季指定をすることもできなくなります。

(3) 実際に取得されることが必要であること

使用者は、ただ5日分の年次有給休暇の時季指定をするだけでは足りず、実際に取得させなければなりません（厚生労働省「改正労働基準法に関するＱ＆Ａ」平成31年4月）。

また、使用者が時季指定をしたにもかかわらず、労働者がこれに従わず、自らの判断で出勤し、使用者がその労働を受領した場合には、年次有給休暇を取得したことにならないため、労働基準法違反を問われることになります（厚生労働省「改正労働基準法に関するＱ＆Ａ」平成31年4月）。使用者としては、基本的に、時季指定をした以上は、しっかりと当該労働者に休んでもらわなければならないということです。

4　時季指定の方法等

(1)　労働者からの意見聴取

使用者が時季を指定して年次有給休暇を与える場合には、あらかじめ、当該年次有給休暇を与えることを労働者に明らかにした上で、その時季について当該労働者の意見を聴かなければなりません（改正労基則24の6①）。

なお、聴取した意見については、尊重するよう努めなければならないとされています（改正労基則24の6②）。逆に言えば、使用者は、例えば、年次有給休暇の取得を拒絶する労働者に対しても、最終的には、その意見にかかわらず時季を指定して年次有給休暇を与えることが可能です。

(2)　時季指定の具体的方法

使用者による具体的な時季指定の方法としては、例えば、年度当初に労働者の意見を聴いた上で年次有給休暇取得計画表を作成し、これに基づき年次有給休暇を付与すること等が考えられます（平30・9・7基発0907第1）。

(3)　時季指定の時期

使用者が時季指定を行う時期については、必ずしも基準日からの1年間の期首に限られず、当該期間の途中に行うことも可能とされています（平30・12・28基発1228第15）。

第4章　年次有給休暇の付与義務　　163

　また、既に指定した時季を、使用者が事後的に変更することについては、使用者が労働者の意見聴取を再度行い、その意見を尊重することによって変更することは可能です。

　他方、使用者が既に指定した時季について、労働者が変更することはできません。もっとも、使用者が指定した後に労働者から変更の希望があれば、使用者は再度意見を聴取し、その意見を尊重することが望ましいとされています（平30・12・28基発1228第15）。

　(4)　就業規則への記載

　休暇に関する事項は就業規則の絶対的必要記載事項であるため、使用者による時季指定を実施する場合は、時季指定の対象となる労働者の範囲及び時季指定の方法等について、就業規則に記載する必要があります（平30・12・28基発1228第15）。

5　半日単位・時間単位の年次有給休暇取得について

　年次有給休暇を取得する時季について労働者の意見を聴いた際に、当該労働者から半日単位での年次有給休暇の取得の希望があった場合には、使用者が改正労働基準法39条7項の年次有給休暇の時季指定を半日単位で行うことができます（0.5日分としてカウント）。また、労働者が自発的に半日単位での年次有給休暇を取得した場合には、同様に0.5日分を、時季指定義務の対象である5日から控除することができます（平30・9・7基発0907第1、平30・12・28基発1228第15）。

　他方、時間単位の年次有給休暇については、使用者による時季指定も認められませんし（平30・12・28基発1228第15）、労働者が自発的に時間単位の年次有給休暇を取得したとしても、その分は、時季指定義務の対象である5日から控除することはできません(注1)。

　(注1)　時間単位の年次有給休暇は、最大5日までしか認められないため（労基39④二）、これを時季指定義務の対象日数から控除できないとしても、5日について時季指定をすることは可能ということになります。

6 年次有給休暇管理簿の作成

今回の改正においては、各労働者の取得状況を確実に把握するため、使用者に対して、労働者が年次有給休暇を取得した時季、日数及び基準日（後述する第一基準日及び第二基準日を含みます。）を労働者ごとに明らかにした「年次有給休暇管理簿」を作成し、年次有給休暇を与えた期間中及び当該期間の満了後3年間保存することが義務付けられました（改正労基則24の7）。

なお、一日単位・半日単位・時間単位のいずれも記録する必要がありますが、他方で、時間単位年休は、一日単位・半日単位と異なり、時季指定義務の対象日数からは控除できません。したがって、管理簿においては、時季指定義務への算入対象であるかどうかを別途記録し、時季指定義務の履行状況を確認できるようにしておくことが有用でしょう。

また、もともと、年次有給休暇の管理方法としては、前年度からの繰越分も含めた残日数を労働者ごとに把握して記録する方法が一般的でした。労働基準法改正後の年次有給休暇の付与義務に対応するためには、残日数だけではなく、1年間ごとの取得日数を把握・管理するための措置を講じることも必要といえるでしょう。

7 罰 則

労働者に対し、必要な日数分の年次有給休暇を取得させなかった場合、改正労働基準法39条7項の違反であり、行為者（必要な年次有給休暇を取得させなかった者）及び使用者は、30万円以下の罰金を科される可能性があります（改正労基120・121）。なお、罪数は、個別の違反ごとに成立するため、例えば、同一の期間中であっても、必要な日数分の年次有給休暇を取得させなかった労働者が複数名いた場合、それぞれの違反ごとに30万円以下の罰金を科される可能性があることになり

第4章　年次有給休暇の付与義務　　165

ます。

　なお、時季指定とは別にそもそも年次有給休暇を与えないなどの場合は、労働基準法39条（7項を除きます。）の違反となり、行為者は6か月以下の懲役又は30万円以下の罰金が科される可能性があり、使用者は30万円以下の罰金が科される可能性があります（労基119・121）。

8　経過措置

　本改正の施行期日は平成31年4月1日ですが、経過措置が設けられており、この法律の施行の際4月1日以外の日が基準日（継続勤務した期間を労働基準法39条2項に規定する6か月経過日から1年ごとに区分した各期間（最後に1年未満の期間を生じたときは、当該期間をいいます。）の初日をいい、同条1項から3項までの規定による有給休暇を当該有給休暇に係る当該各期間の初日より前の日から与えることとした場合はその日）である労働者に係る有給休暇については、この法律の施行日後の最初の基準日の前日までの間は、改正労働基準法39条7項の規定にかかわらず、なお従前の例によるとされています（労基平30法71改正法附則4）。すなわち、平成31年4月1日以降に有給休暇が付与される日から1年間で考えればよいということになります。

　それゆえ、改正労働基準法の施行に伴い、使用者は年次有給休暇の基準日を改めて確認する必要があります。

9　年次有給休暇を全部又は一部前倒しで付与している場合における取扱いについて

≪前　提≫

　法定の基準日より前に、年次有給休暇を10日以上付与した場合について、どのように取り扱えばよいか、解説します（厚生労働省「年5日の年次有給休暇の確実な取得　わかりやすい解説」より）。

なお、法定の付与日数が10日以上の労働者であれば、法定の基準日より前倒して付与する場合であっても、付与日数の合計が10日に達した時点で、使用者の時季指定義務が発生します。

＜ケース1＞　法定の基準日（雇入れの日から6か月後）より前に10日以上の年次有給休暇を付与する場合

労働者に対して法定の基準日より前倒して10日以上の年次有給休暇を付与した場合には、使用者は、前倒して付与したその日から1年以内に5日の年次有給休暇を取得させなければなりません（改正労基則24の5①）。

図解　入社（2019/4/1）と同時に10日以上の年次有給休暇を付与した場合

通常の場合は入社から半年後の10/1から翌年9/30までの1年間に年次有給休暇を5日取得させることになりますが、例えば入社日（4/1）に前倒しで10日以上の年次有給休暇を付与した場合には、その日から1年以内に5日の年次有給休暇を取得させる必要があります。

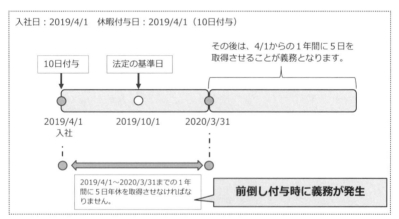

（出典：厚生労働省「年5日の年次有給休暇の確実な取得　わかりやすい解説」）

上記図の場合、まず2019年4月1日が基準日になり、以降、毎年4月1日が基準日になります（改正労基則24の5③）。すなわち、毎年4月1日から翌年3月31日までの間に、5日の年次有給休暇を取得させなければならないことになります。

第4章　年次有給休暇の付与義務

<ケース2>　入社した年と翌年で年次有給休暇の付与日が異なるため、5日の指定義務がかかる1年間の期間に重複が生じる場合（全社的に起算日を合わせるために入社2年目以降の社員への付与日を統一する場合など）

期間に重複が生じた場合には、重複が生じるそれぞれの期間を通じた期間（前の期間の始期から後の期間の終期までの期間）の長さに応じた日数（比例按分した日数）を当該期間に取得させることも認められます（他方、管理は煩雑になりますが、それぞれの期間ごとに、5日の時季指定をすることも可能です。）（改正労基則24の5②）。

図解　入社から半年後（2019/10/1）に10日以上の年次有給休暇を付与し、翌年度以降は全社的に起算日を統一するため、4/1に年次有給休暇を付与する場合

2019/10/1と2020/4/1を基準日としてそれぞれ1年以内に5日の年次有給休暇を取得させる必要がありますが、管理を簡便にするため2019/10/1（1年目の基準日）から2021/3/31（2年目の基準日から1年後）までの期間（18か月）に、7.5日（18÷12×5日）以上の年次有給休暇を取得させることも可能です。

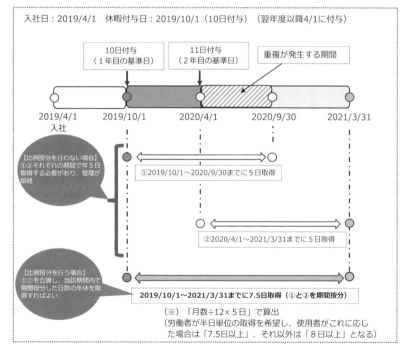

（出典：厚生労働省「年5日の年次有給休暇の確実な取得　わかりやすい解説」）

上記図において、比例按分を行う場合、①まず2019年10月1日が基準日（第一基準日）となり、その次には2020年4月1日が基準日（第二基準日）となります。②第一基準日からの1年間と、第二基準日からの1年間に重複があることを踏まえ（2020年4月1日〜同年9月30日）、第一基準日である2019年10月1日から、第二基準日からの1年間の満了日である2021年3月31日までを一つの期間とみなします。③この期間が18か月であるところ、期間中の時季指定義務の対象日数は、「月数÷12×5日」で算出するため、④使用者は、2019年10月1日から2021年3月31日までの間に、「7.5日以上」の年次有給休暇を取得させなければならないことになります。

なお、上記③の計算式上、端数が生じた場合（例えば、「6.25日」等）には、時間単位での付与は時季指定義務の対象に入らないことに鑑み、6.5日や7日分の時季指定が必要になります（平30・12・28基発1228第15）。

＜ケース3＞　10日のうち一部を法定の基準日より前倒しで付与した場合

10日のうち一部を法定の基準日より前倒しで付与した場合には、付与日数の合計が10日に達した日から1年以内に5日の年次有給休暇を取得させなければなりません。なお、付与日数の合計が10日に達した日以前に、一部前倒しで付与した年次有給休暇について労働者が既に取得していた場合には、その取得した日数分を5日から控除する必要があります（改正労基則24の5④）。

第4章 年次有給休暇の付与義務

169

図解　入社（2019/4/1）と同時に5日の年次有給休暇を付与し、2019/7/1に更に5日の年次有給休暇を付与した場合

付与された年次有給休暇が合計で10日に達した2019/7/1を基準日として、その日から1年以内に年次有給休暇を5日取得させることが必要となります。
ただし、入社時に一部前倒しで付与された年次有給休暇を基準日以前（2019/4/1～2019/6/30）に労働者が自ら請求・取得していた場合（計画年休も含む）には、その日数分を5日から控除する必要があります。

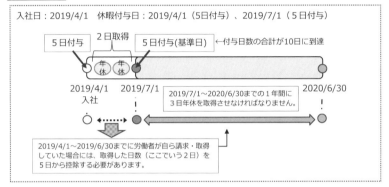

（補足）
なお、ケース3のように初年度において法定の年次有給休暇の付与日数の一部を法定の基準日より前倒しで付与した場合には、次年度以降の年次有給休暇の付与日についても、初年度と同じまたはそれ以上の期間、法定の基準日より繰り上げなければなりません。（上記の例では遅くとも2020/4/1までに付与しなければなりません。（🔴））このため、次年度以降は年休を5日取得させなければならない期間の重複が発生することになります。
この場合、ケース2にも該当することから、2019/7/1～2021/3/31までの間に9日（21÷12×5＝8.75）の年休を取得させることも認められます。

（出典：厚生労働省「年5日の年次有給休暇の確実な取得　わかりやすい解説」）

　上記図の場合、付与された年次有給休暇の日数が合計10日に達した2019年7月1日が基準日となります（ただし、以降の基準日については、後述のとおり、毎年7月1日とはなりません。）。なお、当初5日を付与された2019年4月1日から同年6月30日までの間に労働者が年次有給休暇を取得していた場合には、当該取得日数を、時季指定義務の対象である5日から控除する必要があります。

また、上記図の場合、「（補足）」記載のとおり、1年目の基準日は、10日に達した日となりますが、2年目以降の基準日は、初年度の付与日を法定の基準日から繰り上げた期間と同じ又はそれ以上の期間、法定の基準日より繰り上げる必要があります（年次有給休暇の斉一的取扱い）（平6・1・4基発1）。すなわち、上記図でいえば、2年目の基準日は、2020年4月1日以前にしなければならないということです。

　そうすると、第一基準日からの1年間と第二基準日からの1年間に重複が生じることになりますので、ケース2に従って算定することになります。

実務ステップ

①	就業規則に会社による時季指定の方法などを記載する。
②	就業規則を管轄の労働基準監督署長へ届け出る。
③	年間10日以上の年次有給休暇が発生する従業員を確認する。
④	年次有給休暇取得の時季に関する従業員の希望などについて意見聴取をする。
⑤	1年の途中で各従業員の年次有給休暇の取得日数を確認する。
⑥	年次有給休暇の取得が進んでいない従業員には会社が時季を指定して年次有給休暇の取得をさせる。
⑦	半日単位の年次有給休暇を認めるのかを確認する。
⑧	年次有給休暇の計画的付与を実施するか検討する。

第4章　年次有給休暇の付与義務　　171

$$\boxed{\text{規程の整備}}$$

1　年次有給休暇

　6か月間継続勤務し、全労働日の8割以上出勤した労働者に対して、10日の年次有給休暇が付与されています（労基39①）。就業規則には主に次の事項を記載します。

①　勤続期間に応じた年次有給休暇の付与日数
②　会社は年次有給休暇を10日以上付与されている従業員に対し、5日以上の年次有給休暇を従業員の意見を聴いた上で指定して与えること
③　従業員が請求した時季に年次有給休暇を取得させることが事業の正常な運営を妨げる場合は他の時季に取得させることがあること
④　年次有給休暇の申請方法
⑤　年次有給休暇の繰越しについて

$\boxed{\text{規程例等}}$

○年次有給休暇の規定例（就業規則）

（年次有給休暇）
第○条　会社は、従業員に対し、雇入れの日を起算日とし、6か月以上継続して勤務し、かつ、全労働日の8割以上出勤した従業員には、次のとおり年次有給休暇を付与する。

勤続期間	6か月	1年6か月	2年6か月	3年6か月	4年6か月	5年6か月	6年6か月以上
付与日数	10日	11日	12日	14日	16日	18日	20日

2　従業員は、年次有給休暇を申請する場合、休暇日の2日前までに、会社に対し、所定の様式により届け出なければならない。
3　第1項の年次有給休暇は、従業員があらかじめ請求する時季に取得させる。ただし、従業員が請求した時季に年次有給休暇を取得させることが事業の正常な運営を妨げる場合は、他の時

季に取得させることがある。

4　前項の規定にかかわらず、会社は、第1項に基づき10日以上の年次有給休暇日数が付与された従業員に対し、5日分の年次有給休暇を、時季についてあらかじめ当該従業員の意見を聴いた上で、基準日から1年以内に時季を指定して付与する。ただし、別途、従業員が第1項の年次有給休暇を取得した場合は、その取得した日数を会社が指定して付与する5日から差し引くものとする。

5　基準日から1年間の期間が終わる3か月前までに年次有給休暇の取得日数が5日未満の従業員については、再度、会社が年次有給休暇を指定する。

6　付与日から1年以内に取得しなかった年次有給休暇は、付与日から2年以内に限り繰り越して取得することができる。

整備前の条項

（年次有給休暇）

第〇条　会社は、従業員に対し、雇入れの日を起算日とし、6か月以上継続して勤務し、かつ、全労働日の8割以上出勤した従業員には、次のとおり年次有給休暇を与える。

勤続期間	6か月	1年6か月	2年6か月	3年6か月	4年6か月	5年6か月	6年6か月以上
付与日数	10日	11日	12日	14日	16日	18日	20日

2　従業員は、年次有給休暇を申請する場合、休暇日の2日前までに、会社に対し、所定の様式により届け出なければならない。

3　第1項の年次有給休暇は、従業員があらかじめ請求する時季に取得させる。ただし、従業員が請求した時季に年次有給休暇を取得させることが事業の正常な運営を妨げる場合は、他の時季に取得させることがある。

4　付与日から1年以内に取得しなかった年次有給休暇は、付与日から2年以内に限り繰り越して取得することができる。

※下線は変更部分

第4章　年次有給休暇の付与義務　　173

＜作成上の留意点＞

　加筆した第5項は、法的に必須ではありませんが、例えば、なかなか有給休暇を取得しない従業員や、時季指定をしたにもかかわらず、仕事の都合などでその日に結局労務を提供した（実際には有給休暇を取得しなかった）従業員等との関係でも、確実に時季指定義務を履行すべく、会社側の対応を定めた規定です。

2　年次有給休暇の計画的付与

　年次有給休暇の取得義務を確実に果たすために効果的な対策の一例としては、年次有給休暇の計画的付与制度を導入することが考えられます。

　年次有給休暇の計画的付与制度は、労使協定を締結することにより、各労働者に付与されている年次有給休暇のうちの5日を超える分について計画的に取得させることができる制度です（労基39⑥）。

　年次有給休暇の計画的付与の方法には、

①　会社若しくは事業場全体の休業による一斉付与方式

②　班・グループ別の交替制付与方式

③　年次有給休暇付与計画表による個人別付与方式（詳細は、後掲 規程例等 をご参照ください。）

などがあり、事業運営の実態に応じた方法を選択することが可能です。

アドバイス

〇計画的付与で定めた年次有給休暇の変更

　労使協定で計画的付与として指定した年次有給休暇について、その後の業務運営上の事情変更により、会社が同日に従業員を働かせる必要が生じる場合もあり得ます。

　計画年休における使用者の年休日の変更は、労働者の時季指定権に

対する時季変更権行使の問題とは別問題であり、使用者は時季変更権（労基39⑤ただし書）を行使する余地はありません。そこで、労使協定の中に会社が業務上の都合により指定日を変更することがある旨を定めておくことが有用です。

| 規程例等 |

○年次有給休暇の計画的付与の規定例（就業規則）

（年次有給休暇の計画的付与）

第○条　会社は、<u>労使協定により、各従業員の年次有給休暇のうち5日間について、計画的に取得させることがある。</u>

2　従業員は、保有する年次有給休暇のうち前項の労使協定で定めた部分については、協定の定めるところにより取得しなければならない。

> | 整備前の条項 |
>
> （年次有給休暇の計画的付与）
>
> 第○条　会社は、<u>労使協定により、各従業員の有する年次有給休暇日数のうち5日を超える部分について、あらかじめ時季を指定して計画的に付与するものとする。</u>
>
> 2　従業員は、保有する年次有給休暇のうち前項の労使協定で定めた部分については、協定の定めるところにより取得しなければならない。

※下線は変更部分

＜作成上の留意点＞

年次有給休暇の計画的付与について、夏季休暇や年末年始休暇を計画的年次有給休暇に切り替えることを検討する場合、割増賃金の基礎となる時間単価の低下や休日減の不利益変更が生じることがある点に留意する必要があります。

第4章　年次有給休暇の付与義務　175

○年次有給休暇の計画的付与に関する協定書例（個人別付与方式）

年次有給休暇の計画的付与に関する協定書

　　○○株式会社（以下「会社」という。）と従業員代表○○○○（以下「従業員代表」という。）は、年次有給休暇の計画的付与に関して次のとおり協定する。

（目的）

第1条　年間総労働時間短縮の一環として、年次有給休暇を個人別に計画的に取得することを推進するため、就業規則第○条の定めに従い、各従業員が保有する年次有給休暇のうち、5日間について計画的に付与することとする。

（対象従業員の範囲）

第2条　年次有給休暇の計画的付与を取得できる従業員は、就業規則に定める年次有給休暇を取得できる者とする。ただし、雇用期間を定めて採用された従業員は除くものとする。

（計画的付与期間）

第3条　計画的付与の期間は○○月○○日から○○月○○日までとする。

（計画付与日の決定手順）

第4条　次の手順で、各従業員に計画付与する休暇日を決定する。

　①　従業員は休暇日の1か月前までに、年次有給休暇付与計画希望表に計画的年次有給休暇の取得を希望する日を記載し、直属の管理職に提出する。

　②　直属の管理職は年次有給休暇付与計画希望表に基づき各従業員の休暇日を調整、決定し、所属長に報告するとともに、従業員に通知する。

　③　会社及び従業員は、計画的年次有給休暇日として確定して

いる場合であっても、やむを得ない事情により休暇の変更を希望するときは、○日前までにこれを申し出ることができる。会社及び従業員はこの場合、業務の正常な運営を妨げ又は従業員の予定を著しく妨げる事由のない限りこの変更の申出に応ずるものとする。

（対象除外）

第5条　休暇付与時点で従業員の保有する年次有給休暇日数が10日に満たない者は、年次有給休暇の計画的付与の対象から除外する。

（報告義務）

第6条　第3条に定める期間中に計画的年次有給休暇を取得することができなかった従業員がいた場合、所属長はその経緯とその後の対処について、総務部長宛に報告するものとする。

（有効期間）

第7条　この協定の有効期間は令和○○年○○月○○日から1年間とする。ただし、期間満了1か月までに、会社、従業員代表により異議の申出がなかった場合は、期間を1年間更新するものとし、その後も同様とする。

令和○○年○○月○○日

　　　　　　　　　　　○○株式会社

　　　　　　　　　　　代表取締役社長　　○○○○　　印

　　　　　　　　　　　従業員代表　　　　○○○○　　印

＜作成上の留意点＞

　年次有給休暇の計画的付与に関する協定書については労働基準監督署への届出義務はありません。

第4章　年次有給休暇の付与義務　　177

　なお、「年5日の年次有給休暇の確実な取得　わかりやすい解説」（厚生労働省）において、一斉付与方式、交替制付与方式、個人別付与方式の場合についてそれぞれ下記のように労使協定の例が示されています。

労使協定の例（一斉付与方式の場合）

　　　　年次有給休暇の計画的付与に関する労使協定（例）

　○○株式会社と○○労働組合とは、標記に関して次のとおり協定する。
1　当社の本社に勤務する社員が有する○○○○年度の年次有給休暇のうち5日分については、次の日に与えるものとする。
　　○月○日、△月△日……
2　社員のうち、その有する年次有給休暇の日数から5日を差し引いた日数が5日に満たないものについては、その不足する日数の限度で、前項に掲げる日に特別有給休暇を与える。
3　業務遂行上やむを得ない事由のため指定日に出勤を必要とするときは、会社は組合と協議の上、第1項に定める指定日を変更するものとする。

　○○○○年○月○日　　　　　○○株式会社　　総務部長　　○○○○
　　　　　　　　　　　　　　　○○労働組合　　執行委員長　○○○○

労使協定の例（交替制付与方式の場合）

　　　　年次有給休暇の計画的付与に関する労使協定（例）

　○○株式会社と従業員代表○○○○とは、標記に関して次のとおり協定する。
1　各課において、その所属の社員をA、Bの2グループに分けるものとする。その調整は各課長が行う。
2　各社員が有する○○○○年度の年次有給休暇のうち5日分については、各グループの区分に応じて、次表のとおり与えるものとする。

Aグループ	○月×日〜△日
Bグループ	○月□日〜×日

3 　社員のうち、その有する年次有給休暇の日数から5日を差し引いた日数が5日に満たないものについては、その不足する日数の限度で、前項に掲げる日に特別有給休暇を与える。

4 　業務遂行上やむを得ない事由のため指定日に出勤を必要とするときは、会社は従業員代表と協議の上、第2項に定める指定日を変更するものとする。

　　○○○○年○月○日　　　　　○○株式会社　　総務部長　○○○○
　　　　　　　　　　　　　　　　○○株式会社　従業員代表　○○○○

労使協定の例（個人別付与方式の場合）

　　　　　年次有給休暇の計画的付与に関する労使協定（例）

　○○株式会社と従業員代表○○○○とは、標記に関して次のとおり協定する。

1 　当社の従業員が有する○○○○年度の年次有給休暇（以下「年休」という。）のうち5日を超える部分については、6日を限度として計画的に付与するものとする。なお、その有する年休の日数から5日を差し引いた日数が6日に満たないものについては、その不足する日数の限度で特別有給休暇を与える。

2 　年休の計画的付与の期間及びその日数は、次のとおりとする。
　　　前期＝4月〜9月の間で3日間　後期＝10月〜翌年3月の間で3日間

3 　各個人別年休付与計画表は、各期の期間が始まる2週間前までに会社が作成し、従業員に周知する。

4 　各従業員は、年休付与計画の希望表を、所定の様式により、各期の計画付与が始まる1か月前までに、所属課長に提出しなければならない。

5 　各課長は、前項の希望表に基づき、各従業員の休暇日を調整し、決定する。

6 　業務遂行上やむを得ない事由のため指定日に出勤を必要とするときは、会社は従業員代表と協議の上、前項に基づき定められた指定日を変更するものとする。

　　○○○○年○月○日　　　　　○○株式会社　　総務部長　○○○○
　　　　　　　　　　　　　　　　○○株式会社　従業員代表　○○○○

3　年次有給休暇の時間単位付与

（1）　内　容

　年次有給休暇の時間単位付与に関しては、改正労働基準法39条7項の使用者による時季指定の付与義務では認められません（平30・12・28基発1228第15）。また、改正労働基準法39条8項の時季指定の前に労働者が自ら取得した日数を5日から引く日数にも含まれません。しかし、使用者による時季指定義務とは別に、年次有給休暇の利用促進を目的に新たに導入を検討する会社もあるため、規定例を掲載しておきます。

　そもそも年次有給休暇の時間単位付与とは、年次有給休暇の取得率が低い水準で推移しており、その取得の促進が課題となっているところ、仕事と生活の調和を図る観点から、年次有給休暇を有効に活用できることを目的として、時間単位による取得を一定の要件のもと認めるものです。具体的には、労使協定を締結することにより、年次有給休暇について5日の範囲内で時間を単位として与えることをできることとしたものです（労基39④）。

（2）　必要な手続

　年次有給休暇を時間単位で付与する場合には、事業場ごとに、過半数組合、過半数組合が存在しない場合は過半数代表者との間で、労使協定を締結する必要があります。そして、時間単位による年次有給休暇に関して労使協定で定めておくべき事項は次のとおりです（労基39④、労基則24の4）。

①　時間単位年休の対象労働者の範囲

②　時間単位年休の日数（5日以内の範囲で定めます。前年度からの繰越しがある場合であっても、当該繰越分を含めて5日以内となります。）

③　年次有給休暇1日分に相当する時間単位年休の時間数（1日分の年次有給休暇に対応する所定労働時間数を基に定めます。）

④　1時間以外の時間を単位とする場合はその時間数（ただし、1日の所定労働時間を上回ることはできません。）

規程例等

○年次有給休暇の時間単位付与の規定例（就業規則）

（年次有給休暇の時間単位での付与）

第○条　会社は、労使協定により、第○条の年次有給休暇の日数のうち、1年について5日の範囲内で、時間単位の年次有給休暇（以下「時間単位年休」という。）を付与する。

2　時間単位年休を取得できる従業員は、就業規則に定める年次有給休暇を取得できる者とする。ただし、雇用期間を定めて採用された従業員は除くものとする。

3　時間単位年休を取得する場合の1日の年次有給休暇に相当する時間数は、8時間とする。

4　時間単位年休は、1時間単位で付与する。

5　本条の時間単位年休に支払われる給与額は、通常の給与とする。

＜作成上の留意点＞

　年次有給休暇の時間単位付与についても、時季変更権を行使することができますが、時間単位の請求を日単位に変更することや、日単位の請求を時間単位に変更することはできません。また、計画的付与もできません（平21・5・29基発0529001）。

第4章　年次有給休暇の付与義務　　181

○年次有給休暇の時間単位付与に関する協定書例

年次有給休暇の時間単位付与に関する協定書

　○○株式会社と従業員代表○○○○（以下「従業員代表」という。）は年次有給休暇を時間単位で付与することに関し、次のとおり協定する。

（目　的）

第1条　この協定は、年次有給休暇を有する従業員について時間を単位として付与する年次有給休暇（以下「時間単位年休」という。）について定める。

（対象従業員の範囲）

第2条　時間単位年休を取得できる従業員は、就業規則に定める年次有給休暇を取得できる者とする。ただし、雇用期間を定めて採用された従業員は除くものとする。

（取得日数の上限）

第3条　年次有給休暇を時間単位で取得することができる日数は5日以内とする。

（1日分の年次有給休暇の時間数）

第4条　1日分の年次有給休暇に相当する時間数は8時間とする。

2　1日分の所定労働時間が8時間未満の者については、当該従業員の1日の所定労働時間をもって時間分割単位とし、1時間未満の半端な時間のあるときは、1時間単位に切り上げるものとする。

（取得単位）

第5条　年次有給休暇を時間単位で取得する場合は、1時間単位で取得するものとする。

（取得方法）

第6条　時間単位年休は、取得する2日前までに所定の年次有給休暇申請書をもって所属長を経由して申し出るものとする。ただし、やむを得ない正当な事由があると所属長が認めた場合には事後手続を認めるものとする。

（時季変更権の行使）

第7条　所属長は、従業員が時間単位年休の取得を申し出た場合においても事業の正常な運営を妨げる場合においてはこれを拒み、他の時季に変更することができる。

2　当日に研修等の計画がされている者、その他、当日の業務の都合上勤務が必要な者については、当日の請求はやむを得ない正当な事由があると所属長が承認しない限り時間単位年休は付与しない。

令和〇〇年〇〇月〇〇日

　　　　　　　　　　　　　〇〇株式会社

　　　　　　　　　　　　　代表取締役社長　　〇〇〇〇　　　印

　　　　　　　　　　　　　従業員代表　　　　〇〇〇〇　　　印

＜作成上の留意点＞

　年次有給休暇の時間単位付与に関する協定書については、労働基準監督署への届出の必要はありません。

4　年次有給休暇管理簿

　使用者は、年次有給休暇を取得した時季、日数及び基準日を労働者ごとに明らかにした書類（年次有給休暇管理簿）を作成し、当該年次有給休暇を与えた期間中及び当該期間の満了後3年間保存しなければなりません（労基則24の7）。

第4章　年次有給休暇の付与義務　　183

　年次有給休暇管理簿は、労働者名簿又は賃金台帳とあわせて作成することも可能です（労基則55の2）。

　なお、年次有給休暇管理簿の様式については、任意の様式でよいとされています（2018年7月18日　第144回労働政策審議会労働条件分科会議事録）。

| 規程例等 |

○年次有給休暇管理簿例
※最低限記載が必要な事項のみを網羅しています。

部署_____氏名_____

	基準日	2018 4/1	（第二基準日）　―			
年 次 有 給 休 暇 付 与 日数	取得日数	全日休	3			
		半日休	0			
		（時間休）	―			
前年度繰越 5日 今年度付与 11日	年次有給休暇を取得した 日付	2018 6/10	2018 7/3	2018 8/9		

第5章　兼業・副業

> ### ポイント
>
> ＜改正の内容＞
>
> ①　兼業・副業に直接関連する法改正がなされたわけではない。
>
> ②　ただし、政府において兼業・副業の普及促進に向けた政策がとられるなど、社会における意識が徐々に高まっており、会社としても、自社の労働者の兼業・副業に関する制度を整理しておくことが有用。
>
> ③　その際、兼業・副業に関する既存の法制度等を認識しておくことが必要。
>
> ＜規程の整備＞
>
> ①　就業規則で許可制（又は届出制）を設けておき、その中で、禁止事由も定めておくことが有用。
>
> ②　従業員からは誓約書を取得しておくことが有用。

改正の内容

1　はじめに・政府の動き

　兼業・副業に関しては、直近で法改正がなされたわけではありません。もっとも、安倍晋三内閣総理大臣を議長として開催されていた「働き方改革実現会議」において、平成29年3月に決定された「働き方改革実行計画」では、兼業・副業の普及促進がうたわれました。具体的には、「5. 柔軟な働き方がしやすい環境整備」の項目において、「原則副業・兼業を認める方向で、副業・兼業の普及促進を図る。」とされたと

ころです。

　また、これに前後して、経済産業省及び厚生労働省において検討会などが開催され、兼業・副業に関するメリット・デメリットの整理や、兼業・副業の普及促進に向けた制度的課題の整理などが行われた上、当該制度的課題の解消に向けた検討も行われています。特に、平成30年1月に厚生労働省が出した「副業・兼業の促進に関するガイドライン」（平30・1・31基発0131第2（別添1））では、「企業の対応」として、「原則、副業・兼業を認める方向とすることが適当である。副業・兼業を禁止、一律許可制にしている企業は、副業・兼業が自社での業務に支障をもたらすものかどうかを今一度精査したうえで、そのような事情がなければ、労働時間以外の時間については、労働者の希望に応じて、原則、副業・兼業を認める方向で検討することが求められる。」とまでされています。

　現状、労働者の兼業・副業の容認へ向けた企業側の意識はまだあまり高くありませんが(注1)、労働者側においては、兼業・副業の実施に積極的な者の割合は一定程度の高まりを見せています(注2)。また、上記のとおり、政府においても兼業・副業の普及促進へ向けた動きがとられていることもあり、企業においては、今後ますます、自社の労働者の兼業・副業について、考え方の整理をしておく必要が高まっていくと思われます。

　以下では、規程の整備に先立ち、まず兼業・副業の意義やメリットについて整理し、次に、関連する現行の法制度等について概観した上で、それらも踏まえてどのように規程を整備するとよいか解説します。

（注1）　独立行政法人労働政策研究・研修機構「多様な働き方の進展と人材マネジメントの在り方に関する調査（企業調査・労働者調査)」（平成30年9月）によると、「副業・兼業の許可する予定はない」と回答した企業の割合は、75.8％です。

（注2）　同調査によると、今後、5年先を見据えて副業・兼業の実施に積極的な労働者の割合は、37.0％と、4割弱を占めました。

2 兼業・副業の意義・メリット

　兼業・副業については、"スキマ時間でのお小遣い稼ぎ"という印象を持たれることが少なくありません。無論、そういった形での兼業・副業も否定されるべきものでは全くありませんが、企業にとっては、それを積極的に容認するメリットは乏しいですし、また個人にとっても、収入増加以上のメリットは大きくないでしょう。

　しかしながら、企業にとっては、人手不足でもあり、事業の方向性が見えない中で、また個人にとっては、一企業にキャリア人生の全てを依存し続けることが困難になっている中で、それぞれが相互に持続的に成長するための手段として、兼業・副業を捉え直す必要があります。

　この点、厚生労働省の「副業・兼業の促進に関するガイドライン」においては、兼業・副業のメリットについて一定の整理がされていますが、筆者個人の観点も踏まえて整理すると、抽象的には以下のようになると思われます。

個人にとって	スキルアップ、人脈の多様化、主体的キャリア形成、自己実現、リフレクション（自身の見つめ直し）、転職や起業に向けたソフトランディング、所得増加
企業にとって	イノベーション、社外の知見獲得、労働者の自律性・自主性の涵養、人材獲得、リテンション（離職防止）、事業機会の拡大

　これからの兼業・副業は、上記につながるようなものとして、そのイメージを捉え直しておく必要があるといえるでしょう。

3 兼業・副業に関する現行の法制度等

(1) 直接的な法規制の不存在

　労働者が兼業・副業を行うことを直接的に禁止・制限するような法規制は、基本的に存在しません。裁判例においても、「労働者は、勤務

第5章　兼業・副業　　187

時間以外の時間については、事業場の外で自由に利用することができるのであり、使用者は、労働者が他の会社で就労（兼業）するために当該時間を利用することを、原則として許さなければならない。」といった判断が示されており（京都地判平24・7・13労判1058・21。なお、東京地判昭49・11・7判時765・107でも、同様の判断が示されています。）、法律上は、兼業・副業は特段制限されていません。

　なお、例外的に、国家公務員や地方公務員は、法律において、兼業・副業に制限がかけられています（国家公務員法103・104、地方公務員法38）。

　(2)　労働時間の通算制

　労働基準法38条1項は、「労働時間は、事業場を異にする場合においても、労働時間に関する規定の適用については通算する。」と定めており、また、同項に関する解釈通達は、「『事業場を異にする場合』とは事業主を異にする場合をも含む。」としています（昭23・5・14基発769）。すなわち、労働者が複数の会社で労働する場合、各会社は、その通算（合計）した労働時間によって当該労働者を管理しなければなりません。具体的には、同じ日にA社で5時間、B社で5時間働いた場合には、当該労働者の労働時間は10時間として考える必要があるということです。

　その場合に問題になるのは、1日10時間の労働をしたということで、法定労働時間である8時間を超える2時間分の時間外割増賃金を、A社とB社、どちらが支払うかという点です。これについて、厚生労働省は、「一般的には、通算により法定労働時間を超えることとなる所定労働時間を定めた労働契約を時間的に後から締結した使用者が、契約の締結に当たって、当該労働者が他の事業場で労働していることを確認した上で契約を締結すべきことから、同法（※労働基準法）上の義務を負うこととなります。」としつつ、他方で、「通算した所定労働時間が既に法定労働時間に達していることを知りながら労働時間を延長す

るときは、先に契約を結んでいた使用者も含め、延長させた各使用者が同法（※労働基準法）上の義務を負うこととなります。」と整理しています（厚生労働省「『副業・兼業の促進に関するガイドライン』Q&A」）（注3）。つまり、法定時間外労働分の割増賃金を支払うべき義務については、原則として当該労働者との労働契約を後から締結した会社が負いますが、労働契約を先に締結した会社が負うこともある、ということです。結局のところ、どちらの会社も支払義務を負う可能性があります。

　さらに、労働基準法38条1項やその解釈通達をもとにすれば、兼業・副業をしている労働者については、その通算した労働時間が、各会社における36協定の範囲に収まっていなければならないでしょうし、改正労働基準法36条6項で新たに定められる時間外・休日労働時間の上限との関係では、やはりその通算した労働時間が上限に収まっていなければならないと考えられます。

　以上のことを前提にすると、会社においては、兼業・副業をしている労働者との労働契約を他社より先に契約したか後に契約したかを問わず、当該労働者が他社で、いつ、どの程度の時間働いたかを把握しなければならないこととなります。さらに、厳密に考えると、特に36協定や時間外・休日労働時間の上限との関係では、その範囲をいつ超えてしまうか分からない以上、当該労働者の"最新の"通算労働時間を、"常に"把握していなければならないはずです。例えば、当月の時間外・休日労働時間を通算した時間が99時間に達していたにもかかわらず、それに気付かずに、その日に1時間の時間外労働をさせた場合、改正労働基準法36条6項に違反してしまうことになります（ただし、現実の労働基準監督署実務では、労働時間の通算制に関して、そこまで厳しい対応はされていないようです。）。

　この点、他社での労働時間を常に把握するというのは、現実的には困難であると思われ、政府では、労働時間の通算制の見直しも視野に

第5章 兼業・副業 189

入れて検討がなされているところです(注4)。もっとも、いずれにして
も、このような労働時間の通算制が適用されるのは、兼業・副業をし
ている労働者が、いずれの会社においても「雇用」されている(労働
基準法上の「労働者」に該当する)ことが前提となります。したがっ
て、例えば、2社のうち1社では業務委託の形であれば、この通算制に
留意する必要はありません。

　なお、労働安全衛生法においては、時間外・休日労働時間数が一定
以上となった労働者に対する、医師による面接指導実施義務等が定め
られていますが(改正労安衛66の8等)、同法には、労働基準法38条1項の
ように労働時間の通算制を定める規定や解釈通達は存在しません。し
たがって、労働安全衛生法では、労働時間の通算制は取られず、個別
の会社単位でみるものと思われます。

　(注3)　平成30年7月から、厚生労働省において「副業・兼業の場合の労働時
　　　間管理の在り方に関する検討会」が開催されており、労働時間の通算制の見
　　　直しも視野に入れた検討がなされています。
　(注4)　厚生労働省「副業・兼業の促進に関するガイドライン」においては、「労
　　　働者からの自己申告により副業・兼業先での労働時間を把握することが
　　　考えられる」とされています。

（3）　労災保険
　事業主は、労働者を雇用している場合には、労災保険の加入手続を
する必要があります。これは、労働者が兼業・副業をしているか否か
とは関係がありません。

　事故が発生した場合の労災保険給付額は、事故が発生した勤務先の
賃金分のみが算定基礎とされます。複数の勤務先のいずれについても
賃金を得られなくなっているとしても、変わりません。

　また、労災認定における業務の過重性の判断に当たっても、あくま
で労働時間は合算せず、個々の事業場ごとに業務の過重性を判断する
ことになります。

（4） 雇用保険

雇用保険は、適用事業に雇用される労働者を被保険者としています。ただし、①1週間の所定労働時間が20時間未満である者、②同一の事業主に継続して31日以上雇用されることが見込まれない者については、被保険者となりません。この点、①における所定労働時間の判断に当たっては、複数の事業主のもとで雇用されているとしても、所定労働時間の合計はなされません。つまり、一社で所定労働時間が20時間である労働者は、雇用保険の被保険者となりますが、二社でそれぞれ所定労働時間が10時間ずつである労働者は、被保険者となりません。

（5） 社会保険（厚生年金保険及び健康保険）

社会保険の適用に当たり、適用要件（大企業にあっては、1週間の所定労働時間が20時間以上等）は、事業所ごとに判断します。所定労働時間の要件も、通算せずに個別に判断することになります。

実務ステップ

①	まず、兼業・副業に関する制度を整理する前提として、会社として従業員に兼業・副業を行ってもらいたいのか、その必要性を整理する。
②	従業員に積極的に兼業・副業を行ってもらいたいのであれば、その必要性を、経営陣も含めて共有することが重要である。
③	どのような兼業・副業については禁止とするか、整理する。
④	上記③の整理も踏まえ、就業規則を整備する。
⑤	就業規則を管轄の労働基準監督署長へ届け出る。

⑥	兼業・副業を行う従業員から、誓約書を取得することを検討する。
⑦	必要に応じて、兼業・副業を行っている従業員に対し、定期的な報告等を求める。

規程の整備

1　就業規則の整備

　現状、各会社における従業員の兼業・副業に関するルールについては、就業規則の「服務規律」、「遵守事項」等の項目において、「会社の許可を得ることなく、自ら事業を行い、又は他の会社に就職する等、会社の業務以外の業務を行ってはならない」といった形で、端的に許可制であることや原則禁止であることのみを定めている例が多いと思われます。厚生労働省の「モデル就業規則」においても、前述のような兼業・副業の促進にむけて改定がなされる前は、第11条（遵守事項）において、「許可なく他の会社等の業務に従事しないこと。」と定められていました。

　こうした規定について、法的に問題があるわけではありません。もっとも、前述のとおり、兼業・副業へ向けた従業員の意識も高まっている中で、会社としても、自社のスタンスをある程度明確にしておくことは有用と思われます。もちろん、兼業・副業を自社の持続的な成長へ向けたきっかけの一つとする立場からも、やはり兼業・副業に関する自社のルールを構築しておくことは有用でしょう。

第5章　兼業・副業

規程例等

○許可制の規定例（就業規則）

（兼業・副業）

第○条　従業員は、自ら事業を行い、又は他の会社の職務に従事する等、会社の業務以外の業務を行う場合には、事前に会社の許可を得なければならない。

2　従業員は、前項に基づく会社の許可を求める場合、所定の許可申請書を提出しなければならない。

3　以下の各号に該当するおそれがある場合には、会社は、許可をせず、又は許可の範囲を限定することがある。

① 他の会社等に雇用される場合

② 勤務時間中に行われる場合

③ 労務提供に支障を来す場合

④ 営業秘密の使用・開示を伴う場合

⑤ 競業となる場合

⑥ 会社の社会的評価や企業秩序を害する場合

⑦ その他、会社との間の信頼関係を毀損する場合

4　会社が許可をした場合であっても、その後、前項各号記載の事情が生じたときは、会社は、当該許可を取り消し、又は許可の範囲を限定することがある。

＜作成上の留意点＞

　前述のとおり、裁判例においては、「（勤務時間外における）労働者の兼業・副業は、原則として労働者の自由である」とされていることを踏まえると、兼業・副業を一律に禁止することはできないと思われます。ただし、会社による事前の許可にかからしめる「許可制」とすることについては、許容されています(注5)。

　兼業・副業は、労働時間管理の面で留意すべき点があるほか、営業秘密

第5章　兼業・副業　　193

の漏洩や競業といったリスクもあるため、従業員が行おうとしている業務等が一応問題のないものであるかを事前に確認するために、許可制としておくことが無難でしょう。ただし、上記裁判例等では、「原則は労働者の自由、例外的に禁止できる」、「使用者の恣意的な判断を許すものではない」とされていることを踏まえ、特に許可をしない場合には、慎重な検討が必要です。

　なお、前述のとおり、他社でも雇用されていると、労働基準法にのっとった労働時間の把握・管理が難しくなるため、禁止事由として、「他の会社に雇用される場合」を設けておくとよいと思います。もっとも、例えば、グループ会社での兼業・副業が前提であるなど、特に労働時間の把握・管理に問題がないようであれば、当該禁止事由を設ける必要はないでしょう。

　また、一旦許可をして、従業員が兼業・副業を実際に開始した後であっても、予想外に営業秘密の漏洩が生じてしまったり、自社の業務に大きな支障を生じさせてしまったりすることもあり得るので、許可を事後的に取り消したり、あるいは許可の範囲を限定する（例えば、活動日を限定する等）ことがあり得る旨を明示しておいたほうがよいでしょう。

（注5）　前掲京都地裁平成24年7月13日判決においては、その理由として、おおむね、労働者が勤務時間外に兼業・副業を行うことは原則として労働者の自由でありつつも、一定の場合には会社がこれを禁止することが可能であることから、その判断をするために事前の許可制を設けることも許容される、と説明されています。

┌─ アドバイス ─
│
│　○定期的な報告義務
│　　許可を得て実際に兼業・副業を開始した後、上記のような何らかの
│　問題が生じてしまうことがあり得ますが、会社側からそのような状況
│　を積極的に察知することは容易ではありません。そこで、「定期的な
│　報告義務」を設けておくと、会社としては安心です。また、従業員側
│　としても、ある程度自身から情報を開示していき、透明性を確保して
│　おくことが、会社、あるいは上司や同僚との関係性を良好にしておく
│　観点から有用です。
└

○届出制の規定例（就業規則）

┌─────────────────────
│　（兼業・副業）
│　第〇条　従業員は、自ら事業を行い、又は他の会社の職務に従事

する等、会社の業務以外の業務を行う場合には、事前に、会社に所定の届出を行わなければならない。

2　以下の各号に該当するおそれがある場合には、会社は、前項の業務を禁止又は制限することができる。

①　他の会社等に雇用される場合

②　勤務時間中に行われる場合

③　労務提供に支障を来す場合

④　営業秘密の使用・開示を伴う場合

⑤　競業となる場合

⑥　会社の社会的評価や企業秩序を害する場合

⑦　その他、会社との間の信頼関係を毀損する場合

＜作成上の留意点＞

前述のとおり、そもそも兼業・副業を行うことは原則として従業員の自由であることを踏まえると、「会社が許可した場合には、兼業・副業を行える」という許可制ではなく、「従業員は兼業・副業を行える、ただし会社に届出はする必要あり」という届出制にすることもあり得ます。会社として、従業員に積極的に兼業・副業を行ってほしいということであれば、むしろ届出制のほうが、従業員の自主性・自律性が高まるともいえます。

届出制にする場合は、その内容次第で、兼業・副業を禁止又は制限する旨を明記するとともに、禁止等される事由を挙げておくことが適当でしょう。

2　兼業・副業の許可申請書等の準備

実際に、従業員が兼業・副業を行おうとするに当たっては、事前に、その内容を会社が把握しておくことが適当です。その内容を申告させるための書面を、事前に準備しておきましょう。

また、許可等を出した後には、これから兼業・副業を行おうとする従業員から、誓約書を取得しておくことが有用です。

第5章　兼業・副業　　195

規程例等

○許可申請書例

兼業・副業許可申請書

以下のとおり兼業・副業の許可を申請いたします。

勤務先名称	
所在地	
電話番号	
業務の内容等（※1）	
業務の期間	
業務の時間帯等（※2）	
就業規則○条○項記載の事由との関係	
その他特記事項	

（※1）　業務内容、役職等
（※2）　曜日、頻度等

　　年　　　月　　　日

○○株式会社
人事部部長　　○○殿

所属＿＿＿＿＿＿＿＿＿＿

氏名＿＿＿＿＿＿＿＿＿印

＜作成上の留意点＞

　許可の範囲を限定する場合には、申請者と協議の上、改めて許可書の修正・再提出を促すことが適当です。

○許可書例

兼業・副業許可書

○○年○○月○○日

○○部○○課

○○○○殿

○○株式会社　人事部部長　○○○○

　○○年○○月○○日付「兼業・副業許可申請書」において申請のあった兼業・副業について、当社は、同申請書記載の範囲においてこれを許可します。ついては、当社が指定する誓約書を、速やかに当社に提出してください。

　なお、以下の点について遵守していただきますよう、お願いいたします。これらが遵守されない場合、本許可を取り消し、又はその範囲を制限することがあります。

1　兼業・副業は、許可を受けた範囲内で行うこと。

2　当社の定めに従い、兼業・副業の状況を定期的に報告すること。

3　許可を受けた範囲から変更がある場合には、速やかに当社に報告すること。

4　以下の各号に該当するおそれがある場合には、該当する範囲で兼業・副業を一旦取りやめるとともに、速やかに当社に報告

第5章 兼業・副業　　197

すること。

① 他の会社等に雇用される場合

② 勤務時間中に行われる場合

③ 労務提供に支障を来す場合

④ 営業秘密の使用・開示を伴う場合

⑤ 競業となる場合

⑥ 当社の社会的評価や企業秩序を害する場合

⑦ その他、当社との間の信頼関係を毀損する場合

○誓約書例

兼業・副業に関する誓約書

　私は、○○年○○月○○日付「兼業・副業許可申請書」にて申請を行った兼業・副業について許可を受けるに当たって、以下の点を遵守することを誓約いたします。

1　会社の業務をおろそかにせず、会社の業務に支障を来さない範囲においてのみ兼業・副業を行います。

2　許可を受けた範囲内でのみ、兼業・副業を行います。

3　会社の定めに従い、兼業・副業の状況を定期的に報告します。

4　許可を受けた範囲から変更がある場合には、速やかに会社に報告します。

5　以下の各号に該当しないことを確約するとともに、該当する可能性が生じた場合には該当する範囲で直ちに兼業・副業を取りやめ、速やかに会社に報告することとします。

①	他の会社等に雇用される場合	
②	勤務時間中に行われる場合	
③	労務提供に支障を来す場合	
④	営業秘密の使用・開示を伴う場合	
⑤	競業となる場合	
⑥	会社の社会的評価や企業秩序を害する場合	
⑦	その他、会社との間の信頼関係を毀損する場合	

6　兼業・副業について何らかの調査をする必要が生じた場合には、兼業・副業先への問合せを含め、可能な限り会社に協力します。

○○年○○月○○日

○○株式会社

人事部部長　○○○○殿

所属＿＿＿＿＿＿＿＿

氏名＿＿＿＿＿＿＿＿　印

＜作成上の留意点＞

　会社への報告義務等、兼業・副業を許可するに当たって従業員本人に遵守してもらう必要がある点については、許可書に記載するほか、本人に強く意識してもらうため、本人の誓約書を得ておくことが有用です。

第6章　テレワーク

ポイント

＜改正の内容＞
①　テレワークに直接関連する法改正がなされたわけではない。
②　テレワークに関するガイドラインが平成30年2月に改定されており、労務管理等において参考となる。

＜規程の整備＞
①　テレワークにて勤務する従業員向けの独立規程を設けることも考えられる。

改正の内容

1　はじめに・政府の動き

　兼業・副業と同様に、テレワークに関しても、直近で法改正がなされたわけではありません。もっとも、安倍内閣総理大臣を議長として開催されていた「働き方改革実現会議」において、平成29年3月に決定された「働き方改革実行計画」では、テレワークの普及へ向けた政策の必要性がうたわれました。具体的には、「5.柔軟な働き方がしやすい環境整備」との項目において、「テレワーク……の普及を図っていくことは重要である。」とされ、そのための様々な施策が記載され用意されています。

　また、これを踏まえ、平成29年10月～12月には、厚生労働省において「柔軟な働き方に関する検討会」が開催され、そこでの議論を踏まえ、従来のテレワークに関するガイドライン（「情報通信機器を活用した在宅勤務の適切な導入及び実施のためのガイドライン」）が、平成30

年2月に改定され、「情報通信技術を利用した事業場外勤務の適切な導入及び実施のためのガイドライン」（平30・2・22基発0222第1・雇均発0222第1（別添1））となりました（以下、本章において「ガイドライン」といいます。）。

2 ガイドラインの改定内容

ガイドラインは、上記改定により、大幅に追記等されました。その改定内容のうち、テレワーク実施時における労務管理等の側面から重要な点は、以下のとおりです。

（1）サテライトオフィス勤務及びモバイル勤務の追加

改定前は、在宅勤務のみが対象とされていましたが、サテライトオフィス勤務及びモバイル勤務も対象として追加されました。

① サテライトオフィス勤務

「自宅の近くや通勤途中の場所等に設けられたサテライトオフィスでの勤務は、通勤時間を短縮しつつ、在宅勤務やモバイル勤務以上に作業環境の整った場所で就労可能な働き方である。」

② モバイル勤務

「労働者が自由に働く場所を選択できる、外勤における移動時間を利用できる等、働く場所を柔軟に運用することで、業務の効率化を図ることが可能な働き方である。」

（2）「テレワークに際して生じやすい事象」に関する考え方の整理

「テレワークに際して生じやすい事象」として、以下の3つが挙げられており、それぞれに関する考え方が整理されています。

① いわゆる中抜け時間について

在宅勤務等のテレワークに際しては、一定程度労働者が業務から離れる時間が生じやすいと考えられます。そのような時間については、その開始と終了の時間を報告させる等により、休憩時間として扱い、労働者のニーズに応じ、始業時刻を繰り上げる、又は終業時刻を繰り下げることや、その時間を休憩時間ではなく時間単位の年

次有給休暇として取り扱うことが考えられます。

② 通勤時間や出張旅行中の移動時間中のテレワークについて

テレワークの性質上、通勤時間や出張旅行中の移動時間に情報通信機器を用いて業務を行うことが可能です。これらの時間について、使用者の明示又は黙示の指揮命令下で行われるものについては、労働時間に該当します。

③ 勤務時間の一部でテレワークを行う際の移動時間について

午前中だけ自宅やサテライトオフィスで勤務をしたのち、午後からオフィスに出勤する場合等、勤務時間の一部でテレワークを行う場合があります。こうした場合の移動時間が労働時間に該当するか否かについては、使用者の指揮命令下に置かれている時間であるか否かにより、個別具体的に判断されることになります。使用者が移動することを労働者に命ずることなく、単に労働者自らの都合により就業場所間を移動し、その自由利用が保障されているような時間については、休憩時間として取り扱うことが考えられます。一方で、例えば、テレワーク中の労働者に対して、使用者が具体的な業務のために急きょ至急の出社を求めたような場合は、当該移動時間は労働時間に当たるとされています。

(3) フレックスタイム制

テレワークにおいても、フレックスタイム制が活用可能であることが明記されました。

(4) 事業場外みなし労働時間制

テレワークにおいて、事業場外みなし労働時間制が適用可能となるための要件（使用者の具体的な指揮監督が及ばず、労働時間を算定することが困難なとき）が以下のように整理されました。なお、当該要件は、テレワークに限らず、事業場外みなし労働時間制を活用する場合一般に応用可能と思われます。

必要な要素	具体的内容（下線部筆者）
① 情報通信機器が、使用者の指示により常時通信可能な状態におくこととされていないこと	・「情報通信機器が、使用者の指示により常時通信可能な状態におくこととされていないこと」とは、情報通信機器を通じた使用者の指示に即応する義務がない状態であることを指します。なお、この使用者の指示には黙示の指示を含みます。 ・また、「使用者の指示に即応する義務がない状態」とは、使用者が労働者に対して情報通信機器を用いて随時具体的指示を行うことが可能であり、かつ、使用者からの具体的な指示に備えて待機しつつ実作業を行っている状態又は手待ち状態で待機している状態にはないことを指します。例えば、回線が接続されているだけで、労働者が自由に情報通信機器から離れることや通信可能な状態を切断することが認められている場合、会社支給の携帯電話等を所持していても、労働者の即応の義務が課されていないことが明らかである場合等は「使用者の指示に即応する義務がない」場合に当たります。したがって、サテライトオフィス勤務等で、常時回線が接続されており、その間労働者が自由に情報通信機器から離れたり通信可能な状態を切断したりすることが認められず、また使用者の指示に対し労働者が即応する義務が課されている場合には、「情報通信機器が、使用者の指示により常時通信可能な状態におくこと」とされていると考えられます。 なお、この場合の「情報通信機器」とは、使用者が支給したものか、労働者個人が所有するものか等を問わず、労働者が使用者と通信するために使用するパソコンやスマートフォン・携帯電話端末等を指します。
② 随時使用者の具体的な指示に基づいて業務を行っていないこと	「具体的な指示」には、例えば、当該業務の目的、目標、期限等の基本的事項を指示することや、これら基本的事項について所要の変更の指示をすることは含まれません。

第6章　テレワーク　203

　事業場外みなし労働時間制については、労働者がスマートフォンや携帯電話を所持しているようになると、使用者がいつでも連絡をとれる状態であるため、「使用者の具体的な指揮監督が及ばず、労働時間を算定することが困難なとき」に該当せず、制度が適用されない、との考え方もあるところでした。しかしながら、上記表の下線部のとおり、（会社支給か個人所有かを問わず）スマートフォン等を所持しているとしても、即応義務がない場合には、事業場外みなし労働時間制の適用があり得ることが明確化されました。

　(5)　休憩時間の取扱いについて

　テレワークを行う労働者について、①労使協定により、休憩時間の一斉付与の原則を適用除外とすることができること、②一斉付与の原則の適用を受けるのは、労働基準法34条に定める休憩時間についてであり、労使の合意により、これ以外の休憩時間を任意に設定することも可能であること、が明記されました。

　なお、②の点を補足すると、一斉付与の原則が適用されるのは、労働基準法34条が定める最低限度の休憩時間（労働時間が6時間を超える場合においては45分、8時間を超える場合においては1時間）についてであり、それ以上の休憩時間を付与する場合には、一斉付与の原則が適用されない、ということです。ガイドラインにおいて、そういった解釈が明確に示されたことになります（菅野和夫『労働法［第11版補正版］』467頁（弘文堂、2017）参照）。

　(6)　長時間労働対策について

　テレワークにおける長時間労働等を防ぐ手法として、以下のものが記載されました。

①　メール送付の抑制（時間外、休日又は深夜）

②　システムへのアクセス制限（休日又は深夜）

③　テレワークを行う際の時間外・休日・深夜労働の原則禁止等
④　長時間労働等を行う労働者の注意喚起

$$\boxed{\text{実務ステップ}}$$

①	テレワーク制度を導入するに当たって、まずその必要性や導入目的を検討し、明確化する。全社方針として共有される必要がある。
②	テレワーク制度の運用に関する取決めや情報セキュリティに関する考え方を整理する。
③	テレワークに関する規程を作成する。
④	就業規則を管轄の労働基準監督署長へ届け出る。
⑤	テレワークを実施するためのICT環境を整える。
⑥	まずは試行的に導入・検証した上で、本格導入につなげる。

$$\boxed{\text{規程の整備}}$$

　テレワーク制度を導入する場合であっても、必ずしも、その運用のための独立の規程を設けなければならないわけではありませんが、管理上は、以下のような規程を設けることも考えられます。

　設けた場合、就業規則の一部をなすものとして、労働基準監督署長への届出を行うことが適当でしょう。

第6章 テレワーク

　規程例等

○在宅勤務規程例

在宅勤務規程

　　第1章　総　則
（目　的）
第1条　本規程は、○○株式会社（以下「会社」という。）におい
　て、従業員が在宅で勤務する場合に関する取扱いを定めたもの
　である。

　　第2章　在宅勤務の利用
（対象者）
第2条　在宅勤務の対象者は、就業規則第○条で定める会社の従
　業員であって、次の各号を満たす者とする。
　①　会社所定の方法により在宅勤務を希望する者
　②　在宅勤務における執務環境、セキュリティ環境、家族の理
　　解のいずれも適正と認められる者
　2　在宅勤務を希望する者は、会社所定の在宅勤務申請書に必要
　事項を記入の上、3日前までに所属長に提出するものとする。
　3　会社は、業務上その他の事由により、前項に基づく在宅勤務
　の申請を認めないことがある。
（在宅勤務における服務規律）
第3条　在宅勤務に従事する従業員（以下「在宅勤務者」という。）
　は、次の各号を遵守しなければならない。
　①　情報の管理に最大限の注意を払うこと。
　②　在宅勤務中は業務に専念すること。
　③　在宅勤務中は、事前に届け出た場所以外の場所で業務を行
　　わないこと。

第3章　在宅勤務における労働時間等

（労働時間）

第4条　在宅勤務時の労働時間及び休憩時間については、就業規則第○条で定めるとおりとする。

2　前項にかかわらず、在宅勤務者は、会社の承認を受けて、始業時刻、終業時刻及び休憩時間の変更をすることができる。

（時間外労働等）

第5条　在宅勤務者が時間外労働を行う場合は、事前に所定の手続をとるものとする。

2　深夜又は休日における在宅勤務は認めない。

第4章　在宅勤務における勤務等

（業務の開始及び終了の報告）

第6条　在宅勤務者は、業務の開始時及び終了時には、会社所定のツールによって所属長に報告を行うものとする。

（業務報告）

第7条　在宅勤務者は、定期的又は必要に応じて、所属長に対し、業務の進捗等の報告等を行うものとする。

第5章　在宅勤務における費用負担その他の事項

（費用の負担）

第8条　在宅勤務に伴って生じる光熱費、通信費等の費用は、原則として在宅勤務者の負担とする。ただし、業務に必要な郵送費、事務用品費、消耗品費その他会社が認めた費用は、会社負担とする。

（情報の取扱い）

第9条　在宅勤務者は、業務に必要な資料や情報等を会社から持ち出す際には、関連規定を遵守し、自らの責任において厳重に管理しなければならない。

第6章　テレワーク　　207

（その他）

第10条　本規程に定めのない就業条件については、就業規則で定めるところによる。

本規程は、令和○○年○○月○○日より施行する。

┌─ アドバイス ─┐

○在宅勤務以外のテレワーク形態について

　「総則」においては、以下のような定義条項を置くことも考えられます。

「（定　義）

第○条　「在宅勤務」とは、従業員の自宅、その他自宅に準じる場所（会社指定の場所に限る。）において行う、情報通信機器を利用した業務をいう。

2　「サテライトオフィス勤務」とは、会社所有の所属事業場以外の会社専用施設又は会社が契約している他社所有の共用施設において行う、情報通信機器を利用した業務をいう。

3　「モバイル勤務」とは、在宅勤務及びサテライトオフィス勤務以外で、会社外において行う、情報通信機器を利用した業務をいう。」

○その他参考

　参考として、総務省が、「働き方改革のためのテレワーク導入モデル」（平成30年6月）を出していますので、参照してください（http://www.soumu.go.jp/main_content/000616262.pdf、(2019.7.22)）。

　また、厚生労働省が、「テレワーク導入のための労務管理等Q＆A集」を出しており、導入のステップも整理されていますので、参照してください（https://work-holiday.mhlw.go.jp/material/pdf/category7/02.pdf、(2019.7.22)）。

第7章　労働者の健康確保

第1　産業医・産業保健機能の強化

ポイント

＜改正の内容＞

①　会社は、産業医の辞任・解任及び産業医が行った労働者の健康管理等に関する措置の内容を衛生委員会に報告しなければならない。

②　会社は、健康診断結果や長時間労働を行っている労働者の情報等、産業保健業務を適切に行うために必要な情報を産業医に提供しなければならない。

③　会社は、産業医の役割、産業医への健康相談の申出の方法、産業医による労働者の心身の状態に関する情報の取扱いの方法について、労働者に周知しなければならない。

＜規程の整備＞

①　産業医等の業務の内容等の従業員への周知については、様々な周知方法が考えられ、1つの方法として、就業規則に記載するという方法も有用。

②　事業場における心身の状態の情報の適正な取扱いのための規程を策定することが必要。

改正の内容

1　改正の目的

　労働安全衛生法が制定された昭和47年当時と比べ、産業構造や経営

第7章　労働者の健康確保　　209

環境が大きく変わり、産業医・産業保健機能に求められる役割や事業者が取り組むべき労働者の健康確保の在り方も変化してきています。具体的には、今までの工場等における職業性の疾病の防止対策に加え、事務的業務に従事する方を含めた過労死等防止対策、メンタルヘルス対策、治療と仕事の両立支援対策などが新たな課題となってきています。こういった変化に合わせ、産業医・産業保健機能の強化が行われることとなりました。

2　改正項目

（1）　産業医の独立性・中立性の強化

　ア　産業医の辞任・解任時の衛生委員会への報告

会社は、産業医が辞任した場合、又は会社が産業医を解任した場合には、遅滞なく、辞任・解任したこと及びその理由を衛生委員会又は安全衛生委員会に報告しなければなりません（改正労安衛則13④）。この「遅滞なく」は、おおむね1か月以内とされています（平30・9・7基発0907第2）（以下、本章「**第1　産業医・産業保健機能の強化**」において同様です。）。

なお、産業医の辞任又は解任の理由が産業医自身の健康上の問題など、当該産業医にとって機微な内容である場合には、産業医の意向を確認した上で、「一身上の都合により」、「契約期間満了により」などと報告しても差し支えないとされています（平30・12・28基発1228第16）。

　イ　その他に、産業医の義務として、労働者の健康管理等を行うのに必要な医学に関する知識に基づいて、誠実にその職務を行わなければならないことが定められました（改正労安衛13③）。

また、労働者の健康管理等を行うために必要な医学に関する知識・能力の維持向上に努めなければならないことが定められました（改正労安衛則14⑦）。

第7章

（2）　産業医への権限・情報提供の充実・強化

　改正の内容としては、産業医の権限の具体化、産業医等に対する労働者の健康管理等に必要な情報の提供、産業医から勧告を受けたときの勧告の内容等の記録・保存という3点が挙げられます。

　　ア　産業医の権限の具体化

　使用者が産業医に付与すべき権限は、下記の3つを含みます（改正労安衛則14の4①②）。

①　使用者又は総括安全衛生管理者に対して意見を述べること。

②　労働者の健康管理等を実施するために必要な情報を労働者から収集すること。

③　労働者の健康を確保するため緊急の必要がある場合において、労働者に対して必要な措置をとるべきことを指示すること。

　　イ　産業医等に対する労働者の健康管理等に必要な情報の提供

　産業医を選任した事業者は、産業医に対して下記の3つの情報を、それぞれ定められた時期に提供しなければなりません（改正労安衛13④・13の2②、改正労安衛則14の2・15の2③）。

①	健康診断、長時間労働者に対する面接指導、ストレスチェックに基づく面接指導実施後の既に講じた措置又は講じようとする措置の内容に関する情報（措置を講じない場合は、その旨、その理由）
	提供時期：健康診断の結果についての医師等からの意見聴取、面接指導の結果についての医師からの意見聴取又は労働者の心理的な負担の程度を把握するための検査の結果に基づく面接指導の結果についての医師からの意見聴取を行った後、遅滞なく提供します。
②	時間外・休日労働時間が1か月当たり80時間を超えた労働者の氏名・その労働者に係るその超えた時間に関する情報（※1）
	提供時期：当該超えた時間の算定を行った後、速やかに提供します。
③	労働者の業務に関する情報であって、産業医が労働者の健康管理等を適切に行うために必要と認めるもの（※2）

第7章 労働者の健康確保 211

> 提供時期：産業医から当該情報の提供を求められた後、速やかに提供します。

※1 会社は、時間外・休日労働が1か月当たり80時間を超えた労働者がいない場合においては、該当者がいないという情報を産業医に情報提供する必要があるとされています（平30・12・28基発1228第16）。

※2 「労働者の業務に関する情報であって、産業医が労働者の健康管理等を適切に行うために必要と認めるもの」には、㋐労働者の作業環境、㋑労働時間、㋒作業態様、㋓作業負荷の状況、㋔深夜業等の回数・時間数などのうち、産業医が労働者の健康管理等を適切に行うために必要と認められるものが含まれるとされています（平30・12・28基発1228第16）。

なお、情報提供の時期に関して、上記表①の「遅滞なく」については、前述のとおりおおむね1か月以内、上記表②③の「速やかに」については、おおむね2週間以内に行うこととされています（平30・9・7基発0907第2）。

また、情報提供の方法に関しては、書面による交付のほか、磁気テープ、磁気ディスクその他これらに準ずる物に記録して提供する方法や電子メールにより提供する方法等があるとされています（平30・12・28基発1228第16）。

　ウ　産業医から勧告を受けたときの勧告の内容等の記録・保存

事業者は、産業医から勧告を受けたときは、その勧告の内容・その勧告を踏まえて講じた措置の内容（措置を講じない場合は、その旨・その理由）を記録し、3年間保存しなければなりません（改正労安衛則14の3②）。

　(3)　産業医の活動と衛生委員会等との関係の強化

　ア　産業医の勧告を受けたときの衛生委員会等への報告

会社は、産業医から労働者の健康管理等について勧告を受けたときは、遅滞なく（おおむね1か月以内）、その勧告の内容とその勧告を踏まえて講じた措置又は講じようとする措置の内容（措置を講じない場

合にあっては、その旨及び理由）を、衛生委員会又は安全衛生委員会に報告しなければなりません（改正労安衛13⑥、改正労安衛則14の3③④）。

　イ　安全委員会、衛生委員会等の意見等の記録・保存

　会社は、安全委員会、衛生委員会等の開催の都度、委員会の意見やその意見を踏まえて講じた措置の内容、委員会における議事で重要なものを記録し、3年間保存しなければなりません（改正労安衛則23④）。

　ウ　産業医による衛生委員会等に対する調査審議の求め

　産業医は、衛生委員会又は安全衛生委員会に対して労働者の健康を確保する観点から必要な調査審議を求めることができるとされています（改正労安衛則23⑤）。

（4）　健康相談の体制整備、健康情報の適正な取扱い

　ア　労働者の心身の状態に関する情報の取扱い

　会社は、労働者の心身の状態に関する情報を収集し、保管し、又は使用するに当たっては、労働者の健康の確保に必要な範囲内で労働者の心身の状態に関する情報を収集し、並びにその収集の目的の範囲内でこれを保管し、及び使用しなければならないことと定められました。ただし、本人の同意がある場合、その他正当な事由がある場合は、この限りではありません（改正労安衛104、改正労安衛則98の3、じん肺法35の3、じん肺法施行規則33）。

　その他正当な事由がある場合とは、メンタルヘルス不調により自殺企図の兆候が見られる場合など、人の生命、身体又は財産の保護のために必要がある場合であって、本人の同意を得ることが困難であるときなど、個人情報の保護に関する法律16条3項各号に該当する以下の場合が含まれます（平30・12・28基発1228第16）。

①　法令に基づく場合

②　人の生命、身体又は財産の保護のために必要がある場合であって、本人の同意を得ることが困難であるとき

第7章　労働者の健康確保　　213

③　公衆衛生の向上又は児童の健全な育成の促進のために特に必要がある場合であって、本人の同意を得ることが困難であるとき
④　国の機関若しくは地方公共団体又はその委託を受けた者が法令の定める事務を遂行することに対して協力する必要がある場合であって、本人の同意を得ることにより当該事務の遂行に支障を及ぼすおそれがあるとき

　また、会社は、労働者の心身の状態に関する情報を適正に管理するために必要な措置を講じなければならないことと定められました。

　これらに伴い、会社が講ずべき措置の適切かつ有効な実施を図るため必要な指針として、「労働者の心身の状態に関する情報の適正な取扱いのために事業者が講ずべき措置に関する指針」（平30・9・7労働者の心身の状態に関する情報の適正な取扱い指針公示1）が公表されました。当該指針は、心身の状態の情報の取扱いに関する原則を明らかにしつつ、会社が策定すべき取扱規程の内容、策定の方法、運用等について定められています。

　当該指針においては、事業場における心身の状態の情報の適正な取扱いのための規程について、策定したものを労働者と共有することが必要であるとした上で、この共有の方法については、就業規則その他の社内規程等により定め、当該文書を常時作業場の見やすい場所に掲示し、又は備え付ける、イントラネットに掲載を行う等の方法により周知することが考えられるとされています。

　　イ　産業医等の業務の内容等の周知
　産業医を選任した会社は、その事業場における産業医の業務の具体的な内容、産業医に対する健康相談の申出の方法、産業医による労働者の心身の状態に関する情報の取扱方法を労働者に周知させなければなりません（改正労安衛101②）（注1）。

　周知の方法は、以下の3つのいずれかによらなければなりません（改正労安衛則98の2）。

① 常時各作業場の見やすい場所に掲示し、備え付けること。

② 書面を労働者に交付すること。

③ 磁気テープ、磁気ディスクその他これらに準ずる物に記録し、かつ、各作業場に労働者が当該記録の内容を常時確認できる機器を設置すること（事業場内のイントラネットでの電子掲示板への掲載等も含みます（平30・9・7基発0907第2)。)。

なお、産業医の業務の具体的な内容については、改正労働安全衛生規則14条1項が定める職務内容を参考にすることが適当です（平30・12・28基発1228第16)。改正労働安全衛生規則14条1項が定める職務内容は、以下のとおりです。

＜産業医の職務＞

> ① 健康診断の実施及びその結果に基づく労働者の健康を保持するための措置に関すること。
>
> ② 労働安全衛生法66条の8第1項及び労働安全衛生法66条の8の2第1項に規定する（長時間労働者に対する）面接指導並びに労働安全衛生法第66条の9に規定する（その面接指導結果に基づく）必要な措置の実施並びにこれらの結果に基づく労働者の健康を保持するための措置に関すること。
>
> ③ 労働安全衛生法66条の10第1項に規定する心理的な負担の程度を把握するための検査（ストレスチェック）の実施並びに同条3項に規定する面接指導の実施及びその結果に基づく労働者の健康を保持するための措置に関すること。
>
> ④ 作業環境の維持管理に関すること。
>
> ⑤ 作業の管理に関すること。
>
> ⑥ ①から⑤に掲げるもののほか、労働者の健康管理に関すること。
>
> ⑦ 健康教育、健康相談その他労働者の健康の保持増進を図るための措置に関すること。
>
> ⑧ 衛生教育に関すること。
>
> ⑨ 労働者の健康障害の原因の調査及び再発防止のための措置に関すること。

第7章　労働者の健康確保　　215

（注1）　周知について、労働者の健康管理等を行うのに必要な医学に関する知識を有する医師等に労働者の健康管理等の全部又は一部を行わせる場合の周知は、労働者数が50人未満の事業場については、努力義務となっています（改正労安衛101③②）。

　ウ　労働者からの健康相談に適切に対応するために必要な体制の整備、その他必要な措置

　会社は、産業医等が労働者からの健康相談に応じ、適切に対応するために必要な体制の整備、その他必要な措置を講ずるように努めなければなりません（改正労安衛13の3）。

　産業医への健康相談の申出の方法、産業医による労働者の心身の状態に関する情報の取扱いの方法については、それぞれの会社での実際の運用を検討する必要があります。

実務ステップ

①	産業医への健康相談の利用方法、産業医の役割、産業医による従業員の心身の状態に関する情報の取扱いの方法の従業員への周知方法を検討する。
②	周知方法を就業規則に記載するという方法にする場合、上記①の内容を就業規則に記載する。
③	就業規則を管轄の労働基準監督署長へ届け出る。
④	会社から産業医に適切に情報提供ができるよう、健康診断結果や長時間労働を行っている従業員等の情報を、収集・整理しておく。

第7章　労働者の健康確保

$\boxed{\text{規程の整備}}$

1　就業規則への記載による、産業医等の業務の内容等の周知

　産業医を選任した会社は、その事業場における産業医の業務の具体的な内容、産業医に対する健康相談の申出の方法、産業医による従業員の心身の状態に関する情報の取扱方法を労働者に周知させなければなりません（改正労安衛101②、改正労安衛則98の2）。この周知の方法については、就業規則の周知と同じ方法が定められていますので、就業規則に記載の上、適切に周知すれば、周知義務を果たしたこととなります。

　就業規則に記載する場合、以下のような記載が考えられます。

$\boxed{\text{規程例等}}$

○産業医等の業務の内容等の規定例（就業規則）

（産業医の役割）

第○条　会社における産業医の業務は下記のとおりとする。

① 健康診断の実施及びその結果に基づく従業員の健康を保持するための措置に関すること。

② 長時間従業員に対する面接指導及びその面接指導結果に基づく必要な措置の実施並びにこれらの結果に基づく従業員の健康を保持するための措置に関すること。

③ ストレスチェックの実施並びに高ストレス者に対する面接指導の実施及びその結果に基づく従業員の健康を保持するための措置に関すること。

④ 作業環境の維持管理に関すること。

⑤ 作業の管理に関すること。

第7章　労働者の健康確保　　217

⑥　①から⑤に掲げるもののほか、従業員の健康管理に関すること。

⑦　健康教育、健康相談その他従業員の健康の保持増進を図るための措置に関すること。

⑧　衛生教育に関すること。

⑨　従業員の健康障害の原因の調査及び再発防止のための措置に関すること。

（産業医への健康相談の利用方法）

第○条　産業医への健康相談の利用方法については、下記のとおりとする。

①　従業員は、産業医の健康相談日に、産業医の部屋を自由に訪れることができる。

②　従業員は、会社指定の方法により事前に産業医に健康相談の予約をしておき、産業医の訪問日に健康相談ができる。

③　①及び②のいずれの場合においても、健康相談の時間も労働時間として扱い、賃金を支払う。

（産業医による従業員の心身の状態に関する情報の取扱いの方法）

第○条　産業医による従業員の心身の状態に関する情報の取扱いについては、「健康情報等の取扱規程」に定める。

＜作成上の留意点＞

　「産業医による従業員の心身の状態に関する情報の取扱いの方法」については、会社が定める「事業場における心身の状態の情報の適正な取扱いのための規程」（健康情報等の取扱規程）に定めることとし、上記規定例のように、就業規則上では委任の定めを置くのみとしてしまうことが有用でしょう。

2　事業場における心身の状態の情報の適正な取扱いのための規程

「労働者の心身の状態に関する情報の適正な取扱いのために事業者が講ずべき措置に関する指針」（平30・9・7労働者の心身の状態に関する情報の適正な取扱い指針公示1）においては、事業場における心身の状態の情報の適正な取扱いのための規程（以下「健康情報等の取扱規程」といいます。）を策定することによって、心身の状態に関する情報の取扱いを明確化することが必要であるとされています。

当該指針の中では、健康情報等の取扱規程に定めるべき事項として具体的に以下のものが考えられるとされています。

①　心身の状態の情報を取り扱う目的及び取扱方法

②　心身の状態の情報を取り扱う者及びその権限並びに取り扱う心身の状態の情報の範囲

③　心身の状態の情報を取り扱う目的等の通知方法及び本人同意の取得方法

④　心身の状態の情報の適正管理の方法

⑤　心身の状態の情報の開示、訂正等（追加及び削除を含みます。以下同じ）及び使用停止等（消去及び第三者への提供停止を含みます。以下同じ）の方法

⑥　心身の状態の情報の第三者提供の方法

⑦　事業承継、組織変更に伴う心身の状態の情報の引継ぎに関する事項

⑧　心身の状態の情報の取扱いに関する苦情の処理

⑨　取扱規程の従業員への周知の方法

この点、「事業場における労働者の健康情報等の取扱規程を策定するための手引き」（平成31年3月厚生労働省）の中で、規程例等のような雛形が公開されていますので、自社の実情に合わせて修正をして策定するとよいでしょう。

第7章　労働者の健康確保　219

規程例等

○健康情報等の取扱規程例

健康情報等の取扱規程

　本取扱規程は、業務上知り得た従業員の心身の状態に関する情報（以下「健康情報等」という。）を適切かつ有効に取り扱うことを目的として定めるものである。

（目的）
第1条　○○○（社名又は事業場名）における業務上知り得た健康情報等は、「健康確保措置の実施」又は「安全配慮義務の履行」のために本取扱規程に則り、適切に取り扱う。
2　健康情報等を取り扱う者は、あらかじめ従業員本人の同意を得ることなく、前項で定めた利用目的の達成に必要な範囲を越えて、健康情報等を取り扱ってはならない。ただし、個人情報保護法第16条第3項の各号に該当する場合を除く。
（健康情報等）
第2条　健康情報等は別表1の内容を指す。
（健康情報等の取扱い）
第3条　「健康情報等の取扱い」とは、健康情報等に係る収集から保管、使用（第三者提供を含む。）、消去までの一連の措置を指し、別表2のとおり定義する。
（健康情報等を取り扱う者及びその権限並びに取り扱う健康情報等の範囲）
第4条　健康情報等を取り扱う者を別表3のとおり区分する。

2　健康情報等を取り扱う責任者（以下「責任者」という。）は別
　　途定める。

3　健康情報等を取り扱う者とその権限、取り扱う健康情報等の
　　範囲を別表4に定める。

4　別表3に定めた権限を超えて健康情報等を取り扱う場合は、
　　責任者の承認を得るとともに、従業員本人の同意を得る。

5　健康情報等を取り扱う者は、職務を通じて知りえた従業員の
　　健康情報等を他人に漏らしてはならない。

（健康情報等を取り扱う目的等の通知方法及び本人同意の取得方
　法）

第5条　健康情報等を取り扱う場合には、あらかじめその利用目
　　的・取扱方法を労働者本人に通知又は公表する。公表していな
　　い場合であって情報を取得した場合には、速やかにその利用目
　　的等を従業員本人に通知する。

2　健康情報等の分類に応じた従業員本人の同意取得について、
　　別表5のとおり定める。

3　個人情報保護法第17条第2項の各号に該当する場合は従業員
　　本人の同意取得は必要としない。

（健康情報等の適正管理の方法）

第6条　利用目的の達成に必要な範囲において、健康情報等を正
　　確かつ最新の内容に保つよう努める。

2　健康情報等の漏えい・滅失・改ざん等を防止するため、組織
　　的、人的、物理的、技術的に適切な措置を講ずる。

　・責任者は、健康情報等があらかじめ定めた方法に従って取り
　　扱われていることを確認する。

　・第4条第1項に定められた者以外は原則、健康情報等を取り扱
　　ってはならない。

第7章　労働者の健康確保　　221

　　・健康情報等を含む文書（磁気媒体を含む。）は施錠できる場所
　　　への保管、記録機能を持つ媒体の持ち込み・持ち出し制限等
　　　により情報の盗難・紛失等の防止の措置を講ずる。
　　・健康情報等のうち、体系化され、検索可能な個人データに当
　　　たるものを扱う情報システムに関して、アクセス制限、アク
　　　セス記録の保存、パスワード管理、外部からの不正アクセス
　　　の防止等により、情報の漏えい等の防止の措置を講ずる。
3　健康情報等は、法令又は社則等に定める保存期間に従い保管
　する。利用目的を達した場合は、速やかに廃棄又は消去するよ
　う努める。
4　情報の漏えい等が生じた場合には、速やかに第4条第2項に定
　められた責任者へ報告する。また、事業場内部において報告及
　び被害の拡大防止、事実関係の調査及び原因の究明、影響範囲
　の特定、再発防止策の検討及び実施、影響を受ける可能性のあ
　る本人への連絡等並びに事実関係及び再発防止策の公表などの
　必要な措置を講じる。
5　健康情報等の取扱いを委託する場合は、委託先において当該
　健康情報等の安全管理措置が適切に講じられるよう、委託先に
　対して必要かつ適切な監督を行う。
　（健康情報等の開示、訂正等（追加及び削除を含む。以下同じ。）
　及び使用停止等（消去及び第三者への提供の停止を含む。以下
　同じ。））
第7条　従業員本人より別途定める方法により当該本人の健康情
　報等の開示請求を受けた場合、本人に対し、遅滞なく、当該健
　康情報等の書面の交付による方法又は請求を行った者が同意し
　た方法で開示する。権限を有する者が当該情報を開示する。ま
　た、従業員本人が識別される情報がないときにはその旨を知ら

せる。

2 ただし、開示することにより、従業員本人又は第三者の生命、身体、財産その他の権利利益を害するおそれがある場合や、業務の適正な実施に著しい支障を及ぼすおそれがある場合等には、開示請求を受けた情報の全部又は一部を開示しないことができる。また、その場合は遅滞なく従業員本人に対してその旨を通知する。また、従業員本人に通知する場合には、本人に対してその理由を説明するように努める。開示に関しては、開示の受付先、開示に際して提出すべき書面の様式等の請求に応じる手続きを定め、従業員本人に周知する。

3 従業員本人より当該本人の健康情報等について訂正、追加、削除、使用停止（第三者への提供の停止を含む。以下「訂正等」という。）の請求を受けた場合で、その請求が適正であると認められる場合には、訂正等を行う。訂正等を行った場合、又は行わなかった場合いずれの場合においても、その内容を従業員本人へ通知する。

4 ただし、訂正等の請求があった場合でも、利用目的から見て訂正等の必要がない場合、誤りである指摘が正しくない場合、訂正等の対象が事実でなく評価に関する情報である場合には、訂正は行わない。ただし、その場合には、遅滞なく、訂正等を行わない旨を従業員本人に通知する。また、従業員本人に対して訂正等を行わない理由を説明するよう努める。なお、評価に関する健康情報等に、評価の前提となっている事実も記載されており、それに誤りがある場合においては、その限りにおいて訂正等を行う。

（健康情報等を第三者に提供する場合の取扱い）

第8条 あらかじめ従業員本人の同意を得ることなく、健康情報

第7章　労働者の健康確保

等を第三者へ提供してはならない。ただし、個人情報保護法第23条第1項に該当する場合（※1）を除く。また、個人情報保護法第23条第5項に該当する場合の健康情報等の提供先は第三者に該当しない（※2）。

2　健康情報等を第三者に提供する場合、個人情報保護法第25条に則り記録を作成・保存する。

（第三者から健康情報等の提供を受ける場合の取扱い）

第9条　第三者から健康情報等（個人データ）の提供を受ける場合には、個人情報保護法第26条に則り、必要な事項について確認するとともに、記録を作成・保存する。

（事業承継、組織変更に伴う健康情報等の引継ぎに関する事項）

第10条　合併、分社化、事業譲渡等により他の事業者から事業を承継することに伴って健康情報等を取得する場合、安全管理措置を講じた上で、適正な管理の下、情報を引き継ぐ。

2　労働安全衛生法によらず取り扱う情報のうち、承継前の利用目的を超えて取り扱う場合には、あらかじめ従業員本人の同意を得る。

（健康情報等の取扱いに関する苦情の処理）

第11条　健康情報等の取扱いに関する苦情は○○○（部署名等）が担当する。連絡先は以下とする。

・電　話：○○○○

・メール：○○○○

2　苦情に適切かつ迅速に対処するものとし、必要な体制を整備する。

（取扱規程の従業員への周知の方法）

第12条　本取扱規程は○○○○（周知方法）により従業員に周知する。

2 社員が退職後に、健康情報等を取り扱う目的を変更した場合には、変更した目的を退職者に対して周知する。

（教育・啓発）

第13条 健康情報等の取扱いに関して、健康情報等を取り扱う者（事業者を含む。）及びそれ以外の従業員を対象に〇〇ごと（頻度）に研修を行う。

（その他）

第14条 本取扱規程の主幹部署は、〇〇〇（部署名等）とする。

第15条 年1回及び必要に応じて、本取扱規程の見直しを行う。改訂は〇〇〇（会議名等）において行う。

第16条 本規程は、〇〇〇〇年〇月〇日より実施する。

※1：具体的には次の場合を指す。

・労働安全衛生法第66条第1項から第4項、第66条の8第1項、第66条の8の2第1項、第66条の8の4第1項、第66条の10第3項の規定に基づき、健康診断又は面接指導等の実施を委託するために必要な労働者の個人情報を外部機関（健康診断実施機関や産業保健総合支援センターの地域窓口（地域産業保健センター）等）に提供する場合、その他法令に基づく場合

・人の生命、身体又は財産の保護のために必要がある場合であって、従業員本人の同意を得ることが困難である場合

・公衆衛生の向上又は児童の健全な育成の推進のために特に必要がある場合であって、従業員本人の同意を得ることが困難である場合

・国の機関若しくは地方公共団体又はその委託を受けた者が法令の定める事務を遂行することに対して協力する必要がある場合であって、本人の同意を得ることにより当該事務の遂行に支障を及ぼすおそれがある場合

※2：具体的には次の場合を指す。

・健康保険組合等と共同して健康診断や保健事業を実施する場合

第7章　労働者の健康確保　　225

・健康情報等の取扱い（データ入力・分析等）を委託して実施する場合
・合併その他の事由により事業の承継に伴って情報を提供する場合

別表1：健康情報等の具体的内容（例）

---

①　安衛法第65条の2第1項の規定に基づき、会社が作業環境測定の結果の評価に基づいて、従業員の健康を保持するため必要があると認めたときに実施した健康診断の結果

①－1　上記の健康診断の受診・未受診の情報

②　安衛法第66条第1項から第4項までの規定に基づき会社が実施した健康診断の結果並びに同条第5項及び第66条の2の規定に基づき従業員から提出された健康診断の結果

②－1　上記の健康診断を実施する際、当社が追加して行う健康診断による健康診断の結果

②－2　上記の健康診断の受診・未受診の情報

③　安衛法第66条の4の規定に基づき会社が医師又は歯科医師から聴取した意見及び第66条の5第1項の規定に基づき会社が講じた健康診断実施後の措置の内容

④　安衛法第66条の7の規定に基づき会社が実施した保健指導の内容

④－1　上記の保健指導の実施の有無

⑤　安衛法第66条の8第1項（第66条の8の2第1項、第66条の8の4第1項）の規定に基づき会社が実施した面接指導の結果及び同条第2項の規定に基づき従業員から提出された面接指導の結果

⑤－1　上記の労働者からの面接指導の申出の有無

⑥　安衛法第66条の8第4項（第66条の8の2第2項、第66条の8の4第2項）の規定に基づき会社が医師から聴取した意見及び同条第5

項の規定に基づき会社が講じた面接指導実施後の措置の内容

⑦　安衛法第66条の9の規定に基づき会社が実施した面接指導又は面接指導に準ずる措置の結果

⑧　安衛法第66条の10第1項の規定に基づき会社が実施した心理的な負担の程度を把握するための検査（以下「ストレスチェック」という。）の結果

⑨　安衛法第66条の10第3項の規定に基づき会社が実施した面接指導の結果

⑨－1　上記の労働者からの面接指導の申出の有無

⑩　安衛法第66条の10第5項の規定に基づき会社が医師から聴取した意見及び同条第6項の規定に基づき会社が講じた面接指導実施後の措置の内容

⑪　安衛法第69条第1項の規定に基づく健康保持増進措置を通じて会社が取得した健康測定の結果、健康指導の内容等

⑫　労働者災害補償保険法第27条の規定に基づき、従業員から提出された二次健康診断の結果及び労災保険法の給付に関する情報

⑬　治療と仕事の両立支援等のための医師の意見書

⑭　通院状況等疾病管理のための情報

⑮　健康相談の実施の有無

⑯　健康相談の結果

⑰　職場復帰のための面談の結果

⑱　（上記のほか）産業保健業務従事者が労働者の健康管理等を通じて得た情報

⑲　任意に従業員から提供された本人の病歴、健康に関する情報

第7章　労働者の健康確保　　227

別表2：健康情報等の取扱いに関する定義

方法の種類	具体的内容
収　集	健康情報等を入手すること
保　管	入手した健康情報等を保管すること
使　用	健康情報等を取り扱う権限を有する者が、健康情報等を（閲覧を含めて）活用すること、また第三者に提供すること
加　工	収集した健康情報等の他者への提供に当たり、当該健康情報等の取扱いの目的の達成に必要な範囲内で使用されるように変換すること（例えば、健康診断の結果等をそのまま提供するのではなく、所見の有無や検査結果を踏まえ、医師の意見として置き換えることなど。）
消　去	収集、保管、使用、加工した情報を削除するなどして使えないようにすること

別表3：健康情報等を取り扱う者の分類

＜常時使用する労働者が10人以上の事業場の例＞		
健康情報等を取り扱う者	具体的内容	表　記
ア）人事に関して直接の権限を持つ監督的地位にある者	社長、役員、人事部門の長	担当ア

イ）産業保健業務従事者	産業医（専属・嘱託）、保健師・看護師、衛生管理者、衛生推進者（安全衛生推進者）	担当イ
ウ）管理監督者	労働者本人の所属長	担当ウ
エ）人事部門の事務担当者	人事部門の長以外の事務担当者	担当エ

＜常時使用する労働者が10人未満の事業場の例＞

健康情報等を取り扱う者	具体的内容	表　記
ア）人事に関して直接の権限を持つ監督的地位にある者	社長、役員、人事部門の長	担当オ
イ）管理監督者	労働者本人の所属長	担当カ
ウ）人事部門の事務担当者	人事部門の長以外の事務担当者	担当キ

別表4：健康情報等を取り扱う者及びその権限並びに取り扱う健康情報等の範囲

＜常時使用する労働者が10人以上の事業場の例＞

健康情報等の種類	取り扱う者及びその権限			
	担当ア	担当イ	担当ウ	担当エ
① 安衛法第65条の2第1項の規定に基づき、会社が作業環境測定の結果の評価に基づいて、従業員の健康を	△	○	△	△

第7章　労働者の健康確保

	保持するため必要があると認めたときに実施した健康診断の結果				
①－1	上記の健康診断の受診・未受診の情報	◎	○	△	△
②	安衛法第66条の第1項から第4項までの規定に基づき会社が実施した健康診断の結果並びに安衛法第66条第5項及び第66条の2の規定に基づき従業員から提出された健康診断の結果	△	○	△	△
②－1	上記の健康診断を実施する際、会社が追加して行う健康診断による健康診断の結果	△	○	△	△
②－2	上記の健康診断の受診・未受診の情報	◎	○	△	△
③	安衛法第66条の4の規定に基づき会社が医師又は歯科医師から聴取した意見及び第66条の5第1項の規定に基づき会社が講じた健康診断実施後の措置の内容	◎	○	△	△
④	安衛法第66条の7の規定に基づき会社が実施した保健指導の内容	△	○	△	△
④－1	上記の保健指導の実施の有無	◎	○	△	△
⑤	安衛法第66条の8第1項（第66条の8の2第1項、第66条の8の4第1項）の規定に基づき会社が実施した面接指導の結果及び同条第2項の規定に基づき従業員から提出された面接指導の結果	△	○	△	△
⑤－1	上記の労働者からの面接指導の申出の有無	◎	○	△	△
⑥	安衛法第66条の8第4項（第66条の8の2第2項、第66条の8の4第2項）の規定に基づき会社が医師から聴取した意見及び同条第5項の規定に基づき会社が講じた面接指導実施後の措置の内容	◎	○	△	△
⑦	安衛法第66条の9の規定に基づき会社が実施した面接指導又は面接指導に準ずる措置の結果	◎	○	△	△
⑧	安衛法第66条の10第1項の規定に基づき会社が実施したストレスチェックの結果	△	○	△	△
⑨	安衛法第66条の10第3項の規定に基づき会社が実施した面接指導の結果	△	○	△	△
⑨－1	上記の労働者からの面接指導の申出の有無	◎	○	△	△

	健康情報等の種類				
⑩	安衛法第66条の10第5項の規定に基づき会社が医師から聴取した意見及び同条第6項の規定に基づき会社が講じた面接指導実施後の措置の内容	◎	○	△	△
⑪	安衛法第69条第1項の規定に基づく健康保持増進措置を通じて会社が取得した健康測定の結果、健康指導の内容等	△	○	△	△
⑫	労働者災害補償保険法第27条の規定に基づき、従業員から提出された二次健康診断の結果及び労災保険法の給付に関する情報	△	○	△	△
⑬	治療と仕事の両立支援等のための医師の意見書	△	○	△	△
⑭	通院状況等疾病管理のための情報	△	○	△	△
⑮	健康相談の実施の有無	△	○	△	△
⑯	健康相談の結果	△	○	△	△
⑰	職場復帰のための面談の結果	△	○	△	△
⑱	（上記のほか）産業保健業務従事者（担当イ）が労働者の健康管理等を通じて得た情報	△	○	△	△
⑲	任意に従業員から提供された本人の病歴、健康に関する情報	△	○	△	△

※◎：事業者が直接取り扱う。

※○：情報の収集、保管、使用、加工、消去を行う。

※△：情報の収集、保管、使用を行う。なお、使用に当たっては、労働者に対する健康確保措置を実施するために必要な情報が的確に伝達されるよう、医療職が集約・整理・解釈するなど適切に加工した情報を取り扱う。

＜常時使用する労働者が10人未満の事業場の例＞

健康情報等の種類	取り扱う者及びその権限		
	担当オ	担当カ	担当キ
① 安衛法第65条の2第1項の規定に基づき、会社が作業環境測定の結果の評価に基づいて、従業員の健康を	△	△	△

第7章　労働者の健康確保

	保持するため必要があると認めたときに実施した健康診断の結果			
①－1	上記の健康診断の受診・未受診の情報	◎	○	△
②	安衛法第66条の第1項から第4項までの規定に基づき会社が実施した健康診断の結果並びに安衛法第66条第5項及び第66条の2の規定に基づき従業員から提出された健康診断の結果	△	△	△
②－1	上記の健康診断を実施する際、会社が追加して行う健康診断による健康診断の結果	△	△	△
②－2	上記の健康診断の受診・未受診の情報	◎	○	△
③	安衛法第66条の4の規定に基づき会社が医師又は歯科医師から聴取した意見及び第66条の5第1項の規定に基づき会社が講じた健康診断実施後の措置の内容	◎	○	△
④	安衛法第66条の7の規定に基づき会社が実施した保健指導の内容	△	△	△
④－1	上記の保健指導の実施の有無	◎	○	△
⑤	安衛法第66条の8第1項（第66条の8の2第1項、第66条の8の4第1項）の規定に基づき会社が実施した面接指導の結果及び同条第2項の規定に基づき従業員から提出された面接指導の結果	△	△	△
⑤－1	上記の労働者からの面接指導の申出の有無	◎	○	△
⑥	安衛法第66条の8第4項（第66条の8の2第2項、第66条の8の4第2項）の規定に基づき会社が医師から聴取した意見及び同条第5項の規定に基づき会社が講じた面接指導実施後の措置の内容	◎	○	△
⑦	安衛法第66条の9の規定に基づき会社が実施した面接指導又は面接指導に準ずる措置の結果	◎	○	△
⑧	安衛法第66条の10第1項の規定に基づき会社が実施したストレスチェックの結果	△	△	△
⑨	安衛法第66条の10第3項の規定に基づき会社が実施した面接指導の結果	△	△	△

⑨－1	上記の労働者からの面接指導の申出の有無	◎	○	△
⑩	安衛法第66条の10第5項の規定に基づき会社が医師から聴取した意見及び同条第6項の規定に基づき会社が講じた面接指導実施後の措置の内容	◎	○	△
⑪	安衛法第69条第1項の規定に基づく健康保持増進措置を通じて会社が取得した健康測定の結果、健康指導の内容等	△	△	△
⑫	労働者災害補償保険法第27条の規定に基づき、従業員から提出された二次健康診断の結果及び労災保険法の給付に関する情報	△	△	△
⑬	治療と仕事の両立支援等のための医師の意見書	△	△	△
⑭	通院状況等疾病管理のための情報	△	△	△
⑮	健康相談の実施の有無	△	△	△
⑯	健康相談の結果	△	△	△
⑰	職場復帰のための面談の結果	△	△	△
⑱	（上記のほか）労働者の健康管理等を通じて得た情報	△	△	△
⑲	任意に従業員から提供された本人の病歴、健康に関する情報	△	△	△

※◎：事業者が直接取り扱う。
※○：情報の収集、保管、使用、加工、消去を行う。
※△：情報の収集、保管、使用を行う。なお、使用に当たっては、労働者に対する健康確保措置を実施するために必要な情報が的確に伝達されるよう、必要に応じて地域産業保健センター等の事業場外資源を活用し、医療職が集約・整理・解釈するなど適切に加工した情報を取り扱う。

別表5：健康情報等の分類と同意取得の有無・方法

① 法令に基づき、収集する情報	従業員本人の同意を得ずに収集することができる。

第7章　労働者の健康確保　　233

②　法令で定められていない項目について収集する情報	適切な方法により従業員本人の同意を得ることで収集することができる。取扱規程に定めている情報に関しては、本取扱規程が、従業員本人に認識される合理的かつ適切な方法により周知され、従業員本人が本取扱規程に規定されている健康情報等を本人の意思に基づき提出したことをもって、当該健康情報の取扱いに関する従業員本人からの同意の意思が示されたものと解する。

（出典：厚生労働省「事業場における労働者の健康情報等の取扱規程を策定するための手引き」平成31年3月）

＜作成上の留意点＞

　別表4については、可能な限り、「健康情報等の種類」を具体的に示します。

　例えば、表中の太い罫線で囲まれた情報は、労働安全衛生法令に基づき、事業者が直接取り扱う必要がある情報です。網掛けのない情報は、労働安全衛生法令に基づき収集しますが、必ずしも事業者が直接取り扱う必要のない情報です。網掛けの情報は、法令によらず事業者が収集する情報であり、取り扱う担当者を定め、従業員の同意に基づき取り扱う必要がある情報です。

　各情報を取り扱う者及びその権限は、事業場の状況に応じて設定します。

第2 長時間労働者に対する医師の面接指導等

> **ポイント**
>
> ＜改正の内容＞
> ① 医師による面接指導の対象が、時間外・休日労働時間が1か月当たり80時間を超え、かつ疲労の蓄積が認められる者に拡大。
> ② 時間外・休日労働時間が1か月当たり100時間を超える研究開発業務従事者に対しては、申出がなくとも、医師による面接指導を行わなければならない。
> ③ 時間外・休日労働時間が1か月当たり80時間を超えた労働者に対して、当該超えた時間に関する情報を通知しなければならない。
>
> ＜規程の整備＞
> ① 就業規則に医師による面接指導について規定している場合は、法改正に合わせて内容を変更する必要がある。

改正の内容

1 改正の目的

　長時間労働やメンタルヘルス不調などにより、健康リスクが高い状況にある労働者を見逃さないため、医師による面接指導が確実に実施されるようにし、労働者の健康管理を強化するためのものです。特に、研究開発に係る業務に従事する労働者は、長時間労働が発生しやすいことから、過労死等を予防するため、一般の労働者より厳しい基準で面接指導を実施することが必要であるとされました。

第7章　労働者の健康確保　　235

2　医師による面接指導

（1）　通常の労働者

医師による面接指導の対象となるのが、時間外労働と休日労働を含めて、1週間当たり40時間を超えて労働させた時間が1か月当たり「80時間」を超えて、疲労の蓄積が認められる労働者が、自ら申し出た場合となりました（法改正前は、「80時間」ではなく「100時間」でした。）（改正労安衛66の8①、改正労安衛則52の2①）。後掲（3）の高度プロフェッショナル制度の適用労働者以外の労働者全てが対象となりますので、管理監督者や専門業務型裁量労働制の労働者など、また、新たな技術、商品又は役務の研究開発に従事する業務に従事している労働者も対象となります。

（2）　新たな技術、商品又は役務の研究開発に従事する業務に従事
　　　している労働者

新たな技術、商品又は役務の研究開発に従事する業務に従事している労働者については、時間外労働と休日労働を含めて、1週間当たり40時間を超えて労働させた時間が1か月当たり100時間を超えた労働者に対して、医師による面接指導を実施しなければならないこととなりました（上記（1）の場合と異なり、労働者が自ら申し出ることは要件とされていません。）（改正労安衛66の8の2、改正労安衛則52の7の2）。

当該労働者は、面接指導を受けなければならず、また、事業者は、当該面接指導の結果を記録しておかなければなりません。さらに、事業者は、当該面接指導の結果に基づく必要な措置について医師の意見を聴かなければならず、必要があると認めるときは、就業場所の変更、職務内容の変更、有給休暇（年次有給休暇を除きます。）の付与、労働時間の短縮、深夜業の回数の減少等の措置を講じなければなりません（改正労安衛66の8の2②）。

なお、1週間当たり40時間を超えて労働させた時間が、1か月100時間

を超えない場合であっても、80時間は超えており、かつ、疲労の蓄積が認められた場合には、改正労働安全衛生法66条の8第1項の規定により、上記(1)の面接指導の対象となるため、当該労働者から面接指導の申出があれば、使用者は面接指導を行わなければなりません（平30・12・28基発1228第16）。

(3)　高度プロフェッショナル制度の適用労働者

高度プロフェッショナル制度の適用労働者については、医師による面接指導の要件について、特別な規律が設けられています。詳細は前掲「第3章　特定高度専門業務・成果型労働制（高度プロフェッショナル制度）」を参照してください（改正労安衛66の8の4）。

3　労働時間の状況把握義務

医師による面接指導を適切に実施する前提として、高度プロフェッショナル制度の適用労働者を除く全ての労働者について、その労働時間の状況を把握しなければならないこととなりました。詳細は後掲本章「第3　事業主による労働時間の状況の把握」を参照してください。

4　労働者に対する労働時間の通知義務

事業者は、時間外労働と休日労働を含めて、1週間当たり40時間を超える労働時間について、毎月1回以上、一定の期日を定めてその時間の算定を行わなければならないとされていましたが（労安衛則52の2②）、法改正により、当該1週間当たり40時間を超える労働時間が、1か月当たり80時間を超えた労働者に対しては、算定後速やかに（おおむね2週間以内）、当該超えた時間に関する情報を通知しなければならないこととなりました（改正労安衛則52の2③）。この通知は、高度プロフェッショナル制度の適用労働者を除く全ての労働者について行わなければな

りません。

　当該超えた時間の通知に当たっては、書面や電子メール等により通知する方法が適当ですが、給与明細に時間外・休日労働時間数が記載されている場合には、これをもって労働時間に関する情報の通知としても差し支えないとされています（平30・12・28基発1228第16）。

5　罰　則

　このたびの法改正によって新設された、新たな技術、商品又は役務の研究開発に従事する業務に従事している労働者又は高度プロフェッショナル制度の適用労働者に対する、医師による必要な面接指導を行わなかった場合、改正労働安全衛生法66条の8の2第1項又は66条の8の4第1項の違反であり、事業者は、50万円以下の罰金を科せられる可能性があります（改正労安衛120）。

6　経過措置

　新たな技術、商品又は役務の研究開発に従事する業務に従事している労働者に対する、医師による面接指導については、以下の経過措置があります。

- ・中小企業（建設業、製糖業を除きます。）以外については、平成31年3月31日までに締結した法改正前の労働基準法36条に基づく36協定が有効である1年間は、適用が猶予されます（最長で令和2年3月31日まで適用が猶予）。
- ・中小企業（建設業、製糖業を除きます。）については、法改正後の労働基準法36条の適用が1年間猶予されるため、令和2年3月31日までに締結した旧36条に基づく36協定の有効である1年間は、適用が猶予されます（最長で令和3年3月31日まで適用が猶予）。
- ・建設業、製糖業については、法改正後の労働基準法36条の適用が5年間猶予されるため、令和6年3月31日までに締結した旧36条に基づく

> 36協定の有効である1年間は、適用が猶予されます（最長で令和7年3月31日まで適用が猶予）。

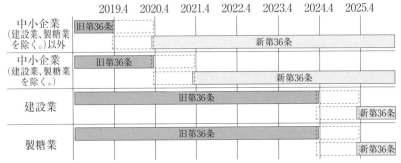

※図中の「旧第36条」は改正前の労働基準法第36条、「新第36条」は改正後の労働基準法第36条を指します。

（出典：厚生労働省「『産業医・産業保健機能』と『長時間労働者に対する面接指導等』が強化されます」）

実務ステップ

①	新たな技術、商品又は役務の研究開発に従事する業務に従事している従業員がいるか確認する。
②	全ての従業員（高度プロフェッショナル制度の適用労働者を除く。）について労働時間の状況を把握する措置を講じる。
③	高度プロフェッショナル制度の適用労働者については、健康管理時間を把握する措置を講じる。
④	一般の労務管理の従業員、新たな技術、商品又は役務の研究開発に従事する業務に従事している従業員、高度プロフェッショナル制度の適用労働者それぞれについて、長時間労働による医師の面接指導の方法等を就業規則に記載する。

第7章　労働者の健康確保　239

⑤　就業規則を管轄の労働基準監督署長へ届け出る。

規程の整備

　通常の従業員、新たな技術、商品又は役務の研究開発に従事する業務に従事している従業員、高度プロフェッショナル制度の対象労働者のそれぞれについて、長時間労働発生時の医師の面接指導の条件が違うので、書き分けることが適当です。

規程例等

〇医師による面接指導の規定例（就業規則）

（面接指導）
第〇条　高度プロフェッショナル制度の適用労働者以外の従業員について、休憩時間を除き1週間当たり40時間を超えて労働した時間が1か月当たり80時間を超え、かつ、疲労の蓄積が認められ、自ら申し出たときは、会社は、医師による面接指導を行う。
2　新たな技術、商品又は役務の研究開発に従事する業務に従事している従業員について、休憩時間を除いて1週間当たり40時間を超えて労働した時間が1か月当たり100時間を超えたときは、申出の有無に関わらず、医師による面接指導を行う。
3　高度プロフェッショナル制度の適用労働者の健康管理時間について、1週間当たり40時間を超えた時間が100時間を超えたときは、申出の有無に関わらず、医師による面接指導を行う。
4　会社は、長時間労働による医師の面接指導を行ったときは、当該医師の意見を勘案し、当該従業員について、必要な措置を講ずる。

240 第7章 労働者の健康確保

整備前の条項

（面接指導）

第○条　従業員が、休憩時間を除き1週間当たり40時間を超えて労働させた時間が1か月当たり100時間を超え、かつ、疲労の蓄積が認められる従業員が自ら申し出たときは、会社は、医師による面接指導を行う。

※下線は変更部分

＜作成上の留意点＞

　通常の従業員について、医師による面接指導を行わなくてはいけない労働時間の基準が、100時間から80時間になりました。また、新たな技術、商品又は役務の研究開発に従事する業務に従事している従業員、高度プロフェッショナル制度の対象労働者のそれぞれについては、本人の申出がなくても一定の労働時間を超えた場合に面接指導を行う必要がありますので、そのように定める必要があります。新たな技術、商品又は役務の研究開発に従事する業務に従事している従業員については、100時間を超えた場合の本人の申出がなくとも行う面接指導と一般の従業員と同様に80時間を超えた場合の本人の申出による面接指導の2つの基準があることになります。

第7章　労働者の健康確保　241

第3　事業主による労働時間の状況の把握

ポイント

＜改正の内容＞

① 「労働時間の状況」を把握する義務が新設された。この把握は、裁量労働制適用者や管理監督者も含め、全ての労働者（高度プロフェッショナル制度が適用される労働者を除く。）を対象として行わなければならない。

② 労働時間の状況の把握義務は、医師による面接指導を実施するためのものであり、労働基準法に基づく割増賃金の支払等のためのものである労働時間の把握義務とは異なる。もっとも、実務的な対応としては、労働時間の状況の把握も、労働時間の把握と同様の方法によって行うことで問題ない。

＜規程の整備＞

① 裁量労働制適用者や管理監督者も含め、全ての従業員（高度プロフェッショナル制度が適用される従業員を除く。）について、会社の指定する方法で労働時間を記録することを義務付ける必要がある。

改正の内容

1　改正の目的

長時間労働発生時の医師の面接指導を適切に実施するため、新たに、労働時間の状況を把握する義務が設けられました（改正労安衛66の8の3）。

2　改正項目

(1)　「労働時間の状況」を把握する義務

把握する必要があるのは、「労働時間の状況」です（「労働時間」ではありません。）。

この「労働時間の状況」について、通達は、「労働時間の状況の把握とは、労働者の健康確保措置を適切に実施する観点から、労働者がいかなる時間帯にどの程度の時間、労務を提供し得る状態にあったかを把握するものである。」としています（平30・12・28基発1228第16）。すなわち、労務を提供した時間ではなく、「労務を提供し得る状態にあった時間」を把握する必要があることになります。

もっとも、厚生労働省からは、「この規定の書きぶりについては、現在、裁量労働等の部分の労働基準法の書きぶりに倣ったもので、特に労働時間以外の何かを把握することを求めるというものではありません。」との見解が示されていますし(注1)、上記通達も、「労働時間の状況の把握は、労働基準法施行規則第54条第1項第5号に掲げる賃金台帳に記入した労働時間数をもって、それに代えることができるものである。」としていますので、基本的には、既に適切な方法をもって「労働時間」を把握しているのであれば、別途これとは異なる措置を取ることが求められるものではないと思われます。

(注1)　第115回労働政策審議会安全衛生分科会議事録より抜粋。
　　　　https://www.mhlw.go.jp/stf/shingi2/0000211323_00002.html（2019.
　　　　7.22)

(2)　対象労働者

労働時間の状況の把握義務の対象となるのは、高度プロフェッショナル制度の対象労働者を除く全ての労働者です。具体的には、通常の労働者に加え、①研究開発業務従事者、②事業場外労働のみなし労働時間制の適用者、③裁量労働制の適用者、④管理監督者等、⑤派遣労働者、⑥短時間労働者、⑦有期契約労働者も含まれます（平30・12・28基発1228第16）。

第7章　労働者の健康確保　　243

(3)　把握の方法

　労働時間の状況の把握は、タイムカードによる記録、パーソナルコンピュータ等の電子計算機の使用時間の記録等の客観的な方法その他の適切な方法により行わなければなりません（改正労安衛66の8の3、改正労安衛則52の7の3①）。

　なお、通達では、その具体的方法についてより詳細に述べられており、「事業者が労働時間の状況を把握する方法としては、原則として、タイムカード、パーソナルコンピュータ等の電子計算機の使用時間（ログインからログアウトまでの時間）の記録、事業者（事業者から労働時間の状況を管理する権限を委譲された者を含む。）の現認等の客観的な記録により、労働者の労働日ごとの出退勤時刻や入退室時刻の記録等を把握しなければならない。」とされています（平30・12・28基発1228第16）。

　また、「その他の適切な方法」については、「やむを得ず客観的な方法により把握し難い場合において、労働者の自己申告による把握が考えられる」としつつ（注2）、労働者の自己申告による場合においては、以下の①から⑤までの措置を全て講じる必要があるとされています（平30・12・28基発1228第16）。

①　自己申告制の対象となる労働者に対して、労働時間の状況の実態を正しく記録し、適正に自己申告を行うことなどについて十分な説明を行うこと。

②　実際に労働時間の状況を管理する者に対して、自己申告制の適正な運用を含め、講ずべき措置について十分な説明を行うこと。

③　自己申告により把握した労働時間の状況が実際の労働時間の状況と合致しているか否かについて、必要に応じて実態調査を実施し、所要の労働時間の状況の補正をすること。

④　自己申告した労働時間の状況を超えて事業場内にいる時間又は事業場外において労務を提供し得る状態であった時間について、その

理由等を労働者に報告させる場合には、当該報告が適正に行われているかについて確認すること。

　その際に、休憩や自主的な研修、教育訓練、学習等であるため労働時間の状況ではないと報告されていても、実際には、事業者の指示により業務に従事しているなど、事業者の指揮命令下に置かれていたと認められる時間については、労働時間の状況として扱わなければならないこと。

⑤　自己申告制は、労働者による適正な申告を前提として成り立つものである。このため、事業者は、労働者が自己申告できる労働時間の状況に上限を設け、上限を超える申告は認めないなど、労働者による労働時間の状況の適正な申告を阻害する措置を講じてはならないこと。

　また、時間外労働時間の削減のための社内通達や時間外労働手当の定額払等労働時間に係る事業場の措置が、労働者の労働時間の状況の適正な申告を阻害する要因となっていないかについて確認することとともに、当該阻害要因となっている場合においては、改善のための措置を講ずること。

　さらに、新労働基準法の定める法定労働時間や時間外労働に関する労使協定（いわゆる36協定）により延長することができる時間数を遵守することは当然であるが、実際には延長することができる時間数を超えて労働しているにもかかわらず、記録上これを守っているようにすることが、実際に労働時間の状況を管理する者や労働者等において、慣習的に行われていないかについても確認すること。

（注2）　なお、「やむを得ず客観的な方法により把握し難い場合」について、通達では、「例えば、労働者が事業場外において行う業務に直行又は直帰する場合など、事業者の現認を含め、労働時間の状況を客観的に把握する手段がない場合があり、この場合に該当するかは、当該労働者の働き方の実態や法の趣旨を踏まえ、適切な方法を個別に判断すること。ただし、労働者が事業場外において行う業務に直行又は直帰する場合などにおいても、例えば、事業場外から社内システムにアクセスすることが可能であり、客観的な方法による労働時間の状況を把握できる場合もあるため、直行又は直帰であることのみを理由として、自己申告により労働時間の状況を

第7章　労働者の健康確保　　245

把握することは、認められない。また、タイムカードによる出退勤時刻や入退室時刻の記録やパーソナルコンピュータの使用時間の記録などのデータを有する場合や事業者の現認により当該労働者の労働時間を把握できる場合にもかかわらず、自己申告による把握のみにより労働時間の状況を把握することは、認められない。」とされています（平30・12・28基発1228第16）。

(4)　高度プロフェッショナル制度が適用される労働者

高度プロフェッショナル制度が適用される労働者については、労働時間の状況ではなく、健康管理時間（改正労基41の2①三、改正労安衛66の8の4①）（事業場内にいた時間（労使委員会の決議により労働時間以外を除くことが可能）と事業場外で労働した時間の合計）を把握すべきこととされます。詳細については、前掲「第3章　特定高度専門業務・成果型労働制（高度プロフェッショナル制度）」をご参照ください。

3　罰　則

労働時間の状況の把握義務違反については、罰則は設けられていません。

$$\boxed{\text{実務ステップ}}$$

①	「労働時間」の把握の対象になっておらず、現に「労働時間の把握」を行っていない従業員（裁量労働制適用者、管理監督者等）が存在するか、確認する。 ※従前適切な方法によって「労働時間」を把握していた従業員については、特段新たな措置を講じる必要はない。
②	上記の従業員が存在する場合、それらの従業員について、「労働時間の状況」を把握する措置を講じる。

246 第7章 労働者の健康確保

③	なお、「労働時間の状況」を把握するための方法については、客観的な方法その他の適切な方法でなければならない。
④	就業規則を改定する。
⑤	就業規則を管轄の労働基準監督署長へ届け出る。

規程の整備

　会社がそれぞれの従業員の労働時間等の把握を適切に行えるようにするために、全ての従業員（高度プロフェッショナル制度が適用される従業員を除きます。）について、適切に労働時間を記録する義務を記載します。

　改正労働安全衛生法上は、把握すべきは「労働時間の状況」ですが、実務的には、タイムカードの打刻等、「労働時間」を記録するための措置を規定するということで問題はないと思われます。

規程例等

○労働時間の管理に関する規定例（就業規則）

> （労働時間の管理）
> 第○条　従業員は、労働時間を会社の指定する方法によって適切に記録しなければならない。

＜作成上の留意点＞

　仮に、労働時間の管理に関する条項において、対象者の記載が、「従業員（管理職を除く。）」などのようになっている場合には、全従業員が対象になるよう、変更することが適当です。

第7章　労働者の健康確保　　247

○労働時間の管理に関する規定例（高度プロフェッショナル制度
　の適用者がいる場合）（就業規則）

（労働時間の管理）

第○条　高度プロフェッショナル制度の適用労働者以外の従業員
　は、労働時間を会社の指定する方法によって適切に記録しなけ
　ればならない。

2　高度プロフェッショナル制度の適用労働者は、事業場内にい
　た時間と事業場外で労働した時間を会社の指定する方法によっ
　て適切に記録しなければならない。

> 整備前の条項
>
> （労働時間の管理）
>
> 第○条　従業員は、労働時間を会社の指定する方法によって適切
> 　に記録しなければならない。

※下線は変更部分

＜作成上の留意点＞

　高度プロフェッショナル制度の適用労働者については、労働時間ではな
く、健康管理時間を適切に管理できるよう規定しておく必要があります。

　もっとも、健康管理時間とは、対象労働者が事業場内にいた時間と事業
場外において労働した時間の合計時間を指すところ、当該対象労働者の働
き方等によっては、一般の労働者の労働時間を把握するのと同じ方法をも
って、健康管理時間の把握が可能となることもあり得ます。その場合には、
高度プロフェッショナル制度の適用労働者かどうかで条項を分けずに、全
従業員を対象とした記載としてもよいでしょう。

248　　第8章　同一労働同一賃金と実務対応

第8章　同一労働同一賃金と実務対応

ポイント

＜改正の内容＞

① 不合理な待遇差を解消するための規定の整備。

② 労働者に対する待遇に関する説明義務の強化。

③ 行政による履行確保措置及び裁判外紛争解決手続（行政ADR）の整備。

＜実務上の対応＞

① 取り組むべきことが多く、また容易ではない。早めに取り組み始めることが重要。

② 就業規則について、非正規雇用労働者用の就業規則は、正規雇用労働者用のものとは完全に独立に作成しておくことが適当。

③ 非正規雇用労働者向けに、待遇差の内容・理由の説明書面等を用意しておく必要がある。

改正の内容

1　改正の目的

　日本における同一労働同一賃金とは、いわゆる"正規雇用労働者（正社員）"と"非正規雇用労働者"との間の待遇格差解消を目指すものです。「短時間・有期雇用労働者及び派遣労働者に対する不合理な待遇の禁止等に関する指針」（平30・12・28厚労告430）（いわゆる同一労働同一賃金ガイドライン。以下「ガイドライン」といいます。）においては、

「我が国が目指す同一労働同一賃金は、同一の事業主に雇用される通常の労働者と短時間・有期雇用労働者との間の不合理と認められる待遇の相違及び差別的取扱いの解消並びに派遣先に雇用される通常の労働者と派遣労働者との間の不合理と認められる待遇の相違及び差別的取扱いの解消……を目指すものである。」とされています。

改正の内容は、大きくは、以下の3つです。

① 不合理な待遇差を解消するための規定の整備

② 労働者に対する待遇に関する説明義務の強化

③ 行政による履行確保措置及び裁判外紛争解決手続（行政ADR）の整備

なお、後掲「6 施行時期」のとおり、同一労働同一賃金に関する法改正の施行時期は、令和2年4月1日です。ただし、中小事業主における、パートタイム労働者及び有期雇用労働者に関する法改正については、経過措置が設けられており、1年後の令和3年4月1日施行となっています。派遣労働者に関する法改正の施行時期については、企業規模による違いはありません。

2 不合理な待遇差を解消するための規定の整備

(1) 総 論

正規雇用労働者と非正規雇用労働者の間での不合理な待遇差を解消するため、所要の規定の整備が行われました。

ア 非正規雇用労働者とは

前述のとおり、働き方改革関連法が目指す同一労働同一賃金は、“正規雇用労働者（正社員）”と“非正規雇用労働者”との間の待遇格差解消を目指すものですが、この“非正規雇用労働者”とは、以下の3類型です。

① パートタイム労働者	1週間の所定労働時間が、同一の事業主に雇用される通常の労働者(注1)の1週間の所定労働時間に比べて短い労働者（パート有期2①）
② 有期雇用労働者	事業主と期間の定めのある労働契約（有期労働契約）を締結している労働者（パート有期2②）
③ 派遣労働者	事業主が雇用する労働者であって、労働者派遣の対象となる者（労派遣2二）

　なお、同一労働同一賃金は、あくまで正規雇用労働者（正社員）と非正規雇用労働者との間の待遇格差解消を目指すものであるため、正規雇用労働者同士の待遇差や、非正規雇用労働者同士の待遇差（例えば、いわゆる無限定正社員と地域限定正社員の待遇差や、パートタイム労働者と有期雇用労働者の待遇差）は、今回の法改正の射程外です。

　(注1)　ここでいう「通常の労働者」とは、社会通念に従い、比較の時点で当該事業主において「通常」と判断される労働者をいうとされており、ケースに応じて個別に判断すべきであるものの、具体的には、いわゆる正規型の労働者及び事業主と期間の定めのない労働契約を締結しているフルタイム労働者（無期雇用フルタイム労働者）をいうものである、とされています（0130通達）。

　　イ　不合理な待遇差の解消とは

　不合理な待遇差の解消とは、具体的には、"均等"待遇と"均衡"待遇という2つに整理されます。

均等待遇	"均等"待遇とは、非正規雇用労働者について、その①職務の内容（業務の内容及び当該業務に伴う責任の程度のことをいいます。以下同じ。）及び②職務の内容・配置の変更の範囲が、正規雇用労働者と同一である場合には、正規雇用労働者との間で、待遇の「差別的取扱い」を禁止する、というものです。 　待遇が同じ（均等）であることを求める規律です。

均衡待遇	"均衡"待遇とは、正規雇用労働者と非正規雇用労働者との間で待遇差がある場合に、 ①　職務の内容 ②　職務の内容・配置の変更の範囲 ③　その他の事情 のうち、「当該待遇の性質及び当該待遇を行う目的に照らして適切と認められるもの」を考慮して、不合理と認められる待遇差であってはならない、というものです。 　待遇差を設けること自体は許容されても、その差異の程度は、適切な事情を考慮材料として、不合理なものであってはならない（均衡のとれたものでなければならない）という規律です。

　「同一労働同一賃金」という呼称を踏まえて、『今行っている業務（労働）が同一であれば、賃金を同じにしなければならない』という規律であると誤解されることもありますが、上記のとおり、業務内容以外にも様々な要素を勘案することとなりますし、待遇についても、同一にするのみならず、待遇差を不合理でない程度の範囲に収めることを求められることになります。

　　ウ　待遇に関する解釈の明確化

　法改正前も、均等待遇及び均衡待遇について定めた規定は一部で存在していましたが（例えば、パートタイム労働法9条、8条）、具体的にどのような待遇について均等・均衡を図らなければいけないのかが、条文上は明確ではありませんでした。その結果、例えば、賃金の格差については、賃金の総額ベースで比較すればよいのか、あるいは個別の手当などごとに比較するのか、裁判所の判断も分かれることとなっていました(注2)。

　そこで、法改正によって、「基本給、賞与その待遇のそれぞれについて」均等・均衡を図らなければならないことと明確化されました。つ

まり、例えば賃金であれば、正規雇用労働者と非正規雇用労働者の賃金総額を比較するのではなく、基本給や賞与、個別の手当などごとに、均等待遇・均衡待遇が実現されているかが判断されることになります。

その結果、事業主において、正規雇用労働者と非正規雇用労働者の待遇に差異を設ける場合には、その個別の待遇差ごとに、合理的な理由がなければならないことになります。その具体的な考え方の指針を示しているのが、ガイドラインです。

均等・均衡を図らなければならない待遇は、基本給や賞与、個別の手当にとどまりません。0130通達においては、「『待遇』には、基本的に、全ての賃金、教育訓練、福利厚生施設、休憩、休日、休暇、安全衛生、災害補償、解雇(注3)等の全ての待遇が含まれる」とされていますし、ガイドラインにおいては、賃金関係以外に、以下のものが記載されています（詳細は後掲「5　ガイドラインの内容」を参照してください。）。

・福利厚生施設（給食施設、休憩室及び更衣室）の利用

・転勤者用社宅の利用

・慶弔休暇並びに健康診断に伴う勤務免除及び当該健康診断を勤務時間中に受診する場合の当該受診時間に係る給与の保障

・病気休職

・法定の日数を超えて付与する有給休暇その他の法定外の休暇（慶弔休暇を除きます。）

・教育訓練

・安全管理に関する措置及び給付

(注2)　例えば、定年後再雇用の有期雇用労働者（嘱託社員）と、定年前正社員との賃金格差が問題となった長澤運輸事件では、高裁判決（東京高判平28・11・2判時2331・108）においては、基本給や各種手当を合計した総額を基準に比較し、結論として、賃金全体の格差について不合理なものとは言えない旨を判示していましたが（もっとも、個別の手当の趣旨を考慮し

ても、不合理とは言えないとも判示しています。)、最高裁判決（最判平30・6・1判時2389・107）においては、各種手当の合理性を個別に判断し、結論として、住宅手当や家族手当等を嘱託社員に支給しないことについては不合理とはいえないとしつつ、精勤手当（※皆勤手当）については、嘱託社員に支給しないことは不合理である旨判示しました。

(注3)　経営上の理由による解雇対象者の選定等を指します。

　エ　小　括

以上のとおり、同一労働同一賃金とは、

① 　正規雇用労働者と、パートタイム労働者・有期雇用労働者・派遣労働者との間で、

② 　基本給、賞与、個別の手当、福利厚生施設の利用、休暇等の様々な待遇のそれぞれについて、

　㋐ 　それぞれの労働者の「職務の内容」及び「職務の内容及び配置の変更の範囲」が同一であれば、その待遇を均等にしなければならない。

　㋑ 　待遇差がある場合であっても、それぞれの労働者の職務の内容、職務の内容・配置の変更の範囲及びその他の事情の相違に応じて、当該待遇の性質・目的に照らして適切と認められる事情を考慮して、不合理と認められる待遇差であってはならない。

というものです。

　また、前述のとおり、均等待遇及び均衡待遇について定めた規定は、法改正前に全く存在していなかったわけではなく、非正規雇用労働者の一部類型については存在していたものですが、この度の法改正によって、

・いずれの非正規雇用労働者の類型においても、均等待遇と均衡待遇の両方の規定が設けられたとともに、

・個別の待遇のそれぞれについて判断されるべき旨と、判断に際しての考慮事情が明確化

されました。

＜改正前→改正後＞

○：規定あり　△：配慮規定　×：規定なし　◎：規定の解釈の明確化

	パート	有　期	派　遣
均等待遇規定	○→○	×→○	×→○＋労使協定(※)
均衡待遇規定	○→◎	○→◎	△→○＋労使協定(※)

(出典：厚生労働省「働き方改革～一億総活躍社会の実現に向けて～」を一部加工)
※「労使協定」の内容等については、後掲(3)ア(イ)＜労使協定の内容＞を参照してください。

　以下では、パートタイム労働者、有期雇用労働者、派遣労働者のそれぞれについて、法改正の内容をより詳細に解説します。

　なお、パートタイム労働者と有期雇用労働者については、法改正後は同一の法律で規律されることとなり、その規律の内容もほぼ同じであるため、まとめて解説します。

(2)　パートタイム労働者・有期雇用労働者における不合理な待遇差の解消

ア　法律の名称変更

　法改正前は、パートタイム労働者に関する規律は短時間労働者の雇用管理の改善等に関する法律（パートタイム労働法）に定められており、有期雇用労働者に関する規律は労働契約法（均衡待遇については、同法20条）に定められていましたが、法改正によって、労働契約法20条が削除されるとともに、「短時間労働者の雇用管理の改善等に関する法律」を「短時間労働者及び有期雇用労働者の雇用管理の改善等に関する法律」（注：下線筆者）（パート有期法(注4)）と改題した上で、同法において、パートタイム労働者と有期雇用労働者の双方について、均等待遇・均衡待遇を定める形としました。

　すなわち、改正前はパートタイム労働者のみを対象にしていたパートタイム労働法が、有期雇用労働者も対象とするものになり、また、

有期雇用労働者について、均衡待遇のみならず均等待遇も求められるようになったということです。

(注4) 厚生労働省においては、「パートタイム・有期雇用労働法」と略することが多いようですが、本書では、「パート有期法」とします。

イ　均等待遇（差別的取扱いの禁止）について

パートタイム労働者及び有期雇用労働者に関しては、以下のとおり、通常の労働者（いわゆる正規型の労働者又は無期雇用フルタイム労働者）との間で、均等待遇（差別的取扱いの禁止）が必要になります。

パート有期法 9条 （均等待遇）	①　職務の内容が、通常の労働者と同一で、 ②　当該事業所における慣行その他の事情からみて、当該事業主との雇用関係が終了するまでの全期間において、職務の内容・配置の変更が、通常の労働者と同一の範囲で変更されることが見込まれる場合 ⇒パートタイム労働者・有期雇用労働者であることを理由として、基本給、賞与その他の待遇のそれぞれについて、通常の労働者との間で「差別的取扱い」をしてはなりません。

(ア)　「職務の内容」の同一性について

a　職務の内容について

「職務の内容」とは、「業務の内容及び当該業務に伴う責任の程度」を指しますが、より具体的には、以下のとおりとなります (0130通達)。

「業務」	職業上継続して行う仕事
「責任の 程度」	業務に伴って行使するものとして付与されている権限の範囲・程度等をいい、具体的には、以下のもの等を指します。 ①　授権されている権限の範囲（単独で契約締結可能な金額の範囲、管理する部下の数、決裁権限の範囲等） ②　業務の成果について求められる役割

	③ トラブル発生時や臨時・緊急時に求められる対応の程度
	④ ノルマ等の成果への期待の程度
	⑤ 所定外労働の有無及び頻度（ただし、補助的指標とされています。） 等

b 「職務の内容」の同一性の判断手順

「職務の内容」の同一性については、まず、「業務の内容」が「実質的に同一」であるかを判断し、次いで、「責任の程度」が「著しく異なって」いないかを判断することになります。すなわち、「業務の内容が実質的に同一」であり、かつ、「責任の程度が著しく異なって」いなければ、「職務の内容」の同一性が認められることになります（0130通達）。

| 業務の内容が実質的に同一であるか | ① まず、『厚生労働省編職業分類』の細分類を目安として、業務の分類が同一であるかを確認します。
② 上記①が同一である場合には、次に、「中核的業務」（個々の業務のうち、当該職務を代表する中核的な業務）の実質的同一性を判断します。 |
| 責任の程度が著しく異なっていないか | ③ 上記①が同一であり、上記②にも実質的同一性が認められる場合には、責任の程度が著しく異なっていないかを判断します。 |

（イ） 「職務の内容及び配置の変更の範囲」の同一性について

a 「職務の内容及び配置の変更の範囲」について

「職務の内容及び配置の変更の範囲」は、「人材活用の仕組み、運用等」と表現されることもありますが、より具体的には、「ある労働者が、ある事業主に雇用されている間にどのような職務経験を積むこととなっているかを見るものであり、転勤、昇進を含むいわゆる人事異動や本人の役割の変化等の有無や範囲を総合判断するものである。」とされています（0130通達）。

第8章　同一労働同一賃金と実務対応　　257

　なお、「職務の内容及び配置の変更の範囲」が「同一の範囲」である
かどうかを判断するに当たっては、その「範囲」の完全な一致を求め
るものではなく、実質的に同一と考えられるかどうかという観点から
判断することとされています（0130通達）。

　　　b　「職務の内容及び配置の変更の範囲」の同一性の判断手
　　　　順
　「職務の内容及び配置の変更の範囲」の同一性については、以下の
順序で判断されます（0130通達）。
①　まず、転勤の有無が同一であるか
②　次に、上記①が同一である場合、全国転勤の可能性があるのか、
　エリア限定なのか等、転勤により移動が予定されている範囲が実質
　的に同一であるか
③　上記②も認められる場合、事業所内における職務内容の変更の有
　無、次いで、職務の内容の変更により経験する可能性のある範囲を
　比較し、その異同を判断

　　　（ウ）　パート有期法9条（差別的取扱いの禁止）の効果
　均等待遇を定めるパート有期法9条（差別的取扱いの禁止）の要件を
満たした場合、事業主は、パートタイム労働者・有期雇用労働者であ
ることを理由として、全ての賃金、教育訓練、福利厚生施設、休憩、
休日、休暇、安全衛生、災害補償、解雇等の全ての待遇（労働時間及
び労働契約の期間を除きます。）について、差別的取扱いをしてはなり
ません。

　なお、この場合、待遇の取扱いが同じであっても、個々の労働者に
ついて査定や業績評価等を行うに当たり、意欲、能力、経験、成果等
を勘案することにより個々の労働者の賃金水準が異なることは、通常
の労働者間であっても生じ得ることであって、問題とはなりません。
また、労働時間が短いことに比例した取扱いの差異として、査定や業

績評価が同じである場合であっても賃金が時間比例分少ないといった合理的な差異は許容されます（0130通達）。

　　ウ　均衡待遇（不合理な待遇の禁止）について

　パートタイム労働者・有期雇用労働者に関しては、以下のとおり、通常の労働者（いわゆる正規型の労働者又は無期雇用フルタイム労働者）との間で、均衡待遇（不合理な待遇の禁止）が必要になります。

パート有期法8条（均衡待遇）	通常の労働者との間で、基本給、賞与その他の待遇のそれぞれについて、 ①　職務の内容 ②　職務の内容・配置の変更の範囲 ③　その他の事情 のうち、「当該待遇の性質及び当該待遇を行う目的に照らして適切と認められるもの」を考慮して、不合理と認められる相違を設けてはなりません。

　　（ア）　「職務の内容」について

　パート有期法9条における「職務の内容」と同様です（上記イ（ア）参照）。

　　（イ）　「職務の内容及び配置の変更の範囲」について

　パート有期法9条における「職務の内容及び配置の変更の範囲」と同様です（上記イ（イ）参照）。

　　（ウ）　「その他の事情」について

　均衡待遇を定めるパート有期法8条においては、待遇差の不合理性判断に当たって、「職務の内容」、「職務の内容及び配置の変更の範囲」に加え、「その他の事情」も勘案することとなっています。

　この「その他の事情」については、「職務の内容並びに職務の内容及び配置の変更の範囲に関連する事情に限定されるものではない」とされており、具体的には、例えば以下のとおりとなります（0130通達）。

・職務の成果、能力、経験、合理的な労使の慣行、事業主と労働組合

との間の交渉といった労使交渉の経緯などの諸事情

・有期雇用労働者ではあるが、定年に達した後に継続雇用された者で
あること

・パート有期法14条2項に基づく待遇の相違の内容及びその理由に関
する説明を十分に行わなかったこと（不合理性を基礎づける事情と
して考慮され得ます。）

　（エ）　パート有期法8条（不合理な待遇の禁止）の判断について
均衡待遇を定めるパート有期法8条（不合理な待遇の禁止）は、個別
の待遇のそれぞれについて、①職務の内容、②職務の内容及び配置の
変更の範囲、③その他の事情のうち、「当該待遇の性質及び当該待遇を
行う目的に照らして適切と認められるもの」を考慮して、不合理と認
められる相違を設けてはならない、というものです。

　まず、不合理性の判断の対象となるのは、待遇の「相違」であると
ころ、この待遇の相違は、「短時間・有期雇用労働者であることに関連
して生じた待遇の相違」に限られます。

　また、不合理性の判断に当たっては、①職務の内容、②職務の内容
及び配置の変更の範囲、③その他の事情の全てが必ず考慮されるので
はなく、あくまで、「当該待遇の性質及び当該待遇を行う目的に照らし
て適切と認められるもの」が考慮されます。したがって、まずは「当
該待遇の性質」及び「当該待遇を行う目的」を個別に検証する必要が
ありますし、これに応じて（判断対象となる待遇によって）、考慮材料
が異なるということになります。

　例えば、いずれもトラック運転手である正社員と契約社員の間での
労働条件の相違（契約社員には住宅手当及び皆勤手当を支給しないこ
と）が不合理と認められるかが争いとなった最高裁平成30年6月1日判
決（判時2390・96＝ハマキョウレックス事件）では、以下のような判断が示
されています。

待　遇	結　論	検討内容
住宅手当	不合理ではない	・職務の内容に違いはない。 ・職務の内容及び配置の変更の範囲には、①出向を含め、全国規模での就業場所の変更の可能性の有無、②等級役職制度を通じた、会社の中核を担う人材として登用される可能性の有無、といった違いがある。 ・住宅手当は、従業員の住宅に要する費用を補助する趣旨で支給されるもの。 ・正社員については、転居を伴う配転が予定されているため、契約社員と比較して住宅に要する費用が多額となり得る。
皆勤手当	不合理である	・職務の内容に違いはない。 ・職務の内容及び配置の変更の範囲には、①出向を含め、全国規模での就業場所の変更の可能性の有無、②等級役職制度を通じた、会社の中核を担う人材として登用される可能性の有無、といった違いがある。 ・皆勤手当は、会社が運送業務を円滑に進めるには実際に出勤するトラック運転手を一定数確保する必要があることから、皆勤を奨励する趣旨で支給されるもの。 ・正社員と契約社員では、職務の内容は異ならないから、出勤する者を確保することの必要性については、違いはない。 ・また、出勤する者を確保する必要性については、将来転勤や出向をする可能性や、会社の中核を担う人材として登用される可能性の有無といった事情によっては異ならない。 ・労働契約及び契約社員就業規則によれば、契約社員については、会社の業績と本人の勤務成績

待　遇	結　論	検討内容
		を考慮して昇給することがあるとされているが、昇給しないことが原則である上、皆勤の事実を考慮して昇給が行われたとの事情もうかがわれない。

　（オ）　パート有期法8条（不合理な待遇の禁止）の効果

　均衡待遇を定めるパート有期法8条（不合理な待遇の禁止）は、基本的に、全ての賃金、教育訓練、福利厚生施設、休憩、休日、休暇、安全衛生、災害補償、解雇等の全ての待遇（労働時間及び労働契約の期間を除きます。）が対象になりますが、同条は、私法上の効力を有する規定であり、パートタイム労働者・有期雇用労働者に係る労働契約のうち、同条に違反する待遇の相違を設ける部分は無効となり、故意・過失による権利侵害、すなわち不法行為として損害賠償が認められ得ると解されています。

　他方で、パートタイム労働者・有期雇用労働者と通常の労働者との待遇の相違が同条に違反する場合であっても、同条の効力により、当該短時間・有期雇用労働者の待遇が比較の対象である通常の労働者の待遇と同一のものとなるものではありません（ただし、個々の事案に応じて、就業規則の合理的な解釈により、通常の労働者の待遇と同一の待遇が認められる場合もあり得ると考えられています。）（以上、0130通達）。

　エ　賃金、教育訓練及び福利厚生施設に関する定めについて

　有期雇用労働者の待遇については、労働契約法ではなくパート有期法に定めることになったことに伴い、法改正前はパートタイム労働者のみを対象としていた、正規雇用労働者との待遇差解消を要求するパートタイム労働法10条、11条及び12条が、有期雇用労働者にも適用されることとなります（パート有期10・11・12）。

262　第8章　同一労働同一賃金と実務対応

　パート有期法10条は賃金の決定に関する定め、同11条は教育訓練に関する定め、同12条は福利厚生施設（給食施設、休憩室及び更衣室）に関する定めであり、いずれも、正規雇用労働者との均等又は均衡を求めるものです。もっとも、特に同11条、12条については、基本的に、パート有期法8条又は9条でカバーされることになろうと思います。

パート有期法10条（賃金）	・事業主は、通常の労働者との均衡を考慮しつつ、パートタイム労働者・有期雇用労働者（同9条において差別的取扱いが禁止される者を除きます。）の職務の内容、職務の成果、意欲、能力又は経験その他の就業の実態に関する事項を勘案し、その賃金を決定するように努めなければなりません。 ・上記賃金には、通勤手当、家族手当、住宅手当、別居手当、子女教育手当、その他職務に密接に関連して支払われるものではないものが、除外されています（パート有期則3）。
パート有期法11条（教育訓練）	・従事する職務の遂行に必要な能力を付与するための教育訓練については、同9条において差別的取扱いが禁止されるパートタイム労働者・有期雇用労働者に対しても、通常の労働者と同様に実施しなければなりません。 ・事業主は、通常の労働者との均衡を考慮しつつ、パートタイム労働者・有期雇用労働者（同9条において差別的取扱いが禁止される者を除きます。）に対しても、その職務の内容、職務の成果、意欲、能力又は経験その他の就業の実態に関する事項に応じ、教育訓練を実施するように努めなければなりません。
パート有期法12条（福利厚生）	・通常の労働者に利用の機会を与えている給食施設、休憩室及び更衣室がある場合には、パートタイム労働者・有期雇用労働者（同9条において差別的取扱いが禁止される者を除きます。）に対しても、利用の機会を与えなければなりません(注5)。

第8章　同一労働同一賃金と実務対応　　263

(注5)　法改正前（パートタイム労働法）では努力義務でしたが、法改正により、義務に格上げされました。

(3)　派遣労働者における不合理な待遇差の解消

　ア　派遣元が行うべき2つの方式

　派遣労働者についても、不合理な待遇差を解消するための法改正がなされることになりましたが、パートタイム労働者・有期雇用労働者とは、異なった規律になることとなっています。これは、派遣労働者においては、パートタイム労働者・有期雇用労働者とは異なる考慮が必要になるためです。

　どういうことかというと、パートタイム労働者・有期雇用労働者については、あくまで同じ事業主の中における通常の労働者（正社員等）との間での待遇差が問題になるのであって、待遇の決定主体や提供主体は、いずれの労働者にとっても同じ事業主です。これに対して、派遣労働者については、派遣先事業主で勤務する通常の労働者（派遣先の正社員等）との間での待遇格差を問題にすることとなります。したがって、派遣労働者と、比較対象となる労働者とで、待遇の決定主体や提供主体が異なることになり、また、派遣労働者の派遣先が変われば、比較対象となる労働者（比較対象となる待遇）もあわせて変わることとなります。

　そこで、派遣労働者については、派遣元事業主（派遣会社）は、自社が雇用する派遣労働者の待遇改善のために、「派遣先均等・均衡方式」と「労使協定方式」という2つの方式のいずれかを選択できることとなりました（いずれの方式を選択するのも、派遣元事業主（及び雇用されている労働者）の自由ですが、労使協定方式をとらない場合には、すべて派遣先均等・均衡方式になります。）。

　（ア）　派遣先均等・均衡方式

　1つ目は、派遣先の通常の労働者との間で、均等待遇・均衡待遇を図る方式です（派遣先均等・均衡方式（改正労派遣30の3））。派遣労働者

についても、パートタイム労働者・有期雇用労働者と同様の均等待遇・均衡待遇を行うことになります。

改正労働者派遣法30条の3第2項（均等待遇）	① 職務の内容（業務の内容及び当該業務に伴う責任の程度）が、派遣先の通常の労働者と同一で、 ② 当該労働者派遣契約及び当該派遣先における慣行その他の事情からみて、当該派遣先における派遣就業が終了するまでの全期間において、職務の内容・配置の変更が、派遣先の通常の労働者と同一の範囲で変更されることが見込まれる場合 ⇒正当な理由がなく、基本給、賞与その他の待遇のそれぞれについて、派遣先の通常の労働者の待遇に比して不利なものとしてはならないとされています。
改正労働者派遣法30条の3第1項（均衡待遇）	派遣先の通常の労働者との間で、基本給、賞与その他の待遇のそれぞれについて、 ① 職務の内容 ② 職務の内容・配置の変更の範囲 ③ その他の事情 のうち、「当該待遇の性質及び当該待遇を行う目的に照らして適切と認められるもの」を考慮して、不合理と認められる相違を設けてはならないとされています。

　なお、派遣先均等・均衡方式の対象となる派遣労働者については、賃金の決定に関する努力義務が設けられました(注6)。派遣元事業主は、派遣先に雇用される通常の労働者との均衡を考慮しつつ、その雇用する派遣労働者（労使協定方式の対象となる派遣労働者を除きます。）の職務の内容、職務の成果、意欲、能力又は経験その他の就業の実態に関する事項を勘案し、その賃金(注7)を決定するように努めなければなりません（改正労派遣30の5）。

第8章　同一労働同一賃金と実務対応　　265

(注6)　法改正前も、一定の配慮義務は存在していましたが(旧労派遣30の3①)、これは均衡待遇の条文へ改正されました。

(注7)　職務の内容に密接に関連して支払われる賃金以外の賃金(例えば、通勤手当、家族手当、住宅手当、別居手当、子女教育手当)を除きます(改正労派遣則25の13)。

(イ)　労使協定方式

　2つ目は、派遣元事業主において、過半数代表者等との間で一定の内容の労使協定を書面で締結・周知し、当該労使協定で定めた事項を遵守している場合には、派遣先の通常の労働者に合わせた均等待遇・均衡待遇を行わなくてよい、という方式です(労使協定方式(改正労派遣30の4、改正労派遣則25の6〜25の12))。労使協定に沿って一定水準以上の待遇が実現されている場合には、派遣先の通常の労働者との均等待遇・均衡待遇を行わなくてよい、ということになります。

　ただし、待遇の中でも、例外的に、①「教育訓練」(改正労派遣40②)、及び②福利厚生施設として利用の機会を与えている「給食施設、休憩室及び更衣室」(改正労派遣40③、労派遣則32の3)については、労使協定の対象とならず、派遣先の通常の労働者との均等待遇・均衡待遇を確保する必要があります。

＜労使協定方式の場合に必要となる措置等＞

必要事項	具体的内容
過半数代表者の選出	労使協定の締結当事者は、過半数労働組合がある場合は当該労働組合、ない場合は過半数代表者となります。 過半数代表者については、①労働基準法41条2号に規定する管理監督者ではなく、②労使協定を締結する者を選出することを明らかにして実施される投票、挙手等の民主的な方法による手続により選出された者であって、派遣元事業主の意向に基づき選出されたものでないことが必要です(改正労派遣則25の6)。 なお、過半数代表者が適切に選出されていない場合、労使協定は無効となり、派遣先均等・均衡方式が適用されることとなります。

必要事項	具体的内容
労使協定に関する書面の保存	派遣元事業主は、労使協定に係る書面を、その有効期間が終了した日から3年を経過する日まで保存しなければなりません（改正労派遣則25の12）。
労使協定の内容の周知	派遣元事業主は、締結した労使協定を、以下の①〜④のいずれかの方法により、雇用する労働者に周知しなければなりません（改正労派遣則25の11）。 ① 書面の交付 ② 労働者が希望した場合に、ファクシミリでの送信又は電子メール等での送信 ③ 電子計算機に備えられたファイル、磁気ディスクその他これらに準ずる物に記録し、かつ、労働者が当該記録の内容を常時確認できるようにすること ④ 常時派遣元事業主の各事業所の見やすい場所に提示し、又は備え付ける方法（労使協定の「概要」について、上記①又は②により併せて周知している場合に限ります。）
一定の内容の労使協定の締結	後述します（＜労使協定の内容＞参照）。
労使協定に定めた事項の遵守	後述します（＜労使協定の内容＞の※1参照）。
行政機関への報告	労使協定方式をとっている派遣元事業主は、毎年度、6月30日までに厚生労働大臣に提出する事業報告書に、労使協定を添付しなければなりません（改正労派遣則17③）。 また、協定対象となる派遣労働者の職種ごとの人数、職種ごとの賃金額の平均額を報告しなければなりません。
安全管理	派遣元事業主が協定対象となる派遣労働者に対して行う安全管理に関する措置及び給付のうち、職務の内容に密

必要事項	具体的内容
	接に関連するものについては、派遣先に雇用される通常の労働者との間で不合理と認められる相違等が生じないようにすることが望ましいとされています（改正派遣元指針第2・8(8)）。

＜労使協定の内容＞（※1）

① 協定対象となる派遣労働者の範囲(※2)

② 協定対象となる派遣労働者の賃金の決定方法（次のいずれにも該当することが必要です。）

⑦ 派遣労働者が従事する業務と同種の業務に従事する一般労働者の平均的な賃金額と同等以上の賃金額となるもの(※3)

④ 派遣労働者の職務の内容、成果、意欲、能力又は経験等の向上があった場合に賃金が改善されるもの(※4)

③ 上記②の方法により賃金を決定するにあたって、派遣労働者の職務内容、成果、意欲、能力又は経験等を公正に評価して賃金を決定すること

④ 協定対象となる派遣労働者について、賃金、教育訓練（改正労派遣40②）及び福利厚生施設（給食施設、休憩室及び更衣室（改正労派遣40③））を除く待遇の決定方法（派遣元事業主に雇用される通常の労働者（派遣労働者を除きます。）との間で不合理な相違が生じないものに限ります。）

⑤ 協定対象となる派遣労働者に対して、段階的・体系的な教育訓練を実施すること

⑥ その他の事項

⑦ 有効期間(※5)

④ 協定対象となる派遣労働者の範囲を派遣労働者の一部に限定する場合は、その理由

⑦ 特段の事情がない限り、労働契約の期間中に、派遣先の変更を理由として、協定対象となる派遣労働者であるか否かを変えようとしないこと

※1　上記②~⑤として労使協定に定めた事項を遵守していない場合は、労使協定方式は適用されず、派遣先均等・均衡方式となります。

※2　客観的な基準により範囲を定めることが必要であり、例えば「賃金水準が高い企業に派遣する労働者」と定めることは適当ではないとされています（厚生労働省パンフレット「平成30年労働者派遣法改正の概要＜同一労働同一賃金＞」（以下「派遣法改正パンフレット」といいます。））。

※3　具体的には、「派遣先の事業所その他派遣就業の場所の所在地を含む地域において派遣労働者が従事する業務と同種の業務に従事する一般の労働者であって、当該派遣労働者と同程度の能力及び経験を有する者の平均的な賃金の額」とされており（改正労派遣則25の9）、職種ごとの賃金、能力・経験、地域別の賃金差をもとに決定されることとなります。なお、職種ごとの賃金等については、毎年6~7月に厚生労働省からの通知で示される予定です（派遣法改正パンフレット）。

※4　ここでいう「賃金」は、職務の内容に密接に関連して支払われる賃金以外の賃金（例えば、通勤手当、家族手当、住宅手当、別居手当、子女教育手当）を除いたものです（改正労派遣則25の8）。

※5　2年以内が望ましいとされています（派遣法改正パンフレット）。

（ウ）　小　括

以上のとおり、派遣元事業主は、まず、自社において、派遣先均等・均衡方式と、労使協定方式のいずれかを選択することになります。なお、それぞれの方式において、待遇は、以下のようになることになります。

	派遣先均等・均衡方式	労使協定方式
賃　金	・派遣先の通常の労働者との均等・均衡を図ります。 ・派遣先に雇用される通常の労働者との均衡を考慮しつつ、職務の内容、職務の成果、意欲、能力又は経験その他の就業の実態に関する事項を勘案し、その賃金を決定するように努めます。	・同種の業務に従事する一般労働者の平均的な賃金額と同等以上の賃金額とします。 ・職務の内容、成果、意欲、能力又は経験等の向上があった場合に賃金を改善することとします。 ・職務内容、成果、意欲、能力又は経験等を公正に評価して賃金を決定します。

第8章　同一労働同一賃金と実務対応

	派遣先均等・均衡方式	労使協定方式
教育訓練	・派遣先の通常の労働者との均等・均衡を図ります。	・派遣先の通常の労働者との均等・均衡を図ります。 ・段階的・体系的な教育訓練を実施します。
福利厚生施設	・派遣先の通常の労働者との均等・均衡を図ります。	・派遣先の通常の労働者との均等・均衡を図ります。
上記3つ以外の待遇	・派遣先の通常の労働者との均等・均衡を図ります。	・派遣元事業主に雇用される通常の労働者（派遣労働者を除きます。）との間で不合理な相違が生じない範囲で決定します。

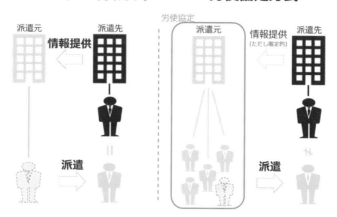

イ　派遣元事業主が講ずべき措置等

　法改正に伴い、派遣元事業主が新たに講じなければならないこととなった措置等は、以下のとおりです。

措置等	内　容
派遣元事業主から関係者への待遇決定方式の情報提供	・派遣元事業主は、派遣労働者の数、派遣先の数、いわゆるマージン率、教育訓練に関する事項等を、事業所への書類の備付け、インターネットの利用その他の適切な方法により情報提供しなければならないこととなっていますが（労派遣23⑤、労派遣則18の2）、新たに、以下の事項についても情報提供をしなければならないこととなりました（改正労派遣則18の2③）。 ①　労使協定方式に係る労使協定を締結しているか否か ②　上記労使協定を締結している場合には、協定対象となる派遣労働者の範囲、及び労使協定の有効期間の終期 ・特に、上記①及び②の情報の提供方法については、「常時インターネットの利用」によることを原則とすべきとされています（改正派遣元指針第2・16）。
労働者派遣契約の記載事項	・派遣元事業主と派遣先の間で締結する労働者派遣契約に記載すべき事項に、①派遣労働者が従事する業務に伴う責任の程度、②協定対象となる派遣労働者に限るか否か、が追加されました（改正労派遣則22）。 ・なお、これに伴い、派遣元事業主による、派遣時における派遣労働者への就業条件等の明示事項にも、上記①が加わることになります（労派遣34①）。
就業規則の作成手続	・派遣元事業主は、派遣労働者に係る事項について、就業規則を作成又は変更しようとするときは、あらかじめ、事業所において雇用する派遣労働者の過半数を代表すると認められるものの意見を聴くように努めなければなりません（注8）（改正労派遣30の6）。

第8章　同一労働同一賃金と実務対応　　271

措置等	内　容
派遣先への通知内容	・派遣元事業主が労働者派遣をするときに、派遣先に通知すべき事項に、「協定対象となる派遣労働者であるか否か」が追加されました（改正労派遣35①二）。
派遣元管理台帳の記載事項	・派遣元管理台帳に記載すべき事項に、①協定対象となる派遣労働者であるか否か、②派遣労働者が従事する業務に伴う責任の程度、が追加されました（改正労派遣37①、改正労派遣則31二）。
派遣労働者に対する説明	後述します（後掲3(3)参照）。

（注8）　事業所の「過半数」代表とは、当該事業所の全労働者を母数としますので（正社員やパートタイム労働者、派遣労働者全てを含みます。）、極端にいえば、派遣労働者が誰も投票しなかった者であっても、過半数代表として選出され得ます。本改正は、派遣労働者（のみ）の過半数を代表する者からも意見を聴くよう努力義務を課すものです。

　ウ　派遣先が講ずべき措置等

　（ア）　全体像

　法改正に伴い、派遣先が新たに講じなければならないこととなった措置等は、以下のとおりです。

措置等	内　容
派遣元事業主に対する比較対象労働者の待遇情報の提供	後述します（後掲(イ)参照)。
派遣料金の交渉における配慮	・派遣先は、派遣料金について、派遣先均等・均衡方式又は労使協定方式による待遇改善が行われるよう配慮しなければなりません（改正労派遣26⑪)。

措置等	内　容
労働者派遣契約の記載事項	・派遣元事業主と派遣先の間で締結する労働者派遣契約に記載すべき事項に、①派遣労働者が従事する業務に伴う責任の程度、②協定対象となる派遣労働者に限るか否か、が追加されました（改正労派遣則22）。
教育訓練(※1)	派遣先は、派遣先の労働者に対して業務の遂行に必要な能力を付与するための教育訓練を実施する場合に、派遣元事業主から求めがあったときは、派遣労働者が既に必要な能力を有している場合や派遣元事業主が実施可能・実施済みである場合を除き、派遣労働者に対してもこれを実施する等必要な措置を講じなければなりません（改正労派遣40②、労派遣則32の2）。
福利厚生(※2、3)	・派遣先は、派遣先の労働者が利用する給食施設、休憩室及び更衣室については、派遣労働者に対しても、利用の機会を与えなければなりません（改正労派遣40③、労派遣則32の3）。 ・また、派遣先は、派遣就業が適正かつ円滑に行われるようにするため、適切な就業環境の維持のほか、派遣先が設置及び運営し、派遣先の労働者が通常利用している物品販売所、病院、診療所、浴場、理髪室、保育所、図書館、講堂、娯楽室、運動場、体育館、保養施設等の施設の利用に関する便宜の供与等、必要な措置を講ずるように配慮しなければなりません（改正労派遣40④、派遣先が講ずべき措置に関する指針第2・9(1)）。
派遣元事業主に対する情報提供	・派遣先は、段階的・体系的な教育訓練、派遣先均等・均衡方式又は労使協定方式による待遇決定及び派遣労働者に対する待遇に関する事項等

第8章　同一労働同一賃金と実務対応　　273

措置等	内　容
	の説明が適切に講じられるようにするため、派遣元事業主の求めがあったときは、派遣先に雇用される労働者に関する情報、派遣労働者の業務の遂行の状況その他の情報であって必要なものを提供する等、必要な協力をするように配慮しなければなりません（改正労派遣40⑤）。
派遣先管理台帳の記載事項	・派遣先管理台帳に記載すべき事項に、①協定対象となる派遣労働者であるか否か、②派遣労働者が従事する業務に伴う責任の程度、が追加されました（改正労派遣42①、改正労派遣則36二）。

※1　教育訓練に関する義務は、法改正前は配慮義務だったものが、義務に格上げされたものです。

※2　給食施設、休憩室及び更衣室の利用機会の付与については、法改正前は配慮義務だったものが、義務に格上げされたものです。

※3　適切な就業環境の維持、各種施設の利用に関する便宜の付与等については、法改正前は努力義務だったものが、配慮義務に格上げされたものです。

　（イ）　比較対象労働者の待遇情報の提供

　労働者派遣の役務の提供を受けようとする者（派遣先）は、労働者派遣契約を締結するに当たり、あらかじめ、派遣元事業主に対し、「比較対象労働者の待遇に関する情報」を提供しなければならないこととなりました（改正労派遣26⑦）。派遣先からこういった情報の提供を受けておかないと、派遣元事業主において、派遣労働者における不合理な待遇差の解消を実現できないためです。

　派遣元事業主は、上記の情報提供を行わない者との間では、労働者派遣契約を締結してはならないこととされています（改正労派遣26⑨）。

　　a　比較対象労働者

　派遣先は、「比較対象労働者」の待遇に関する情報を提供することとなります。この「比較対象労働者」とは、労働者派遣の役務の提供を

受けようとする者（派遣先）に雇用される通常の労働者であって、その職務の内容（業務の内容及び当該業務に伴う責任の程度）並びに当該職務の内容及び配置の変更の範囲が、当該労働者派遣に係る派遣労働者と同一であると見込まれる者その他の当該派遣労働者と待遇を比較すべき労働者、とされており（改正労派遣26⑧）、具体的には、以下の①から⑥の優先順位により、派遣先が選定することになります（改正労派遣則24の5、派遣法改正パンフレット）。

---

① 「職務の内容」と「職務の内容及び配置の変更の範囲」が同一である通常の労働者
② 「職務の内容」が同一である通常の労働者
③ 「業務の内容」又は「責任の程度」が同一である通常の労働者
④ 「職務の内容及び配置の変更の範囲」が同一である通常の労働者
⑤ 上記①〜④に相当するパートタイム労働者・有期雇用労働者（派遣先の通常の労働者との間で均衡待遇が確保されていることが必要）
⑥ 派遣労働者と同一の職務に従事させるために新たに通常の労働者を雇い入れたと仮定した場合における当該労働者

---

　　b　提供する「待遇に関する情報」

派遣先が派遣元事業主に対して提供する情報の内容は、派遣される派遣労働者が、労使協定方式の協定対象となる派遣労働者に限定されるか否かで異なります（改正労派遣則24の4）。具体的には、以下のとおりです。

＜協定対象となる派遣労働者に限定されない場合＞

---

① 比較対象労働者の職務の内容、職務の内容及び配置の変更の範囲並びに雇用形態
② 比較対象労働者を選定した理由
③ 比較対象労働者の待遇のそれぞれの内容（昇給、賞与その他の主な待遇がない場合には、その旨を含みます。）
④ 比較対象労働者の待遇のそれぞれの性質及び当該待遇を行う目的
⑤ 比較対象労働者の待遇のそれぞれを決定するに当たって考慮した事項

第8章　同一労働同一賃金と実務対応　　275

＜協定対象となる派遣労働者に限定される場合（労使協定方式のみの
場合）＞

> ①　派遣労働者と同種の業務に従事する派遣先の労働者に対して、業
> 務の遂行に必要な能力を付与するために実施する教育訓練（改正労
> 派遣40②）
> ②　給食施設、休憩室及び更衣室（改正労派遣40③）
> ※いずれも、そういった教育訓練や福利厚生施設がない場合には、その旨

　このように、派遣元事業主が派遣先均等・均衡方式と労使協定方式
のいずれをとっているかによって、派遣先が提供すべき情報の内容が
大きく異なることとなります。

　　　c　情報提供の方法と保存

　情報提供は、書面の交付、ファクシミリの送信又は電子メール等の
送信により行わなければなりません（改正労派遣則24の3①）。

　また、派遣元事業主は当該書面等を、派遣先は当該書面等の写しを、
労働者派遣が終了した日から3年を経過する日まで保存しなければな
りません（改正労派遣則24の3②）。

　　　d　待遇情報の取扱いに関する留意点

　派遣先から提供される、派遣先の労働者の待遇に関する情報につい
て、派遣元事業主は、以下のことに留意して取り扱う必要があります
（改正派遣元指針第2・11）。

①　当該情報のうち個人情報に該当するものの保管及び使用

　　→　派遣先の通常の労働者との均等・均衡待遇の確保等の目的の
　　　　範囲に限られること

②　当該情報のうち個人情報に該当しないものの保管及び使用

　　→　派遣先の通常の労働者との均等・均衡待遇の確保等の目的の
　　　　範囲に限定する等適切な対応が必要であること

③　当該情報は、業務上取り扱った秘密として、守秘義務の対象となること（労派遣24の4）。

　　　e　待遇情報が変更された場合

　派遣先は、比較対象労働者の待遇に関する情報に変更があった場合には、遅滞なく、派遣元事業主に対して、変更の内容に関する情報を提供しなければなりません（改正労派遣26⑩）。情報提供に関する手続や待遇情報の取扱いは、当該変更時においても同様です。

　ただし、以下の場合には、変更があったとしても、情報提供は不要です（改正労派遣則24の6②③）。

①　派遣されている派遣労働者が労使協定方式の対象者のみである場合

　※1　ただし、「派遣労働者と同種の業務に従事する派遣先の労働者に対して、業務の遂行に必要な能力を付与するために実施する教育訓練」と「給食施設、休憩室及び更衣室」の情報提供は必要です。

　※2　のちに、派遣先均等・均衡方式の対象者が含まれることとなったときは、遅滞なく情報提供することが必要です。

②　労働者派遣契約が終了する日前1週間以内の変更であって、変更を踏まえて派遣労働者の待遇を変更しなくても、派遣先均等・均衡方式の規定に違反しないものであり、かつ、労働者派遣契約で定めた変更の範囲を超えない場合

　　　エ　パートタイム労働者又は有期雇用労働者である派遣労働者について

　派遣労働者が、同時に、パートタイム労働者又は有期雇用労働者である場合もあり得ます。この場合は、派遣労働者として、派遣先の通常の労働者との間での待遇差が問題になると同時に、パートタイム労働者又は有期雇用労働者として、派遣元事業主の通常の労働者との間での待遇差も問題になります（0130通達）。

第8章　同一労働同一賃金と実務対応　277

3　非正規雇用労働者に対する待遇に関する説明義務の強化

(1)　総　論

法改正により、新たに、「非正規雇用労働者から求めがあった場合に、事業主が、当該非正規労働者と通常の労働者との間の待遇の相違の内容及び理由を説明する義務」が設けられました。

また、非正規雇用労働者のうち、有期雇用労働者については、本人の待遇内容及び待遇決定に際しての考慮事項に関する説明義務が設けられていませんでしたが、新たにそれらの義務も設けられました。また、派遣労働者については、それらの義務が強化されています。

なお、労働基準法15条に基づく、当該労働者の労働条件の明示は、いずれの労働者に対しても、変わらず必要です。

説明義務に関する規定は、上記のとおり、法改正前に全く存在していなかったわけではなかったのですが、この度の法改正によって、おおむね、以下のとおり強化されました。

＜改正前→改正後＞

○：説明義務の規定あり　×：説明義務の規定なし

	パート	有　期	派　遣
雇用管理上の措置の内容（雇入れ時）（※）	○→○	×→○	○→○
待遇決定に際しての考慮事項（求めがあった場合）	○→○	×→○	○→○
待遇差の内容・理由（求めがあった場合）	×→○	×→○	×→○
不利益取扱いの禁止	×→○	×→○	×→○

（出典：厚生労働省「働き方改革～一億総活躍社会の実現に向けて」）

※賃金、福利厚生、教育訓練など

また、法改正のあった説明義務は、おおむね以下のとおりです。なお、このうち、派遣労働者への説明義務は、全て派遣元事業主が負うものです。

説明の相手方	説明の内容	説明の時期
有期（及びパート）	労働条件（特定事項等）	雇入れ時
有期（及びパート）	事業主が講ずる雇用管理の改善等の措置の内容等	雇入れ時
有期（及びパート）	待遇差の内容・理由	求めがあったとき
有期（及びパート）	待遇決定に際しての考慮事項	求めがあったとき
派遣	労働条件	雇入れ時
派遣	不合理な待遇差を解消するために講ずる措置	雇入れ時
派遣	労働条件	派遣時
派遣	不合理な待遇差を解消するために講ずる措置	派遣時
派遣	待遇差の内容・理由	求めがあったとき

(2) パートタイム労働者・有期雇用労働者に対する待遇に関する説明義務

　ア　待遇差の内容・理由等の説明義務

　事業主は、その雇用するパートタイム労働者・有期雇用労働者から求めがあったときは、当該パートタイム労働者・有期雇用労働者と通常の労働者との間の待遇の相違の内容及び理由について、当該パートタイム労働者・有期雇用労働者に説明しなければならないこととなり

ました（パート有期14②）。

　　（ア）　比較の対象となる通常の労働者

　待遇を比較する対象となる、「通常の労働者」は、「職務の内容（業務の内容及び当該業務に伴う責任の程度）、職務の内容及び配置の変更の範囲等が、パートタイム労働者・有期雇用労働者の職務の内容、職務の内容及び配置の変更の範囲等に最も近いと事業主が判断する通常の労働者」です（パート有期指針第3・2(1)）。

　すなわち、どの労働者と比較するかは、事業主が選定することになりますが、その際には、以下の①〜⑤の優先順位により選定することが基本となります（0130通達）。

---

①　「職務の内容」並びに「職務の内容及び配置の変更の範囲」が同一である通常の労働者
②　「職務の内容」は同一であるが、「職務の内容及び配置の変更の範囲」は同一でない通常の労働者
③　「職務の内容」のうち、「業務の内容」又は「責任の程度」が同一である通常の労働者
④　「職務の内容及び配置の変更の範囲」が同一である通常の労働者
⑤　「職務の内容」、「職務の内容及び配置の変更の範囲」のいずれも同一でない通常の労働者

　また、上記①〜⑤の区分に複数の労働者が該当し、更に絞り込む場合には、
・基本給の決定等において重要な要素（職能給であれば能力・経験、成果給であれば成果など）における実態
・説明を求めたパートタイム労働者・有期雇用労働者と同一の事業所に雇用されるかどうか
等の観点から判断することが考えられます（0130通達）。

　さらに、事業主が通常の労働者を選定するに当たっては、必ずしも

一人だけを選定することが求められるわけではなく、以下のような選定が考えられます（0130通達）。

①　一人の通常の労働者
②　複数人の通常の労働者又は雇用管理区分
③　過去1年以内に雇用していた一人又は複数人の通常の労働者
④　通常の労働者の標準的なモデル（新入社員、勤続3年目の一般職など）

いずれにしても、事業主は、待遇の相違の内容及び理由を説明するに当たり、比較対象として選定した通常の労働者及びその選定の理由についても説明する必要があるとされていますので（0130通達）、十分に検討した上で選定することが必要です。

（イ）　待遇の相違の内容

待遇の相違の「内容」として、事業主が説明すべき事項は、以下の①及び②です（パート有期指針第3・2(2)）。

①　通常の労働者とパートタイム労働者・有期雇用労働者との間の待遇に関する基準の相違の有無
②　以下のいずれか。
　㋐　通常の労働者及びパートタイム労働者・有期雇用労働者の待遇の個別具体的な内容
　㋑　通常の労働者及びパートタイム労働者・有期雇用労働者の待遇に関する基準

このうち、待遇の「個別具体的な内容」としては、
・比較対象として選定した通常の労働者が一人である場合には、例えば、賃金であれば、その金額
・比較対象として選定した通常の労働者が複数人である場合には、例えば、賃金などの数量的な待遇については平均額又は上限・下限、教育訓練などの数量的でない待遇については標準的な内容又は最も

第8章　同一労働同一賃金と実務対応　　281

　高い水準・最も低い水準の内容

を説明します（0130通達）。

　また、待遇に関する「基準」の説明としては、

・例えば賃金であれば、賃金規程や等級表等の支給基準の説明をする
　こと。ただし、説明を求めたパートタイム労働者・有期雇用労働者
　が、比較の対象となる通常の労働者の待遇の水準を把握できるもの
　である必要があること。すなわち、「賃金は、各人の能力、経験等を
　考慮して総合的に決定する」等の説明では十分ではない

とされています（0130通達）。

　　（ウ）　待遇の相違の理由

　待遇の相違の「理由」については、事業主は、通常の労働者及びパ
ートタイム労働者・有期雇用労働者の職務の内容、職務の内容及び配
置の変更の範囲その他の事情のうち、待遇の性質及び待遇を行う目的
に照らして適切と認められるものに基づき説明する必要があります
（パート有期指針第3・2(3)）。

　具体的には、

・通常の労働者とパートタイム労働者・有期雇用労働者との間で待遇
　に関する基準が同一である場合には、同一の基準のもとで違いが生
　じている理由（成果、能力、経験の違いなど）

・通常の労働者とパートタイム労働者・有期雇用労働者との間で待遇
　に関する基準が異なる場合には、待遇の性質・目的を踏まえ、待遇
　に関する基準に違いを設けている理由（職務の内容、職務の内容及
　び配置の変更の範囲の違い、労使交渉の経緯など）、及びそれぞれの
　基準を通常の労働者及びパートタイム労働者・有期雇用労働者にど
　のように適用しているか

を説明することになります。なお、待遇の相違の理由として複数の要

因がある場合には、それぞれの要因について説明する必要があります（0130通達）。

　（エ）　説明の方法

　事業主は、パートタイム労働者・有期雇用労働者がその内容を理解することができるよう、資料を活用し、口頭により説明することが基本です。ただし、説明すべき事項を全て記載した、パートタイム労働者・有期雇用労働者が容易に理解できる内容の資料を用いる場合には、当該資料を交付する等の方法でも差し支えありません（パート有期指針第3・2(4)）。

　口頭により説明する際に活用する資料としては、就業規則、賃金規程、通常の労働者の待遇の内容のみを記載した資料が考えられます。

　他方で、説明すべき事項を全て記載した、容易に理解できる内容の資料を交付等する場合、当該資料における、待遇の相違の内容の説明に関しては、就業規則の条項を記載しておき、その詳細は、別途就業規則を閲覧させるという方法も考えられます（以上、0130通達）。

　（オ）　不利益取扱いの禁止

　事業主は、パートタイム労働者・有期雇用労働者が、通常の労働者との間の待遇の相違の内容及び理由の説明を求めたことを理由として、解雇その他の不利益な取扱いをしてはなりません（パート有期14③）。

　イ　有期雇用労働者における待遇内容及び待遇決定に際しての考慮事項に関する説明義務

　法改正前は、待遇内容及び待遇決定に際しての考慮事項に関する説明義務が、パートタイム労働者及び派遣労働者については存在していたものの（パート6・14①②、労派遣31の2）、有期雇用労働者については存在していませんでした。

　法改正により、以下のとおり、有期雇用労働者についても、それらの説明義務が設けられました（パートタイム労働者についての説明義

第8章　同一労働同一賃金と実務対応　　283

務と同じものです。）。

説明義務	内　容	説明時期
特定事項に関する文書交付等による明示義務、その他の労働条件に関する文書交付等による明示の努力義務（パート有期6）	・昇給の有無、退職手当の有無、賞与の有無、及び雇用管理の改善等に関する事項に係る相談窓口について、文書の交付（労働者が希望した場合には、ファクシミリの送信又は電子メール等の送信も可）の方法により、明示します。なお、ここで明示する事項は、事実と異なるものとしてはなりません（パート有期則2②）。 ・その他の労働条件についても明示するよう努めなければなりません。	雇い入れたとき、速やかに （更新時も含みます。）
事業主が講ずる雇用管理の改善等の措置の内容等に関する説明義務（パート有期14①）	・パート有期法8条から13条までに基づき講じている措置の内容について説明します。 ・なお、同8条については、通常の労働者との間で不合理な相違を設けていない旨を説明し、同9条については、雇い入れる労働者が通常の労働者と同視すべき場合、差別的な取扱いをしない旨を説明します（0130通達）。	雇い入れたとき、速やかに （更新時も含みます。）
待遇決定等に際しての考慮事項に関する説明義務（パート有期14②）	・パート有期法6条から13条までに基づき措置を講ずべきとされている事項に関する決定をするに当たって考慮した事項を説明します。 ・なお、当該説明を求めたことを理由として、不利益取扱いをしてはなりません（パート有期14③）。	労働者から求めがあったとき

（3）　派遣労働者に対する待遇に関する説明義務

ア　待遇差の内容・理由等の説明義務

派遣元事業主は、改正労働者派遣法26条7項及び10項並びに同40条5項の規定により提供を受けた比較対象労働者の待遇等に関する情報に基づき、その雇用する派遣労働者から求めがあったときは、当該派遣労働者と比較対象労働者との間の待遇の相違の内容及び理由、また、改正労働者派遣法30条の3から30条の6までの規定により措置を講ずべきとされている事項に関する決定をするに当たって考慮した事項を、当該派遣労働者に説明しなければならないこととなりました（改正労派遣31の2④）。

（ア）　比較の対象となる労働者

比較対象労働者は、前述のとおり、派遣先が選定します（前掲「2(3)ウ(イ)　比較対象労働者の待遇情報の提供」参照）。

（イ）　説明すべき事項

派遣元事業主が説明すべき事項は、労使協定方式の協定対象である派遣労働者か否かで異なります。

＜協定対象ではない場合＞

以下の事項を説明しなければなりません（改正派遣元指針第2・9(1)）。

> 【待遇の相違の内容】
> 　以下の①及び②を説明します。
> ①　派遣労働者及び比較対象労働者のそれぞれを決定するに当たって考慮した事項の相違の有無
> ②　以下のいずれか。
> 　㋐　派遣労働者及び比較対象労働者の待遇の個別具体的な内容
> 　㋑　派遣労働者及び比較対象労働者の待遇に関する基準
> 【待遇の相違の理由】
> 　派遣労働者及び比較対象労働者の職務の内容、職務の内容及び配置の変更の範囲その他の事情のうち、待遇の性質及び待遇を行う目的に照らして適切と認められるものに基づき説明する必要があります。

第8章　同一労働同一賃金と実務対応　　285

＜協定対象である場合＞

以下の事項を説明しなければなりません（改正派遣元指針第2・9(2)）。

---

① 協定対象である派遣労働者の賃金が、次の内容に基づき決定され
ていること（すなわち、労使協定で定めたとおりの方法により賃金
が決定されていること）について説明しなければなりません。

　㋐ 派遣労働者が従事する業務と同種の業務に従事する一般労働者
の平均的な賃金の額と同等以上となるものであること及び就業の
実態に関する事項の向上があった場合に賃金が改善されるもので
あることとして労使協定に定めたもの

　㋑ 労使協定に定めた公正な評価

② 協定対象である派遣労働者の待遇（賃金、教育訓練（改正労派遣40
②）及び福利厚生施設（給食施設、休憩室及び更衣室（改正労派遣40
③、労派遣則32の3）を除きます。））が派遣元事業主に雇用される通
常の労働者（派遣労働者を除きます。）との間で不合理な相違がなく
決定されていること等について、派遣先均等・均衡方式の場合の説
明の内容に準じて説明しなければなりません。

　（ウ）　説明の方法

派遣元事業主は、派遣労働者がその内容を理解することができるよ
う、資料を活用し、口頭により説明することが基本です。ただし、説
明すべき事項を全て記載した、派遣労働者が容易に理解できる内容の
資料を用いる場合には、当該資料を交付する等の方法でも差し支えあ
りません（改正派遣元指針第2・9(3)）。

　（エ）　内容に変更があったときの情報提供

派遣労働者から求めがない場合でも、以下の事項等に変更があった
ときには、派遣元事業主は、派遣労働者に対し、その内容を情報提供

することが望ましいとされています（改正派遣元指針第2・9(4)）。

・比較対象労働者との間の待遇の相違の内容及び理由
・派遣先均等・均衡方式又は労使協定方式により派遣労働者の待遇を
　決定するに当たって考慮した事項
・均衡待遇の対象となる派遣労働者の賃金を決定するに当たって考慮
　した派遣労働者の職務の内容、職務の成果、意欲、能力又は経験そ
　の他の就業の実態に関する事項

　　イ　その他の説明義務

　そのほか、派遣元事業主は、「雇い入れようとするとき、あらかじめ」、
及び「労働者派遣をしようとするとき、あらかじめ」、それぞれ以下の
説明等をしなければなりません。

＜雇い入れようとするとき、あらかじめ＞

説明義務	内　容	方　法
労働条件に関する事項の明示（改正労派遣31の2②一、改正労派遣則25の16）	・①昇給の有無、②退職手当の有無、③賞与の有無、④協定対象である派遣労働者か否か（また、協定対象である場合は、協定の有効期間の終期）、⑤派遣労働者から申出を受けた苦情の処理に関する事項を明示します。 ・なお、ここで明示する事項は、事実と異なるものとしてはなりません（改正労派遣則25の17）。	・当該明示は、文書の交付（労働者が希望した場合には、ファクシミリの送信又は電子メール等の送信も可）の方法によります（改正労派遣則25の15）。

第8章　同一労働同一賃金と実務対応　　287

説明義務	内　容	方　法
不合理な待遇差を解消するために講ずる措置の説明（改正労派遣31の2②二）	・①派遣先均等・均衡方式によりどのような措置を講ずるか、②労使協定方式によりどのような措置を講ずるか（教育訓練と給食施設、休憩室及び更衣室に係るものに限ります。）、③職務の内容、職務の成果、意欲、能力又は経験その他の就業の実態に関する事項を勘案してどのように賃金(注9)を決定するか、を説明します。	・当該説明は、書面の活用その他の適切な方法により行わなければなりません（改正労派遣則25の18）。

＜労働者派遣をしようとするとき、あらかじめ＞

説明義務	内　容	方　法
労働条件に関する事項の明示（改正労派遣31の2③一）	・①賃金（退職手当及び臨時に支払われる賃金を除きます。）の決定等に関する事項、②休暇に関する事項、③昇給の有無、④退職手当の有無、⑤賞与の有無、⑥協定対象である派遣労働者か否か（また、協定対象である場合は、協定の有効期間の終期）を明示します。 ・ただし、労使協定方式における協定対象となる派遣労働者に対しては、上記⑥のみ明示することが必要です。	・当該明示は、文書の交付（労働者が希望した場合には、ファクシミリの送信又は電子メール等の送信も可）の方法によります。 ・労働者派遣の実施について緊急の必要があるためあらか

説明義務	内　容	方　法
		じめ上記の方法による明示ができないときは、当該方法以外の方法によることができます（注10）（改正労派遣則25の19①）。
不合理な待遇差を解消するために講ずる措置の説明（改正労派遣31の2③二）	・①派遣先均等・均衡方式によりどのような措置を講ずるか、②労使協定方式によりどのような措置を講ずるか（教育訓練と給食施設、休憩室及び更衣室に係るものに限ります。）、③職務の内容、職務の成果、意欲、能力又は経験その他の就業の実態に関する事項を勘案してどのように賃金(注9)を決定するか、を説明します。	・当該説明は、書面の活用その他の適切な方法により行わなければなりません（改正労派遣則25の18）。

（注9）　職務の内容に密接に関連して支払われる賃金以外の賃金（例えば、通勤手当、家族手当、住宅手当、別居手当、子女教育手当）を除きます。

（注10）　ただし、この場合において、①派遣労働者から請求があったとき、又は②労働者派遣の期間が1週間を超えるときは、労働者派遣の開始後遅滞なく、原則的な方法により明示しなければなりません（改正労派遣則25の19②）。

（4）　派遣労働者の待遇改善に関するフローチャート

　派遣労働者の待遇改善に係る措置等をまとめると、おおむね以下のようになります。

第8章　同一労働同一賃金と実務対応　　289

| □ 派遣元が講ずる措置 | ■ 派遣先が講ずる措置 |

【派遣先均等・均衡方式】の場合　　　　**【労使協定方式】の場合**

過半数代表者の選出＜過半数労働組合がない場合＞
投票、挙手等の民主的な方法により選出（派遣元）

【派遣先均等・均衡方式】の場合	【労使協定方式】の場合
比較対象労働者の待遇情報の提供（派遣先） 【法第26条第7項・第10項】	・通知で示された最新の統計を確認 ・労使協定の締結（派遣元） 　　　　　【法第30条の4第1項】 　（※）労使協定における賃金の定めを就 　　業規則等に記載 ・労使協定の周知等（派遣元） 　1）労働者に対する周知 　　　　　【法第30条の4第2項】 　2）行政への報告　【法第23条第1項】
派遣労働者の待遇の検討・決定（派遣元） 【法第30条の3】	比較対象労働者の待遇情報の提供 （派遣先）　【法第26条第7項・第10項】 （※）法第40条第2項の教育訓練及び第40 　条第3項の福利厚生施設に限る。
派遣料金の交渉（派遣先は派遣料金に関して 配慮）　　　　　　　　　【法第26条第11項】	派遣料金の交渉（派遣先は派遣料金に関して 配慮）　　　　　　　　　【法第26条第11項】
労働者派遣契約の締結（派遣元及び派遣先） 【法第26条第1項等】	労働者派遣契約の締結（派遣元及び派遣 先）　　　　　　　　　　【法第26条第1項等】
派遣労働者に対する説明（派遣元） 1）雇入れ時 　・　待遇情報の明示・説明 　　　　　　　　　　【法第31条の2第2項】 2）派遣時 　・　待遇情報の明示・説明 　　　　　　　　　　【法第31条の2第3項】 　・　就業条件の明示　【法第34条第1項】	派遣労働者に対する説明（派遣元） 1）雇入れ時 　・　待遇情報の明示・説明 　　　　　　　　　　【法第31条の2第2項】 2）派遣時 　・　待遇情報の明示・説明 　　　　　　　　　　【法第31条の2第3項】 　・　就業条件の明示　【法第34条第1項】
（注）比較対象労働者の待遇に変更があったときは、変 更部分について派遣先から派遣元に待遇情報を提供。 派遣元は派遣労働者の待遇の検討を行い、必要に応じ て、上記の流れに沿って対応。	（注）同種の業務に従事する一般労働者の平均賃金に 変更があったときは、派遣元は、協定改定の必要性を 確認し、必要に応じて、上記の流れに沿って対応。
（求めに応じて下記の対応） 派遣労働者に対する比較対象労働者との待遇 の相違等の説明（派遣元） 　　　　　　　　　　【法第31条の2第4項】	（求めに応じて下記の対応） 派遣労働者に対する労使協定の内容を決定 するに当たって考慮した事項等の説明 （派遣元）　　　　【法第31条の2第4項】

派遣先の労働者に関する情報、派遣労働者の業務の遂行の状況等の情報の追加提供の配慮
（派遣先）　　　　　　　　　　　　　　　　　　　　　　　　　　　【法第40条第5項】

（出典：厚生労働省「平成30年労働者派遣法改正の概要＜同一労働同一賃金＞」）

4　行政による履行確保措置及び裁判外紛争解決手続（行政ADR）の整備

　同一労働同一賃金が実現されるためには、規程の整備や説明義務の強化も重要ですが、実際にそれらを順守させるための措置や、紛争になった際にも簡易に解決させるための手続なども必要になります。そこで、①行政による履行確保措置、及び②裁判外紛争解決手続（行政ADR）が整備されました。

①　行政による履行確保措置とは、具体的には、同一労働同一賃金の実現を図るため必要があると認めるときに、行政が、事業主に対して、報告を求めたり、又は助言、指導、勧告を行ったりすることを指します。法改正前は、パートタイム労働者及び派遣労働者については、行政にそういった権限が与えられていましたが、法改正によって、有期雇用労働者についても、行政がそういった指導等を行えることになりました（パート有期18①）。

②　裁判外紛争解決手続（行政ADR）とは、事業主と労働者との間の紛争を、訴訟をせずに、より簡易に解決する手続のことをいいます。法改正前は、パートタイム労働者についてのみそのような手続が設けられていました。また、パートタイム労働者においては、均等待遇は対象になっていても、「均衡」待遇に関する紛争は対象外になっていました。法改正によって、有期雇用労働者及び派遣労働者についても裁判外紛争解決手続（行政ADR）が設けられたほか、「均衡」待遇に関する紛争や、新たに設けられた待遇差の内容・理由の説明義務に関する紛争についても、対象になりました。

　行政による履行確保措置及び行政ADRの改正についてまとめると、おおむね、以下のとおりとなります。

＜改正前→改正後＞

○：規定あり　△：部分的に規定あり（均衡待遇は対象外）　×：規定なし

	パ ー ト	有 期	派 遣
行政による助言・指導等	○→○	×→○	○→○
行政ADR	△→○	×→○	×→○

（出典：厚生労働省「働き方改革〜一億総活躍社会の実現に向けて〜」）

5　ガイドラインの内容

（1）　ガイドラインとは

　法律で定められたルールのみでは、実際にどのような待遇差が違法と判断されるのか、判然としません。そこで、「いかなる待遇の相違が不合理と認められるものであり、いかなる待遇の相違が不合理と認められるものでないのか等の原則となる考え方及び具体例を示したもの」（下線部筆者）として、ガイドラインが定められました。法改正と同時に施行されることとされています。

　ガイドラインの構成としては、大きく、パートタイム労働者・有期雇用労働者に関する部分（ガイドライン第3）、協定対象ではない派遣労働者に関する部分（ガイドライン第4）、協定対象である派遣労働者に関する部分（ガイドライン第5）に分けることができ、そのそれぞれにおいて、基本給や各種手当といった待遇ごとに、「原則となる考え方」及び問題となる例、問題とならない例の「具体例」が示されている、という形になっています。

第8章 同一労働同一賃金と実務対応

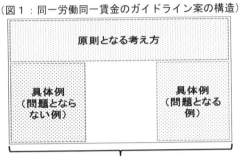

(図1：同一労働同一賃金のガイドライン案の構造)

(出典：「働き方改革実行計画」平成29年3月28日働き方改革実現会議決定)

なお、注意すべき点を3つ挙げておきます。
① ガイドラインにおいては、「問題となる例」「問題とならない例」として、様々な具体例が記載されていますが、これらは、実際に待遇を考えるに当たって参考となるよう、あくまで「原則となる考え方及び具体例」を示しているにすぎません。したがって、現実の具体的なケースの下では、種々の考慮事項を踏まえて、「問題となる例」に近似するものであっても適法とされたり、逆に「問題とならない例」に近似するものであっても違法とされたりすることもあり得ます。裁判所がこのガイドラインに完全に拘束されるわけでもありませんので、その点は注意が必要です。
② ガイドラインで挙げられている具体例においては、待遇差の「程度」がどの程度までであれば不合理ではなく、どの程度に至っていたら不合理であるか、という、具体的水準までは示されていません（例えば、2割カットまでは許されるが、4割カットは許されない、等）。この点は、事例の蓄積を待つ必要があります。
③ ガイドラインにおいては、待遇差の解消のために、「通常の労働者」の方の待遇を引き下げることについては、慎重な姿勢が示されています。すなわち、「就業規則の変更により、労働条件を不利益に変更

第8章　同一労働同一賃金と実務対応　　293

する場合には、原則として労働者との合意が必要」であり（労契9）、
合意をしない場合には、「不利益変更法理の要件を満たし、合理的な
変更である」必要がある（労契10）とされています。また、「不合理と
認められる待遇の相違の解消等を行うに当たっては、基本的に、労
使で合意することなく通常の労働者の待遇を引き下げることは、望
ましい対応とはいえないことに留意すべきである。」ともされてい
ます（ガイドライン第2）。

(2)　個別の待遇について

　ガイドラインにおいては、基本給や各種手当といった待遇ごとに、
「原則となる考え方」及び問題となる例、問題とならない例の「具体
例」が示されています。その詳細はガイドライン本体に譲ることとし、
以下では、個別の待遇ごとにポイントを整理します。

　ア　基本給

　基本給は、様々な要素で構成される賃金です。そこで、ガイドライ
ンにおいては、①「能力又は経験」に応じて支給するもの、②「業績
又は成果」に応じて支給するもの、③「勤続年数」に応じて支給する
もの、という場合分けをした上で、それぞれに応じた具体例を示して
います。

　「原則となる考え方」は、上記①～③のいずれにおいても共通して
おり、「それらの要素が同一である場合には、（当該要素に応じた部分
について）同一の基本給を支給しなければならず、一定の相違がある
場合には、（当該要素に応じた部分について）その相違に応じた支給を
しなければならない」とされています（なお、勤続による能力の向上
に応じて行う「昇給」に関する考え方についても触れられています。）。
要素に違いがある場合、金額に差を設けることは許容されていますが、
不合理な待遇差になっていてはならないことも明記されているという
ことです。ただし、前述のとおり、「具体的にどの程度の違いであれば、

問題ないのか」については、ガイドラインでは触れられていないので、その点は個別労使の判断になります。

「具体例」についても、問題となる例、問題とならない例として多く挙げられていますが、例えば以下のようなものがあります。

（問題とならない例）

A社においては、定期的に職務の内容及び勤務地の変更がある通常の労働者の総合職であるXは、管理職となるためのキャリアコースの一環として、新卒採用後の数年間、店舗等において、職務の内容及び配置に変更のない短時間労働者であるYのアドバイスを受けながら、Yと同様の定型的な業務に従事している。A社はXに対し、キャリアコースの一環として従事させている定型的な業務における能力又は経験に応じることなく、Yに比べ基本給を高くしている。

要は、スーパーの店舗などにおいて、本社採用の若手社員が、ある種の研修の一環として、ベテランのパートタイム労働者と一緒に作業をするようなケースです。同種作業に従事している上、能力自体もベテランのパートタイム労働者の方が高いことが通常でしょうが、このような場合でも、一般論としては、若手社員の方の基本給を高くしていても不合理ではない、とされているということになります（そもそも、「職務の内容・配置の変更の範囲」が異なるため、待遇差が許容されること自体は特別なことではないのですが、わかりやすい具体例の一つです。）。

　イ　手　当

各種手当のうち、特殊作業手当、特殊勤務手当、精皆勤手当、時間外手当、深夜・休日手当、通勤手当・出張旅費、食事手当、単身赴任手当、地域手当、については、基本的には、待遇差を設けてはならないこととされています。もっとも、例えば精皆勤手当については、「問題とならない例」として、「通常の労働者には、欠勤についてマイナス

第8章　同一労働同一賃金と実務対応　　295

査定があり、非正規雇用労働者には、欠勤についてマイナス査定がない場合、通常の労働者には精皆勤手当を支給し、有期雇用労働者には支給しない」という例が挙げられています。このように、一定水準以上を満たしたら手当を支給するが、逆に一定水準以下になるとマイナスが課されるというような形で、両面の取扱いがなされている場合には、当該取扱いがなされている通常の労働者にのみ手当を支給するということも許容され得るように思います。

　また、賞与と役職手当については、一般論としては差を設けることも許容されています。

　ただし、特に賞与については、「会社業績等への貢献に応じて支給する」場合には、貢献が同一であれば、正規・非正規問わず同一の支給が必要であるのみならず、貢献に相違があっても、その相違に応じた支給をしなければならないとされています。非正規雇用労働者に賞与を支給しないことが問題とならない例として挙げられているのは、「通常の労働者には目標達成責任と未達の場合における待遇上の不利益があるのに対し、それらがない非正規雇用労働者には、その分支給しない」という取扱いです。非正規雇用労働者に賞与を支払わない場合には、例えばこのような理由が必要ということになります。

　なお、「問題となる例」として、「通常の労働者には職務の内容や貢献等にかかわらず全員に支給しているが、非正規労働者には支給していない」という取扱いも挙げられていますので、この点も注意が必要です。

　いずれにしても、特に賞与については、慎重な検討が必要になるでしょう(注11)。

(注11)　大阪医科薬科大学事件・高裁判決(大阪高判平31・2・15(平30(ネ)406)裁判所ウェブサイト)においては、正職員には賞与が支給されるのに対し、アルバイト職員(有期雇用労働者)に対しては賞与が支給されないことが問題になりました。高裁は、賞与が基本給にのみ連動した金額となっており、従業員の年齢・成績にも、使用者の業績にも連動していな

いことを踏まえて、「賞与算定期間に就労していたことそれ自体に対する対価としての性質を有するものというほかない」、「一律の功労の趣旨も含まれるとみるのが相当」とした上で、使用者の経営判断の尊重や功労の程度の違いなどを踏まえ、アルバイト職員に対し、正職員の60％に当たる金額の賞与を支給すべきとしました。

ウ　福利厚生

福利厚生の具体的内容として挙げられているのは、福利厚生施設（給食施設、休憩室及び更衣室）、転勤者用社宅、慶弔休暇並びに健康診断に伴う勤務免除及び有給保障、病気休職、法定外の有給の休暇その他の法定外の休暇（慶弔休暇を除きます。）です。

これらについても、基本的には、待遇差を設けてはならないこととされています。

エ　教育訓練、安全管理

現在の職務の遂行に必要な技能又は知識を習得するために実施する教育訓練については、通常の労働者と職務の内容が同一である非正規雇用労働者には、同一の教育訓練を実施しなければならず、また、職務の内容に一定の相違がある場合には、その相違に応じた教育訓練を実施しなければならないとされています。

安全管理については、同一の業務環境に置かれている場合には、同一の安全管理に関する措置等が必要です。

オ　ガイドライン上には記載がない待遇（退職手当、住宅手当、家族手当等）

退職手当、住宅手当、家族手当等、ガイドライン上には「原則となる考え方」が示されていない待遇もあります。これらについては、記載がないからといって待遇差を設けることが当然に許容されているわけではなく、結局は、個別具体的な事情に応じて、不合理かどうかが判断されることになります（ガイドライン第2参照）。

例えば、退職手当については、無期契約労働者には退職金が支給されるのに対し、有期契約労働者には退職金が支給されないことが問題

となったメトロコマース事件高裁判決（東京高判平31・2・20労判1198・5）において、「長期雇用を前提とした無期契約労働者に対しては退職金制度を設ける一方、本来的に短期雇用を前提とした有期契約労働者に対しては退職金制度を設けないこと自体が、一概に不合理とは言えない」という一般論が展開されつつ、他方で、有期労働契約は原則として更新され、定年が65歳と定められており、実際にも原告らの中には定年まで10年前後の長期間にわたって勤務していた者もいたこと等が考慮され、「長年の勤務に対する功労報償の性格を有する部分」については支給すべきとして、正社員の4分の1に当たる額の支給が命じられました。

　また、家族手当については、日本郵便事件地裁判決（大阪地判平30・2・21判タ1455・142）が、扶養手当を有期雇用労働者に対しても支給すべきとした一方、長澤運輸事件最高裁判決（最判平30・6・1判時2389・107）では、定年後に継続雇用した嘱託社員に対して家族手当を支給しないことが適法とされています。

　　カ　賃金の決定基準・ルールの相違がある場合の取扱い

　通常の労働者と非正規雇用労働者との間に基本給、賞与、各種手当等の賃金に相違がある場合において、その要因として通常の労働者と非正規雇用労働者の賃金の決定基準・ルールの相違があるときは、「通常の労働者と非正規雇用労働者との間で将来の役割期待が異なるため、賃金の決定基準・ルールが異なる」等の主観的又は抽象的な説明では足りません。賃金の決定基準・ルールの相違は、通常の労働者と非正規雇用労働者の職務の内容、当該職務の内容及び配置の変更の範囲その他の事情のうち、当該待遇の性質及び当該待遇を行う目的に照らして適切と認められるものの客観的及び具体的な実態に照らして、不合理と認められるものであってはならない、とされています。

　(3)　定年後に継続雇用した労働者について

　定年後に継続雇用をする労働者については、一般的には1年単位の

有期雇用労働者になりますが、ガイドラインにおいては、長澤運輸事件最高裁判決を受けて、通常の有期雇用労働者とは異なる考慮がなされることが明記されています。すなわち、定年後の継続雇用であることは、①職務の内容、②職務の内容及び配置の変更の範囲、③その他の事情のうちの、③その他の事情として考慮される事情に当たり得る、とされています。具体例までは記載されていませんが、同最高裁判決では、住宅手当、家族手当、役付手当、賞与などを、定年後の継続雇用労働者に支払わないことは適法とされ、他方、精勤手当については支払わなければならないとされていますので、考え方としては参考になるでしょう（ただし、あくまでこの件の個別事情の下での判断です。）。

(4) 協定対象である派遣労働者について

前述のとおり、派遣労働者のうち、協定対象である派遣労働者については、ガイドライン上も別項目が設けられています（ガイドライン第5）。

内容も、おおむね、福利厚生、教育訓練及び安全措置に関するものに限られており、賃金に関しては、その他の非正規雇用労働者のように、基本給や各種手当ごとに「原則となる考え方及び具体例」が示されているものではありません。

6 施行時期

法改正の施行時期は、令和2年4月1日です。ただし、中小事業主における、パートタイム労働者及び有期雇用労働者に関する法改正については、経過措置が設けられており、1年後の令和3年4月1日施行となっています（労働者派遣法の改正については、事業主規模に関する経過

措置はありません（パート有期平30法71附則11①）。）。

なお、中小事業主の範囲は以下のとおりです。

業　種	資本金の額又は出資の総額		常時使用する労働者
小売業	5,000万円以下	又は	50人以下
サービス業	5,000万円以下	又は	100人以下
卸売業	1億円以下	又は	100人以下
その他	3億円以下	又は	300人以下

※個人事業主等、資本金や出資金の概念がない場合には、労働者数のみで判断することになります。

実務ステップ

①	まず、自社における雇用形態の整理や、個人ごと（あるいは職務ごと等）の待遇の整理を行い、「現状の把握」を行う。
②	次に、上記①を踏まえ、通常の労働者と非正規雇用労働者との間における「待遇の相違の有無、相違の内容の整理」をする。
③	待遇に相違がある場合には、「当該相違の理由の整理」をすることになる。
④	続けて、上記③の整理を踏まえ、「当該相違が不合理ではないといえるものであるかどうかの確認」をする。
⑤	あわせて、待遇の内容や、待遇差の内容・理由等に関する「説明義務」を果たせるような準備をしておく。
⑥	当該相違が不合理ではないとはいえないようであれば、「待遇差解消のための施策」を検討することになる。

300　　第8章　同一労働同一賃金と実務対応

$$\boxed{\text{実務上の対応}}$$

1　取組みの手順

　同一労働同一賃金に係る法改正の施行日は、前述のとおり、早いものでも令和2年4月1日であり、意外と時間があるように思われるかもしれません。しかしながら、勤務体系や賃金規程の見直しも必要になり得ることを踏まえると、早めに対応作業に取り掛かる必要があるといえます。

　手順のイメージは、以下のとおりです（必ずしもこの手順どおりに進めなければならないわけではなく、順序が前後したり、あるいは同時並行に進めることもあり得ます。）。

① 　まずもって取り組む必要があるのは「現状の把握」です。具体的には、
　㋐ 　自社における雇用形態の整理（誰がどのような雇用形態で働いているかの整理等）
　㋑ 　個人ごと（あるいは職務ごと等）の待遇の整理
　が重要です。
② 　次に、それらを踏まえ、通常の労働者と非正規雇用労働者との間における「待遇の相違の有無、相違の内容の整理」をします（前提として、「通常の労働者」を整理・特定する必要があります。）。
③ 　待遇に相違がある場合には、「当該相違の理由の整理」をすることになります。これに当たっては、個人ごと（あるいは職務ごと等）の「職務の内容（業務の内容及び当該業務に伴う責任の程度）」、「職務の内容及び配置の変更の範囲」、「その他の事情」、これらをそれぞれ整理することが必要になります。また、それぞれの待遇（手当等）の性質や、待遇を行う目的、さらには待遇（待遇差）が設けられるまでの労使交渉等の歴史的経緯等を整理することも必要です。
④ 　続けて、③の整理を踏まえ、「当該相違が不合理ではないといえるものであるかどうかの確認」をします。

第8章　同一労働同一賃金と実務対応　　301

⑤　あわせて、待遇の内容や、待遇差の内容・理由等に関する「説明
　義務」を果たせるような準備をしておきます。
⑥　当該相違が不合理ではないとはいえないようであれば、「待遇差
　解消のための施策」を検討することになります。

　それぞれ、具体的にどのように取り組むかについては、前掲
改正の内容の該当項目を参考にしてください。

2　規程の整備

(1)　就業規則

　正規雇用労働者と非正規雇用労働者とが混在する事業場において
は、就業規則については、非正規雇用労働者用のものも作成すること
が一般的でしょう。

規程例等

○社員の定義及び適用範囲に関する規定例（就業規則）

（社員の定義及び適用範囲）
　第〇条　本就業規則の適用対象となる社員とは、本就業規則第〇
　　章に定める採用に関する手続を経て、期間の定めなく採用され
　　た、正社員をいう。
　2　次の社員については、本就業規則は適用しない。
　　①　有期契約社員
　　②　定年後嘱託社員
　　③　パートタイム社員

＜作成上の留意点＞

　この際、非正規雇用労働者用の就業規則を作成する方法としては、①正
規雇用労働者用の就業規則を原則としつつ、非正規雇用労働者について異

なる取扱いをする条項のみを抜き出して別規程とする方法と、②正規雇用労働者用の就業規則とは全く別に、独立した就業規則を作成する方法とがあり得ます（上記就業規則例は、②を前提としています。）。

①であれば、非正規雇用労働者用の就業規則に、例えば「本規則に定めのない事項については、正社員就業規則のとおりとする。」と定めることなどがあるでしょう。②であれば、そういったことはせず、正規雇用労働者用の就業規則と重複する条項についても、全て非正規雇用労働者用の就業規則に定めることになるでしょう。

いずれの方法によるべきかについては、作成や改定の際のコスト等を勘案して決めることになるでしょうが、同一労働同一賃金に係るリスク回避の観点からは、上記就業規則例としても挙げたとおり、②によるべきです。なぜなら、仮に、訴訟等において、待遇差が違法なものであると認められた場合、①の方法によっていると、当該非正規雇用労働者の待遇が、正規雇用労働者用の就業規則で定められているものと同一の待遇であると判断される可能性があるためです（事実上の補充的効力が認められてしまい得るということです。）(注12)。この点、ハマキョウレックス事件高裁判決（大阪高判平28・7・26判タ1429・96）においても、正社員就業規則と契約社員就業規則が独立して存在していること、契約社員にも正社員就業規則が適用されつつ特則として契約社員就業規則も存在しているという形式ではないことを踏まえ、（改正前の労働契約法20条違反の効力について）事実上の補充的効力を否定していますので、参考になるでしょう。

(注12)　0130通達においては、「短時間・有期雇用労働者と通常の労働者との待遇の相違が法第8条に違反する場合であっても、同条の効力により、当該短時間・有期雇用労働者の待遇が比較の対象である通常の労働者の待遇と同一のものとなるものではないと解されるものであること。」として、補充的効力は否定されていますが、「ただし、個々の事案に応じて、就業規則の合理的な解釈により、通常の労働者の待遇と同一の待遇が認められる場合もあり得ると考えられるものであること。」とされています。

(2)　待遇差の内容・理由の説明書面

正規雇用労働者と非正規雇用労働者の待遇差の内容・理由の説明については、資料を活用し、口頭により説明することが基本です。ただ

第8章　同一労働同一賃金と実務対応　　303

し、説明すべき事項を全て記載した、パートタイム労働者・有期雇用労働者が容易に理解できる内容の資料を用いる場合には、当該資料を交付する等の方法でも差し支えないとされています。

　いずれにしても、従業員から求めがあったときに説明できるように備えておくべく、待遇差の内容・理由を整理した書面を事前に用意しておくことが有用でしょう。

○待遇差の内容・理由の説明書面例

【第14条第2項の説明書の例】

　　　　　　　　　　　　　　　　　　　　　年　　　月　　　日

　　　　　殿　　　事業所名称・代表者職氏名

あなたと正社員との待遇の違いの有無と内容、
理由は以下のとおりです。
ご不明な点は「相談窓口」の担当者までおたずねください。

1　比較対象となる正社員

販売部門の正社員（おおむね勤続3年までの者）

　比較対象となる正社員の選定理由

職務の内容が同一である正社員はいないが、同じ販売部門の業務を担当している正社員で、同程度の能力を有する者は、おおむね勤続3年までの者であるため。

2　待遇の違いの有無とその内容、理由

基本給	正社員との待遇の違いの有無と、ある場合その内容	ⓐある　　ない
	アルバイト社員は時給1100円、比較対象となる正社員は、販売ノルマの達成状況に応じて1100円～1400円（時給換算）です。	

待遇の違いがある理由

> 正社員には月間の販売ノルマがあり、会社の示したシフトで勤務しますが、アルバイト社員は希望に沿ったシフトで勤務できるといった違いがあるため、正社員には重い責任を踏まえた支給額としています。

賞与

待遇の目的

> 社員の貢献度に応じて会社の利益を配分するために支給します。

正社員との待遇の違いの有無と、ある場合その内容　　（ある）　ない

> アルバイト社員は店舗全体の売り上げに応じて一律に支給（ww円〜xx円）しています。正社員については目標管理に基づく人事評価の結果に応じて、基本給の0か月〜4か月（最大zz円）を支給しています。

待遇の違いがある理由

> アルバイト社員には販売ノルマがないので、店舗全体の売り上げが一定額以上を超えた場合、一律に支給しています。正社員には販売ノルマを課しているため、その責任の重さを踏まえて、目標の達成状況に応じた支給とし、アルバイト社員よりも支給額が多くなる場合があります。

通勤手当	待遇の目的

通勤に必要な費用を補填するものです。

正社員との待遇の違いの有無
と、ある場合その内容

ある	ない

正社員、アルバイト社員ともに交通費の実費
相当分（全額）を支給しています。

待遇の違いがある理由

（出典：厚生労働省「パートタイム・有期雇用労働法対応のための取組手順書」）

働き方改革関連法完全対応
就業規則等整備のポイント
―改正法と実務解説・規程例―

令和元年 8 月26日　初版発行

共　著	白	石	紘	一
	山	本	喜	一
	織	田	純	代

発行者　新日本法規出版株式会社
代表者　星　謙 一 郎

発 行 所　**新 日 本 法 規 出 版 株 式 会 社**

本　　社　（460-8455）　名古屋市中区栄 1 － 23 － 20
総轄本部　　　　　　　　電話　代表　052(211)1525

東京本社　（162-8407）　東京都新宿区市谷砂土原町 2 － 6
　　　　　　　　　　　　電話　代表　03(3269)2220

支　　社　札幌・仙台・東京・関東・名古屋・大阪・広島
　　　　　　高松・福岡

ホームページ　http://www.sn-hoki.co.jp/

※本書の無断転載・複製は、著作権法上の例外を除き禁じられています。
※落丁・乱丁本はお取替えします。　　　　　ISBN978-4-7882-8605-4
5100076　就業規則ポイント　　　　　Ⓒ白石紘一 他 2019 Printed in Japan